大学生
形势与政策教程

（第二版）

张士清　崔承刚　主编

佟　艳　刘　欣　张远航　副主编

社会科学文献出版社
SOCIAL SCIENCES ACADEMIC PRESS (CHINA)

前　言

　　"形势与政策"课是高校思想政治理论课的重要组成部分，是对学生进行形势与政策教育的主渠道、主阵地，在大学生思想政治教育中担负着重要使命，提高"形势与政策"课的教学质量，是培养思想政治素质过硬的中国特色社会主义合格接班人的重要途径。

　　2022 年是党的二十大召开之年，是全面建设社会主义现代化国家的关键之年。引导大学生切实把思想和行动统一到中央精神上来，为全面建设社会主义现代化国家和实现中华民族伟大复兴的中国梦增添青春正能量，是 2022 年高校形势与政策教育的重中之重。

　　2018 年 4 月，教育部发布的《关于加强新时代高校"形势与政策"课建设的若干意见》（教社科〔2018〕1 号）指出，"形势与政策"课"要紧密围绕学习贯彻习近平新时代中国特色社会主义思想，把坚定'四个自信'贯穿教学全过程，重点讲授党的理论创新最新成果，重点讲授新时代坚持和发展中国特色社会主义的生动实践，引导学生正确认识世界和中国发展大势，正确认识中国特色和国际比较，正确认识时代责任和历史使命，正确认识远大抱负和脚踏实地"。2020 年 12 月，中共中央宣传部、教育部印发的《新时代学校思想政治理论课改革创新实施方案》（教材〔2020〕6 号）指出："形势与政策"主要讲授党的理论创新最新成果，新时代坚持和发展中国特色社会主义的生动实践，马克思主义形势观政策观、党的路线方针政策、基本国情、国内外形势及其热点难点问题，帮助学生准确理解当代中国马克思主义，深刻领会党和国家事业取得的历史性成就、面临的历史性机遇和挑战，引导大学生正确认识世界和中国发展大势，正确认识中国特色和国际比较，正确认识时代责任和历史使命，正确认识远大抱负和脚踏实地。基于此，我们依据党中央的文件精神和最新"形势与政策"课的教学要点，结合国内外时事热点，组织高校形势与政策教育领域的专家学者和一线教师编写了本教材，以期通过教材建设，进一步加大高校形势与政策教育教学力度，提高高校"形势与政策"课的教学水平。

　　教材紧扣当前国内外形势，权威解读中央有关政策，立足中国，放眼世界。教材以庆祝中国共产党成立100周年开篇，阐述了党的十九届六中全会的重大意义，详细解读了党的历史上第三个历史决议。在民主政治方面，介绍了全过程人民民主的深刻内涵与鲜明特色，彰显出了"中国之治"的制度优势；在国内经济方面，分析了2021年国内经济运行情况，解读了构建新发展格局要持续推动中国经济的高质量发展；在共同富裕方面，介绍了必须把促进全体人民共同富裕作为为人民谋幸福的着力点，扎实推动共同富裕；在重大会议方面，梳理了历届中国国际进口博览会取得的成果，总结了中国加入世贸组织20载取得的成绩，用"四个坚定不移"阐明了中国扩大开放的行动方案；在大国外交方面，梳理了中美关系、中欧关系、中俄关系的外交现状，推动构建更加公正合理的国际治理体系；在全球治理方面，阐述了党将继续高举和平、发展、合作、共赢旗帜，奉行独立自主的和平外交政策，推动人类社会朝着构建人类命运共同体的方向不断前行；在国际热点方面，介绍了全球疫情控制的艰难和形势的复杂严峻，梳理了阿富汗人道主义灾难引全球关注、欧盟谋求"战略自主"、应对气候变化亟待全球行动等热点事件，说明了当前国际环境的复杂多变和国际关系中的不确定性与不稳定性明显增大。本教材将理论与实践相结合，遵循"贴近时代、贴近生活、贴近学生"的"三贴近"原则，风格清新活泼，讲述深入浅出。

　　本书是集体智慧的结晶；由中国刑事警察学院张士清、辽宁机电职业技术学院崔承刚担任主编；由辽阳职业技术学院佟艳、刘欣，辽宁工程职业学院张远航担任副主编。全书具体写作分工如下：崔承刚（专题一、二），佟艳（专题三、四），刘欣（专题五、六），张远航（专题七、八）。张士清负责全书的统稿及审定工作。

　　由于编写时间仓促，加之作者水平有限，不足之处在所难免，恳请广大读者批评指正！在编写过程中，我们参阅了多位专家学者的研究成果，篇幅所限，不能一一致谢，在此一并感谢！

编　者

2022年2月

目　录

专题一　书写中华民族几千年历史上最恢宏的史诗

📄 要点提示

1. 党在百年华诞之际召开的盛会
2. 百年决议：鉴往知来，向史而新
3. 中国共产党历史上的六中全会

　　对历史的最好纪念，就是创造新的历史。

　　在庆祝中国共产党百年华诞的热烈氛围中，在"两个一百年"奋斗目标的历史交汇期，2021 年 11 月 8～11 日，中国共产党迎来又一次意义重大的盛会——中国共产党第十九届中央委员会第六次全体会议在北京召开。肩负着承前启后、继往开来的伟大使命，此次会议重点研究全面总结党的百年奋斗的重大成就和历史经验问题。

　　回望过往的奋斗路，眺望前方的奋进路。在以习近平同志为核心的党中央坚强领导下，百年大党通过对历史的全面深刻总结，必将进一步凝聚共识、抖擞精神，不忘初心、牢记使命，带领全体中华儿女在中华民族伟大复兴的新征程上再创新的辉煌。

一　党在百年华诞之际召开的盛会

　　党中央认为，在党成立一百周年的重要历史时刻，在党和人民胜利实现第一个百年奋斗目标、全面建成小康社会，正在向着全面建成社会主义现代化强国的第二个百年奋斗目标迈进的重大历史关头，全面总结党的百年奋斗重大成就和历史经验，对推动全党进一步统一思想、统一意志、统一行动，团结带领全国各族人民夺取新时代中国特色社会主义新的伟大胜利，具有重大现实意义和深远历史意义。

（一）中共中央政治局两次会议"点题"

2021 年 8 月 31 日，中共中央政治局召开会议，决定 11 月在北京召开中国共产党第十九届中央委员会第六次全体会议，主要议程是，中共中央政治局向中央委员会报告工作，重点研究全面总结党的百年奋斗的重大成就和历史经验问题。

一个半月后，10 月 18 日，中共中央政治局再次召开会议，研究全面总结党的百年奋斗重大成就和历史经验问题。中共中央总书记习近平主持会议。会议决定，中国共产党第十九届中央委员会第六次全体会议于 11 月 8～11 日在北京召开。

中共中央政治局听取了《中共中央关于党的百年奋斗重大成就和历史经验的决议》稿在党内外一定范围征求意见的情况报告，决定根据这次会议讨论的意见进行修改后将决议稿提请十九届六中全会审议。

1. 总结是为满足新的历史条件下的三个需要

以史为鉴，可以知兴替。在新的历史条件下，在主客观条件均已具备的条件下，我们党需要一份新的总结。总结党的百年奋斗的重大成就和历史经验，是在建党百年历史条件下开启全面建设社会主义现代化国家新征程、在新时代坚持和发展中国特色社会主义的需要；是增强政治意识、大局意识、核心意识、看齐意识，坚定道路自信、理论自信、制度自信、文化自信，做到坚决维护习近平总书记党中央的核心、全党的核心地位，坚决维护党中央权威和集中统一领导，确保全党步调一致向前进的需要；是推进党的自我革命、提高全党斗争本领和应对风险挑战能力、永葆党的生机活力、团结带领全国各族人民为实现中华民族伟大复兴的中国梦而继续奋斗的需要。

2. 党积累了宝贵经验需要及时全面总结

在党的长期奋斗历程中，以毛泽东、邓小平、江泽民、胡锦涛同志为主要代表的中国共产党人，团结带领全党全国各族人民推动革命、建设、改革取得了重大成就、积累了宝贵经验。党的十八大以来，以习近平同志为核心的党中央团结带领全党全国各族人民取得新的重大成就、积累了新的宝贵经验。这些宝贵经验需要及时全面总结。

3. 党要坚持唯物史观和正确党史观，常怀远虑、居安思危

全党要坚持唯物史观和正确党史观，从党的百年奋斗中看清楚过去我们为什么能够成功、弄明白未来我们怎样才能继续成功，从而更加坚定、更加自觉地践行初心使命，在新时代更好坚持和发展中国特色社会主义。

全党必须铭记生于忧患、死于安乐，常怀远虑、居安思危，继续推进新时代党

的建设新的伟大工程，坚持全面从严治党，永远保持同人民群众的血肉联系，践行以人民为中心的发展思想，不断实现好、维护好、发展好最广大人民根本利益，团结带领全国各族人民不断为美好生活而奋斗。

（二）全面总结党的成就和经验已具备条件

现在，距离第一个历史决议制定已经过去了 77 年，距离第二个历史决议制定也过去了 40 多年，40 多年来，党和国家事业大大向前发展了，党的理论和实践也大大向前发展了。站在新的历史起点上，回顾过去，展望未来，全面总结党的百年奋斗的重大成就和历史经验特别是改革开放 40 多年来的重大成就和历史经验，既有客观需要，也具备主观条件。

1. 百年奋斗历程波澜壮阔，要做好四个总结

我们党历来高度注重总结历史经验。早在延安时期，毛泽东同志就指出："如果不把党的历史搞清楚，不把党在历史上所走的路搞清楚，便不能把事情办得更好。"[1] 在争取抗日战争最后胜利的关头，1945 年，党的六届七中全会通过了《关于若干历史问题的决议》，对建党以后特别是党的六届四中全会至遵义会议前这一段党的历史及其经验教训进行了总结，对若干重大历史问题作出了结论，使全党特别是党的高级干部对中国革命基本问题的认识达到了一致，增强了全党团结，为党的七大胜利召开创造了充分条件，有力促进了中国革命事业发展。

进入改革开放新时期，邓小平同志说："历史上成功的经验是宝贵财富，错误的经验、失败的经验也是宝贵财富。这样来制定方针政策，就能统一全党思想，达到新的团结。这样的基础是最可靠的。"[2] 1981 年，党的十一届六中全会通过了《关于建国以来党的若干历史问题的决议》，回顾了新中国成立以前党的历史，总结了社会主义革命和建设的历史经验，对一些重大事件和重要人物作出了评价，特别是正确评价了毛泽东同志和毛泽东思想，分清了是非，纠正了"左"、右两方面的错误观点，统一了全党思想，对推动党团结一致向前看、更好推进改革开放和社会主义现代化建设产生了重大影响。

党中央认为，党的百年奋斗历程波澜壮阔，时间跨度长，涉及范围广，需要研究的问题多。总的是要按照总结历史、把握规律、坚定信心、走向未来的要求，把党走过的光辉历程总结好，把党团结带领人民取得的辉煌成就总结好，把党推进革命、建设、改革的宝贵经验总结好，把党的十八大以来党和国家事业砥砺奋进的理

---

① 《毛泽东文集》第二卷，人民出版社，1993，第 399 页。

② 《邓小平思想年谱（一九七五——一九九七）》，中央文献出版社，1998，第 388 页。

论和实践总结好。

2. 具体要做好六个深入研究

具体来说，就是要深入研究党领导人民进行革命、建设、改革的百年历程，全面总结党从胜利走向胜利的伟大历史进程、为国家和民族建立的伟大历史功绩；深入研究党坚持把马克思主义基本原理同中国具体实际相结合、同中华优秀传统文化相结合，不断推进马克思主义中国化的百年历程，深化对新时代党的创新理论的理解和掌握；深入研究党不断维护党的团结、维护党中央权威和集中统一领导的百年历程，深刻领悟加强党的政治建设这个马克思主义政党的鲜明特征和政治优势；深入研究党为中国人民谋幸福、为中华民族谋复兴的百年历程，深刻认识党同人民生死相依、休戚与共的血肉联系，更好为人民谋幸福、依靠人民创造历史伟业；深入研究党加强自身建设、推进自我革命的百年历程，增强全面从严治党永远在路上的坚定和执着，确保党在新时代坚持和发展中国特色社会主义的历史进程中始终成为坚强领导核心；深入研究历史发展规律和大势，始终掌握新时代新征程党和国家事业发展的历史主动，增强锚定既定奋斗目标、意气风发走向未来的勇气和力量。

3. 做好两个坚持，旗帜鲜明地反对历史虚无主义

党中央认为，总结党的百年奋斗的重大成就和历史经验，要坚持辩证唯物主义和历史唯物主义的方法论，用具体历史的、客观全面的、联系发展的观点来看待党的历史。要坚持正确党史观、树立大历史观，准确把握党的历史发展的主题主线、主流本质，正确对待党在前进道路上经历的失误和曲折，从成功中吸取经验，从失误中吸取教训，不断开辟走向胜利的道路。要旗帜鲜明地反对历史虚无主义，加强思想引导和理论辨析，澄清对党史上一些重大历史问题的模糊认识和片面理解，更好地正本清源。

（三）党善于从历史经验中提炼出克敌制胜的法宝

历史是了解过去的教科书，也是走向未来的营养剂。

习近平总书记深刻指出："我们党一步步走过来，很重要的一条就是不断总结经验、提高本领，不断提高应对风险、迎接挑战、化险为夷的能力水平。"[①]

1. 新征程上的中国共产党人必须永远牢记团结统一才能前进

在抗日战争即将取得胜利的重要关头，党的六届七中全会通过《关于若干历史问题的决议》，对建党以来党的历史及其基本经验教训作出系统总结，为召开党的

---

① 习近平：《在党史学习教育动员大会上的讲话》，人民出版社，2021，第16～17页。

七大创造了政治上、思想上的充分条件。决议通过汲取经验教训，解决了党的建设的现实问题。毛泽东同志指出："一切同志，要在这个历史决议案下团结起来，像决议案上说的团结得像一个和睦的家庭一样。"①

1981年6月，改革开放大潮正起，党的十一届六中全会通过《关于建国以来党的若干历史问题的决议》，全面总结了新中国成立以后社会主义革命和建设的历史经验，对一些重大历史事件和重要历史人物作出了实事求是的评价。这份历史决议激励了全党全国各族人民在新的历史起点上团结一致向前看。正如邓小平同志所指出的，"对我们统一党内的思想，有很重要的作用"。②

美国中国问题专家罗伯特·库恩认为，中共实事求是，善于在实践中不断摸索、总结经验，这些都是中共领导中国取得巨大成就的重要原因。

在建党百年的重要节点，党中央作出在全党开展党史学习教育的重大部署，要求全体党员做到学史明理、学史增信、学史崇德、学史力行。习近平总书记号召全党，"必须从历史中获得启迪，从历史经验中提炼出克敌制胜的法宝"。③

实践证明，党的历史上每一次对历史经验的系统总结，都使我们党在新的历史条件下实现了新的团结统一，都进一步推动了革命、建设、改革的伟大实践。

今天，我们党团结统一、中华民族的凝聚力向心力前所未有。正是因为有以习近平同志为核心的党中央团结带领人民砥砺奋进，以大气魄运筹治党治国治军，以大视野谋划改革发展稳定，以大韬略统筹发展和安全，以大情怀践行人民至上，我们的事业才能勇往直前，任何力量都无法阻挡前进的步伐。

2. 新征程上的中国共产党人必须准备付出更为艰巨、更为艰苦的努力

历史长河不息，时代考卷常新。

全面建设社会主义现代化国家新征程已经开启，向着第二个百年奋斗目标进军的号角已经吹响，中华民族新的"伟大历史时间"开始了。

百年华诞庆典余音犹在激荡，中国共产党人已经以超乎寻常的紧迫感踏上新的奋进征途：上雪域高原庆祝西藏和平解放70周年，赴河北谈弘扬塞罕坝精神，在陕西强调解放思想改革创新，在山东谋划深入推动黄河流域生态保护和高质量发展；到现场或以视频方式出席中国共产党与世界政党领导人峰会、金砖峰会、上合峰会、联合国生物多样性大会、全球可持续交通大会、二十国集团领导人峰会……习近平总书记夙兴夜寐，掌舵扬帆。

---

① 《毛泽东文集》第三卷，人民出版社，1996，第297页。
② 《邓小平思想年谱（一九七五——一九九七）》，中央文献出版社，1998，第194页。
③ 习近平：《在党史学习教育动员大会上的讲话》，人民出版社，2021，第17页。

出台碳达峰、碳中和工作"施工图"，进一步减轻义务教育阶段学生作业负担和校外培训负担，改革完善中央财政科研经费管理，推进房地产税立法……全面深化改革蹄疾步稳、紧锣密鼓。接连召开中央民族工作会议、中央人才工作会议、纪念辛亥革命110周年大会、中央人大工作会议……为新征程作人才、思想、制度等方面的动员和准备。

征衣未解再跨鞍。只争朝夕的匆匆步履，缘于对历史和人民沉甸甸的使命感、责任感。

"今天，我们比历史上任何时期都更接近、更有信心和能力实现中华民族伟大复兴的目标，同时必须准备付出更为艰巨、更为艰苦的努力。"①

前景光明辽阔，但前路不会平坦。

世界正经历百年未有之大变局，我国正处于实现中华民族伟大复兴的关键时期。前进路上，我们面临的风险考验只会越来越复杂，甚至会遇到难以想象的惊涛骇浪。

3. 新征程上的中国共产党人必须永远站在时代潮流最前列

"世界潮流，浩浩荡荡，顺之则昌，逆之则亡。"② 在出席中华人民共和国恢复联合国合法席位50周年纪念会议时，习近平主席着眼世界的持续、长远发展，以大历史观回答世界面临的"时代之问"。

在历史前进的逻辑中前进，在时代发展的潮流中发展，中国共产党这样告诉世界，也始终这样要求自己。"推动我国数字经济健康发展"，这是2021年10月18日中共中央政治局第三十四次集体学习的主题。在主持学习时，习近平总书记强调，"抓住先机、抢占未来发展制高点""抓住机遇，赢得主动"。③

抓住先机，方能快人一步；着眼长远，方能高人一筹。

4. 新征程上的中国共产党人必须永远站在攻坚克难最前沿

1945年5月，抗日战争即将取得胜利，党的七大上，毛泽东同志告诫全党要"准备吃亏"，一口气列了17条困难。

越是取得成绩的时候，越要有如履薄冰的谨慎，越要有居安思危的忧患。这是我们党治国理政的一条重要经验。2021年伊始，省部级主要领导干部的"开年第一课"上，习近平总书记语重心长："随着我国社会主要矛盾变化和国际力量对比深刻调整，必须增强忧患意识、坚持底线思维，随时准备应对更加复杂困难的

---

① 习近平：《在庆祝中国共产党成立100周年大会上的讲话》，人民出版社，2021，第17页。
② 习近平：《在纪念孙中山先生诞辰150周年大会上的讲话》，人民出版社，2016，第7页。
③ 《把握数字经济发展趋势和规律 推动我国数字经济健康发展》，《人民日报》2021年10月20日。

局面。"①

难走的路是上坡路，难开的船是顶风船。中华民族伟大复兴，绝不是轻轻松松、敲锣打鼓就能实现的。知重负重、攻坚克难，迎着困难上、顶住压力拼，练就斗争的真本领、真功夫，拿出奋斗的干劲、闯劲、韧劲，就没有任何力量能够阻挡追梦的脚步。

5. 新征程上的中国共产党人必须永远站在最广大人民之中

湘江之畔，广西桂林毛竹山村，当年红军战斗过的地方，如今靠着发展葡萄产业富了一方百姓。2021年4月，习近平总书记来到这里。"总书记，您平时这么忙，还来看我们，真的感谢您。"见到总书记，村民王德利激动地说。"我忙就是忙这些事，'国之大者'就是人民的幸福生活。"总书记回答道。②

时代是出卷人，我们是答卷人，人民是阅卷人。时代不断演进，出题的内涵不断更新；人民对美好生活的需要逐步提高，答卷的要求随之提升。浙江高质量发展建设共同富裕示范区"亮相"，中央财经委员会第十次会议研究扎实促进共同富裕问题……随着新征程的开启，逐步实现全体人民共同富裕被摆在更加重要的位置上。

从打赢脱贫攻坚战、全面建成小康社会，到推动乡村振兴、扎实促进共同富裕，中国共产党始终坚持为民初心，始终同人民想在一起、干在一起，汇聚起奔涌向前的磅礴伟力。

二　百年决议：鉴往知来，向史而新

从小小红船到巍巍巨轮，从星星之火到燎原之势，百年跋涉、百年奋斗。全面总结党的百年奋斗重大成就和历史经验的这份决议，是一份集政治决议、思想决议、战略决议、行动决议于一体的马克思主义光辉文献，充分彰显了以习近平同志为核心的党中央高超的政治智慧和强烈的历史担当，必将推动全党实现思想上空前统一、政治上空前团结、组织上空前有力、作风上空前过硬。

（一）党的十九届六中全会公报解读

党的十九届六中全会是我们党的历史上的一座里程碑，决议是一篇马克思主义的纲领性文献，是我们党百年奋斗的皇皇巨著。

决议指出，党确立习近平同志党中央的核心、全党的核心地位，确立习近平新

① 《随时准备应对复杂困难局面》，《解放军报》2021年2月15日。
② 《"让我们一起向未来"——聆听习近平主席2022年新年贺词》，《光明日报》2022年1月1日。

时代中国特色社会主义思想的指导地位，反映了全党全军全国各族人民共同心愿，对新时代党和国家事业发展、对推进中华民族伟大复兴历史进程具有决定性意义。决议开创性提出"两个确立"的决定性意义，系统性总结"四个历史时期"的伟大成就，全局性概括"十个坚持"的历史经验，发出了在新时代新征程上赢得更加伟大的胜利和荣光的号令。

1. 四个时期

党和人民百年奋斗，书写了中华民族几千年历史上最恢宏的史诗。

全会从新民主主义革命时期、社会主义革命和建设时期、改革开放和社会主义现代化建设新时期以及中国特色社会主义新时代四个历史阶段，全面总结了我们党团结带领全国人民创造的伟大成就，实现了中国从几千年封建专制政治向人民民主的伟大飞跃；实现了一穷二白、人口众多的东方大国大步迈进社会主义社会的伟大飞跃；推进了中华民族从站起来到富起来的伟大飞跃；中华民族迎来了从站起来、富起来到强起来的伟大飞跃。[①] 这既是客观的历史事实，又有着深刻的历史逻辑；确确实实充分体现了我们中国共产党前后相继、一脉相承、一以贯之。

2. 两个确立

在总结新时代中国特色社会主义伟大成就时，全会强调，党确立习近平同志党中央的核心、全党的核心地位，确立习近平新时代中国特色社会主义思想的指导地位，反映了全党全军全国各族人民共同心愿，对新时代党和国家事业发展、对推进中华民族伟大复兴历史进程具有决定性意义。[②]

党在新时代伟大历程中产生了举旗定向的领航人，"两个确立"是党为国家和民族作出的重大贡献。"两个确立"是党的十八大以来最重要政治成果，增强"四个意识"、坚定"四个自信"、做到"两个维护"是党的十八大以来最宝贵的历史经验。百年风雨兼程，砥柱人间是此峰。只要我们增强"四个意识"、坚定"四个自信"、做到"两个维护"，坚定不移走下去，就一定能够实现中华民族复兴的伟大梦想。

3. 三次飞跃

思想就是力量，先进的思想必定与非凡的事业彼此辉映，科学的理论必定与伟大的实践相互促进。决议指出，毛泽东思想是马克思列宁主义在中国的创造性运用和发展，是被实践证明了的关于中国革命和建设的正确的理论原则和经验总结，是马克思主义中国化的第一次历史性飞跃。党从新的实践和时代特征出发坚持和发展

---

① 《中共中央关于党的百年奋斗重大成就和历史经验的决议》，《人民日报》2021年11月17日。
② 《中共中央关于党的百年奋斗重大成就和历史经验的决议》，《人民日报》2021年11月17日。

马克思主义，形成中国特色社会主义理论体系，实现了马克思主义中国化新的飞跃。

决议的一个重要内容，是对习近平新时代中国特色社会主义思想在党的十九大的基础上，作了进一步的概括和阐述，科学指出："习近平新时代中国特色社会主义思想是当代中国马克思主义、二十一世纪马克思主义，是中华文化和中国精神的时代精华，实现了马克思主义中国化新的飞跃。"①

4. 五个意义

全会指出了中国共产党百年奋斗的历史意义：党的百年奋斗从根本上改变了中国人民的前途命运，中国人民彻底摆脱了被欺负、被压迫、被奴役的命运，成为国家、社会和自己命运的主人，中国人民对美好生活的向往不断变为现实；党的百年奋斗开辟了实现中华民族伟大复兴的正确道路，中国仅用几十年时间就走完发达国家几百年走过的工业化历程，创造了经济快速发展和社会长期稳定两大奇迹；党的百年奋斗展示了马克思主义的强大生命力，马克思主义的科学性和真理性在中国得到充分检验，马克思主义的人民性和实践性在中国得到充分贯彻，马克思主义的开放性和时代性在中国得到充分彰显；党的百年奋斗深刻影响了世界历史进程，党领导人民成功走出中国式现代化道路，创造了人类文明新形态，拓展了发展中国家走向现代化的途径；党的百年奋斗锻造了走在时代前列的中国共产党，形成了以伟大建党精神为源头的精神谱系，保持了党的先进性和纯洁性，党的执政能力和领导水平不断提高，中国共产党无愧为伟大光荣正确的党。② 这些历史意义可以概括为"改变命运、开辟道路、彰显真理、影响世界、锻造政党"五个关键词。

5. 十个明确

对习近平新时代中国特色社会主义思想的概括和阐述，是全会决议的一个突出亮点，也是一个重大贡献。决议在党的十九大报告"八个明确"的基础上，用"十个明确"对习近平新时代中国特色社会主义思想的核心内容作了进一步概括。③

明确中国特色社会主义最本质的特征是中国共产党领导，中国特色社会主义制度的最大优势是中国共产党领导，中国共产党是最高政治领导力量，全党必须增强"四个意识"、坚定"四个自信"、做到"两个维护"；明确坚持和发展中国特色社会主义，总任务是实现社会主义现代化和中华民族伟大复兴，在全面建成小康社会的基础上，分两步走在 21 世纪中叶建成富强民主文明和谐美丽的社会主义现代化强

---

① 《中共中央关于党的百年奋斗重大成就和历史经验的决议》，《人民日报》2021 年 11 月 17 日。
② 《中共中央关于党的百年奋斗重大成就和历史经验的决议》，《人民日报》2021 年 11 月 17 日。
③ 《"在重要历史关头召开的一次具有重大历史意义的会议"——中共中央举行新闻发布会解读党的十九届六中全会精神》，《人民日报》2021 年 11 月 13 日。

国，以中国式现代化推进中华民族伟大复兴；明确新时代我国社会主要矛盾是人民日益增长的美好生活需要和不平衡不充分的发展之间的矛盾，必须坚持以人民为中心的发展思想，发展全过程人民民主，推动人的全面发展、全体人民共同富裕取得更为明显的实质性进展；明确中国特色社会主义事业总体布局是经济建设、政治建设、文化建设、社会建设、生态文明建设五位一体，战略布局是全面建设社会主义现代化国家、全面深化改革、全面依法治国、全面从严治党四个全面；明确全面深化改革总目标是完善和发展中国特色社会主义制度、推进国家治理体系和治理能力现代化；明确全面推进依法治国总目标是建设中国特色社会主义法治体系、建设社会主义法治国家；明确必须坚持和完善社会主义基本经济制度，使市场在资源配置中起决定性作用，更好发挥政府作用，把握新发展阶段，贯彻创新、协调、绿色、开放、共享的新发展理念，加快构建以国内大循环为主体、国内国际双循环相互促进的新发展格局，推动高质量发展，统筹发展和安全；明确党在新时代的强军目标是建设一支听党指挥、能打胜仗、作风优良的人民军队，把人民军队建设成为世界一流军队；明确中国特色大国外交要服务民族复兴、促进人类进步，推动建设新型国际关系，推动构建人类命运共同体；明确全面从严治党的战略方针，提出新时代党的建设总要求，全面推进党的政治建设、思想建设、组织建设、作风建设、纪律建设，把制度建设贯穿其中，深入推进反腐败斗争，落实管党治党政治责任，以伟大自我革命引领伟大社会革命。[①]

6. 十个坚持

了解中国，必须了解中国共产党；读懂中国共产党，才能读懂中国。在进取中突破，于挫折中奋起，从总结中提高，百年奋斗积累的宝贵历史经验，既有一以贯之的历史传承，也有守正创新的时代创造。山雄有脊，房固因梁。把"坚持党的领导"放在十条经验首位。全会用"十个坚持"高度概括了我们党百年奋斗中积累的宝贵经验。这就是：坚持党的领导，坚持人民至上，坚持理论创新，坚持独立自主，坚持中国道路，坚持胸怀天下，坚持开拓创新，坚持敢于斗争，坚持统一战线，坚持自我革命。[②]

7. 一个牢记

全党要牢记中国共产党是什么、要干什么这个根本问题，把握历史发展大势，坚定理想信念，牢记初心使命，始终谦虚谨慎、不骄不躁、艰苦奋斗，不为任何风险所惧，不为任何干扰所惑，决不在根本性问题上出现颠覆性错误，以咬定青山不放

[①] 《中共中央关于党的百年奋斗重大成就和历史经验的决议》，《人民日报》2021年11月17日。
[②] 《中共中央关于党的百年奋斗重大成就和历史经验的决议》，《人民日报》2021年11月17日。

松的执着奋力实现既定目标，以行百里者半九十的清醒不懈推进中华民族伟大复兴。

8. 一个决定

全会决定，中国共产党第二十次全国代表大会于 2022 年下半年在北京召开。全会认为，党的二十大是我们党进入全面建设社会主义现代化国家、向第二个百年奋斗目标进军新征程的重要时刻召开的一次十分重要的代表大会，是党和国家政治生活中的一件大事。

"党的二十大实际上是我们踏上新的百年历程的第一次党的全国代表大会。毫无疑问，二十大是站在我们过去 100 年的历史经验的基础上，来规划我们下一个 100 年发展宏伟蓝图的一次重要会议，当然要从我们百年历史发展的经验中汲取智慧，汲取经验。所以，从这个意义上来讲，十九届六中全会也是为二十大做准备的一次会议。"①

（二）决议是一篇马克思主义的纲领性文献

站在百年新的起点，决议不仅是一篇马克思主义的纲领性文献，也是坚持和发展中国特色社会主义的政治宣言，还是实现中华民族伟大复兴的行动指南。对这次全会决议起草，有以下几点可以着重把握。

1. 党的历史上的重大是非问题已基本解决

我们党已先后制定了两个历史决议。从建党到改革开放之初，党的历史上的重大是非问题，这两个历史决议基本解决了，其基本论述和结论至今仍然适用。改革开放以来，尽管党的工作中也出现过一些问题，但总体上讲党和国家事业发展是顺利的，前进方向是正确的，取得的成就是举世瞩目的。基于此，这次全会决议要把着力点放在总结党的百年奋斗的重大成就和历史经验上，以推动全党增长智慧、增进团结、增加信心、增强斗志。

2. 重点总结新时代取得的历史性成就等

这次全会决议重点总结新时代党和国家事业取得的历史性成就、发生的历史性变革和积累的新鲜经验，主要考虑是，对党在新民主主义革命时期、社会主义革命和建设时期、党的十一届三中全会到党的十一届六中全会期间的历史，前两个历史决议已经作过系统总结，"对改革开放和社会主义现代化建设新时期的成就和经验，党的十一届三中全会召开二十周年、三十周年时党中央都进行了认真总结，我在庆

---

① 《解读十九届六中全会公报亮点 百年大党积累哪些历史经验？如何在新的赶考路上继续书写优异答卷？》，央广网，http://china. cnr. cn/gdgg/20211112/t20211112_ 525659428. shtml，2021 年 11 月 12 日。

祝改革开放四十周年大会上发表讲话，也作了系统总结"。① 因此，对党的十八大之前的历史时期，这次全会决议要在已有总结和结论的基础上进行概述。突出中国特色社会主义新时代这个重点，有利于引导全党进一步坚定信心，聚焦我们正在做的事情，以更加昂扬的姿态迈进新征程、建功新时代。

3. 注重同党中央已有结论相衔接

"关于党的十八大之前党的历史上的重大事件、重要会议、重要人物，前两个历史决议、党的一系列重要文献都有过大量论述，都郑重作过结论。这次全会决议坚持这些基本论述和结论。党的十八大以来，我在庆祝中国共产党成立九十五周年大会、庆祝中国人民解放军建军九十周年大会、庆祝中华人民共和国成立七十周年大会特别是庆祝中国共产党成立一百周年大会等重要会议上，对党的历史都作过总结和论述，体现了党中央对党的百年奋斗的新认识。这次全会决议要体现这些新认识。"②

（三）坚定信念凝聚力量踏上新的赶考之路

"一百年来，中国共产党团结带领中国人民，以'为有牺牲多壮志，敢教日月换新天'的大无畏气概，书写了中华民族几千年历史上最恢宏的史诗。这一百年来开辟的伟大道路、创造的伟大事业、取得的伟大成就，必将载入中华民族发展史册、人类文明发展史册！"③

不忘初心，方得始终。中国共产党立志于中华民族千秋伟业，百年恰是风华正茂。过去一百年，党向人民、向历史交出了一份优异的答卷。现在，党团结带领中国人民又踏上了实现第二个百年奋斗目标新的赶考之路。

习近平总书记指出："回望过往历程，眺望前方征途，我们必须始终赓续红色血脉，用党的奋斗历程和伟大成就鼓舞斗志、指引方向，用党的光荣传统和优良作风坚定信念、凝聚力量，用党的历史经验和实践创造启迪智慧、砥砺品格，继往开来，开拓前进，把革命先烈流血牺牲打下的红色江山守护好、建设好，努力创造不负革命先辈期望、无愧于历史和人民的新业绩。"④

1. 用马克思主义的真理光芒照耀我们的前行之路

思想就是力量。一个民族要走在时代前列，就一刻不能没有理论思维，一刻不

---

① 习近平：《关于〈中共中央关于党的百年奋斗重大成就和历史经验的决议〉的说明》，《人民日报》2021 年 11 月 17 日。
② 习近平：《关于〈中共中央关于党的百年奋斗重大成就和历史经验的决议〉的说明》，《人民日报》2021 年 11 月 17 日。
③ 习近平：《在庆祝中国共产党成立 100 周年大会上的讲话》，人民出版社，2021，第 6～7 页。
④ 习近平：《用好红色资源 赓续红色血脉 努力创造无愧于历史和人民的新业绩》，《求是》2021 年第 19 期。

能没有思想指引。

在近代中国最危急的时刻，中国共产党人找到了马克思列宁主义，并坚持把马克思列宁主义同中国实际相结合，用马克思主义真理的力量激活了中华民族历经几千年创造的伟大文明，使中华文明再次迸发出强大精神力量。实践证明，马克思主义是我们认识世界、把握规律、追求真理、改造世界的强大思想武器，是我们党和国家必须始终遵循的指导思想。

习近平总书记指出："马克思主义是我们立党立国的根本指导思想，是我们党的灵魂和旗帜。中国共产党坚持马克思主义基本原理，坚持实事求是，从中国实际出发，洞察时代大势，把握历史主动，进行艰辛探索，不断推进马克思主义中国化时代化，指导中国人民不断推进伟大社会革命。中国共产党为什么能，中国特色社会主义为什么好，归根到底是因为马克思主义行！"[1]

"我们党的历史，是一部推进马克思主义中国化、不断丰富和发展马克思主义的历史，也是一部运用马克思主义理论认识和改造中国的历史。""我们要从党的百年奋斗史中感悟真理的力量，不断深化对共产党执政规律、社会主义建设规律、人类社会发展规律的认识，用马克思主义的真理光芒照耀我们的前行之路。"[2]

2. 必须坚定中国特色社会主义信念

"欲事立，须是心立。"信仰信念任何时候都至关重要。对共产主义的信仰，对中国特色社会主义的信念，是共产党人的政治灵魂，是共产党人经受住任何考验的精神支柱。

一百年来，共产主义远大理想激励了一代又一代共产党人英勇奋斗，成千上万的烈士为了这个理想献出了宝贵生命。"砍头不要紧，只要主义真"，"敌人只能砍下我们的头颅，决不能动摇我们的信仰"，这些视死如归、大义凛然的誓言生动表达了共产党人对远大理想的坚贞。

习近平总书记指出："革命理想高于天。中国共产党之所以叫共产党，就是因为从成立之日起我们党就把共产主义确立为远大理想。我们党之所以能够经受一次次挫折而又一次次奋起，归根到底是因为我们党有远大理想和崇高追求。"[3]

习近平总书记强调："在全党开展党史学习教育，就是要教育引导全党深刻认识红色政权来之不易、新中国来之不易、中国特色社会主义来之不易，深刻认识中

①　习近平：《在庆祝中国共产党成立100周年大会上的讲话》，人民出版社，2021，第12~13页。

②　习近平：《用好红色资源 赓续红色血脉 努力创造无愧于历史和人民的新业绩》，《求是》2021年第19期。

③　《习近平谈治国理政》第二卷，外文出版社，2017，第34页。

国共产党为什么能、马克思主义为什么行、中国特色社会主义为什么好，不断坚定'四个自信'，不断增强历史定力，增强做中国人的志气、骨气、底气。"①

"今天，我们早已远离战火纷飞的险境，长期过着和平生活，最容易患上理想信念缺失的'软骨病'。共产主义是我们党的远大理想，为了实现这个远大理想，就必须坚定中国特色社会主义信念。全党同志要增强'四个意识'、坚定'四个自信'，在全面建设社会主义现代化国家新征程上披荆斩棘、奋力前行，不断夺取新时代中国特色社会主义新胜利。"②

3. 人心向背关系党的生死存亡

我们党来自人民，党的根基和血脉在人民。为人民而生，因人民而兴，始终同人民在一起，为人民利益而奋斗，是我们党立党兴党强党的根本出发点和落脚点。

我们党能够在那么弱小的情况下发展壮大起来，能够在千难万险中一次次浴火重生，根本原因就在于我们党始终牢记初心使命，忠实践行全心全意为人民服务的根本宗旨，从而赢得了人民的衷心拥护和支持。

习近平总书记指出："历史充分证明，江山就是人民，人民就是江山，人心向背关系党的生死存亡。赢得人民信任，得到人民支持，党就能够克服任何困难，就能够无往而不胜。"③

"我反复强调，江山就是人民，人民就是江山，打江山、守江山守的是人民的心，就是要告诫全党同志，对我们这样一个长期执政的党而言，没有比忘记初心使命、脱离群众更大的危险。""只要我们始终同人民生死相依、休戚与共，人民就会铁心跟党走，党就能长盛不衰。全党同志要从党的百年奋斗史中不断体悟初心使命，贯彻好以人民为中心的发展思想，矢志不渝为实现中华民族伟大复兴而奋斗。"④

习近平总书记强调："新的征程上，我们必须紧紧依靠人民创造历史，坚持全心全意为人民服务的根本宗旨，站稳人民立场，贯彻党的群众路线，尊重人民首创精神，践行以人民为中心的发展思想，发展全过程人民民主，维护社会公平正义，着力解决发展不平衡不充分问题和人民群众急难愁盼问题，推动人的全面发展、全体人民共同富裕取得更为明显的实质性进展！"⑤

---

① 习近平：《在党史学习教育动员大会上的讲话》，人民出版社，2021，第 9 页。
② 习近平：《用好红色资源 赓续红色血脉 努力创造无愧于历史和人民的新业绩》，《求是》2021 年第 19 期。
③ 习近平：《在党史学习教育动员大会上的讲话》，人民出版社，2021，第 15 页。
④ 习近平：《用好红色资源 赓续红色血脉 努力创造无愧于历史和人民的新业绩》，《求是》2021 年第 19 期。
⑤ 习近平：《在庆祝中国共产党成立 100 周年大会上的讲话》，人民出版社，2021，第 12 页。

4. 党的伟大精神和光荣传统是强大精神动力

"人生天地间，长路有险夷。"世界上没有哪个党像我们这样，遭遇过如此多的艰难险阻，经历过如此多的生死考验，付出过如此多的惨烈牺牲。一百年来，在应对各种困难挑战中，我们党锤炼了不畏强敌、不惧风险、敢于斗争、勇于胜利的风骨和品质。这是我们党最鲜明的特质和特点。

一百年前，中国共产党的先驱们创建了中国共产党，形成了坚持真理、坚守理想，践行初心、担当使命，不怕牺牲、英勇斗争，对党忠诚、不负人民的伟大建党精神，这是中国共产党的精神之源。在一百年的非凡奋斗历程中，一代又一代中国共产党人顽强拼搏、不懈奋斗，涌现了一大批视死如归的革命烈士、一大批顽强奋斗的英雄人物、一大批忘我奉献的先进模范，形成了井冈山精神、长征精神、遵义会议精神、延安精神、西柏坡精神、红岩精神、抗美援朝精神、"两弹一星"精神、特区精神、抗洪精神、抗震救灾精神、抗疫精神等伟大精神，构筑起了中国共产党人的精神谱系。我们党之所以历经百年而风华正茂、饱经磨难而生生不息，就是凭着那么一股革命加拼命的强大精神。

"当今中国正处于实现中华民族伟大复兴的关键时期，国家强盛、民族复兴需要物质文明的积累，更需要精神文明的升华。前进道路不可能是一片坦途，我们必然要面对各种重大挑战、重大风险、重大阻力、重大矛盾，决不能丢掉革命加拼命的精神，决不能丢掉谦虚谨慎、戒骄戒躁、艰苦奋斗、勤俭节约的传统，决不能丢掉不畏强敌、不惧风险、敢于斗争、敢于胜利的勇气。全党同志要用党在百年奋斗中形成的伟大精神滋养自己、激励自己，以昂扬的精神状态做好党和国家各项工作。"①

5. 在推动社会革命的同时进行彻底的自我革命

勇于自我革命，是我们党最鲜明的品格，也是我们党最大的优势。

百年风霜雪雨、百年大浪淘沙，我们党能够从最初的 50 多名党员发展到今天的 9500 多万名党员，战胜一个又一个困难，取得一个又一个胜利，关键在于我们始终坚持党要管党、全面从严治党不放松，在推动社会革命的同时进行彻底的自我革命。

"党的十八大以来，我们把全面从严治党纳入'四个全面'战略布局，这是新的历史条件下我们党应对世情国情党情变化的必然选择。""经过几年努力，全面从严治党取得重要阶段性成果，党内正气在上升，党风在好转，社会风气在上扬。这些变化，是全面深刻的变化、影响深远的变化、鼓舞人心的变化，为党和国家事业发展积累了强大正能量。这充分表明，党中央作出全面从严治党的战略抉择是完全

---

① 习近平：《用好红色资源 赓续红色血脉 努力创造无愧于历史和人民的新业绩》，《求是》2021 年第 19 期。

正确的，是深得党心民心的。"①

习近平总书记强调："我们前进的道路上有各种各样的'拦路虎'、'绊脚石'。在这样的国内外形势下，我们要赢得优势、赢得主动、赢得未来，就必须把党建设得更加坚强有力，使我们党能够团结带领人民有力应对重大挑战、抵御重大风险、克服重大阻力、解决重大矛盾。"② "越是长期执政，越不能忘记党的初心使命，越不能丧失自我革命精神，在新时代把党的自我革命推向深入，把党建设成为始终走在时代前列、人民衷心拥护、勇于自我革命、经得起各种风浪考验、朝气蓬勃的马克思主义执政党。"③

2021年2月20日，习近平总书记在党史学习教育动员大会上指出："实践证明，只要全党团结成'一块坚硬的钢铁'，就能够把全国各族人民团结起来，形成万众一心、无坚不摧的磅礴力量，战胜一切强大敌人、一切艰难险阻。"④

三　中国共产党历史上的六中全会

2021年11月8~11日，中国共产党第十九届中央委员会第六次全体会议在北京胜利召开。海外观察家纷纷评论："会议具有极其重要的政治分量和历史分量""将宣布开始新的发展阶段""引领中共向第二个百年奋斗目标进军"。以一次中央全会全面总结党的百年奋斗的重大成就和历史经验，是郑重的历史性、战略性决策。在中国共产党历史上，六中全会也因具备独特的内涵而被载入史册。

（一）党的十九届六中全会：凝心聚力向前进

党的十九届六中全会是中国共产党的一次重要会议，我们在总结成就中增强自信，在总结经验中把握规律，凝心聚力向前进，推动中华民族伟大复兴大业。

1. 百年总结正当其时

不断进行历史总结，是中国共产党的优良传统。毛泽东同志曾指出："我是靠总结经验吃饭的。"⑤ 我们党不仅经常进行具体的阶段性的总结，而且在重大历史关头，更加注意对历史作出郑重的决定。

---

① 习近平：《在党的十八届六中全会第二次全体会议上的讲话（节选）》，《求是》2017年第1期。
② 《习近平关于全面从严治党论述摘编》，中央文献出版社，2016，第19页。
③ 《主题教育越聚焦，自我革命越深入》，《光明日报》2019年8月5日。
④ 习近平：《在党史学习教育动员大会上的讲话》，人民出版社，2021，第21页。
⑤ 转引自张珊珍《"我是靠总结经验吃饭的"——学习毛泽东的思想方法和工作方法》，《学习时报》2017年2月27日。

1945 年党的六届七中全会原则通过的《关于若干历史问题的决议》，1981 年党的十一届六中全会通过的《关于建国以来党的若干历史问题的决议》，都产生了极其重大的政治影响，具有极其深远的历史意义。

中国共产党成立一百年，这是进行历史总结最重要的时间节点。党的十九届六中全会，全面总结党的百年奋斗的重大成就和历史经验问题，审议通过《中共中央关于党的百年奋斗重大成就和历史经验的决议》，可谓正当其时。

2. 总结成就增强自信

中国共产党的重大成就，就是不断推进中华民族从站起来富起来到强起来。一百年来，中国共产党忠实践行初心使命，团结带领全国各族人民在中国这片广袤的土地上绘就了人类发展史上波澜壮阔的壮美画卷，使近代一百多年饱受奴役和欺凌的中国人民站立起来，使具有五千多年文明历史的中华民族全面迈向现代化，使具有五百多年历史的社会主义思想在世界上人口最多的国家开辟出成功道路，使中国大踏步赶上时代，中华民族伟大复兴展现出光明前景。[①]

尤其是党的十八大以来，我们在坚持党的全面领导、全面从严治党、经济建设、全面深化改革开放、政治建设、全面依法治国、文化建设、社会建设、生态文明建设、国防和军队建设、维护国家安全、坚持"一国两制"和推进祖国统一、外交工作等方面取得全方位的成就。

3. 总结经验把握规律

历史是最好的教科书。人类的历史就是一个不断地从必然王国向自由王国发展的历史。不断总结经验，把握规律，就能有所发现，有所发明，有所创造，有所前进。

中国共产党立足实践、升华经验，在把握规律中不断推进理论创新、进行理论创造。一百年来，我们党坚持解放思想和实事求是相统一、培元固本和守正创新相统一，不断开辟马克思主义新境界，产生了毛泽东思想、邓小平理论、"三个代表"重要思想、科学发展观，创立了习近平新时代中国特色社会主义思想。

我们党善于总结经验、不断开拓进取，在历史前进的逻辑中前进、在时代发展的潮流中发展，对历史经验的每一次系统总结，都更进一步深化了对规律的认识，都进一步推动了理论创新。党的十九届六中全会的经验总结，极大地深化了对共产党执政规律、社会主义建设规律、人类社会发展规律的认识，将极大地推动发展当代中国马克思主义、21 世纪马克思主义。

4. 凝心聚力开创未来

历史是过去的现实，现实是未来的历史。过去一百年，党向人民、向历史交出

---

① 陶文昭：《凝心聚力向前进》，《北京日报》2021 年 11 月 15 日。

了一份优异的答卷。现在，党团结带领全国人民又踏上了实现第二个百年奋斗目标新的赶考之路。抚今追昔，勿忘昨天的苦难辉煌，无愧今天的使命担当，不负明天的伟大梦想。

通过党的十九届六中全会认真回顾和深入总结历史，我们将更加深刻地认识到中国特色社会主义的历史必然性，更加自觉地把握新时代坚持和发展中国特色社会主义的规律性，以史为鉴、开创未来，埋头苦干、勇毅前行，为实现第二个百年奋斗目标、实现中华民族伟大复兴的中国梦而不懈奋斗。

（二）党的六中全会为何如此重要

在中国共产党的历史上，历届中共中央委员会一共召开了十一次六中全会。这十一次六中全会都研究了哪些重大问题，作出了哪些重要决定？对此进行回顾和梳理，可以了解每次六中全会的重要意义，也可以深入地认识党自身建设的历程。

1. 有八次六中全会作出关于召开下次党的全国代表大会的决定

回顾这十一次六中全会，其中有八次六中全会按照《中国共产党章程》的规定，讨论和决定召开下次党的全国代表大会并作出决议。

1938 年 9～11 月召开的中共六届六中全会，毛泽东在政治报告《论新阶段》中专门讲了召开党的第七次全国代表大会的有关问题，全会作出了《关于召集第七次全国代表大会的决议》，决议中强调加紧完成准备工作，在较短时间内召开党的七大，代表名额定为 350 人。1955 年 11～12 月召开的七届六中全会的第二项议程是讨论召开中国共产党第八次全国代表大会的有关问题。经过认真的讨论，全会通过了《关于召开党的第八次全国代表大会的决议》和《关于党的第八次全国代表大会代表名额和选举办法的规定》，为召开党的第八次全国代表大会作了思想上、政治上和组织上的准备。

中共十二大审议通过了新的《中国共产党章程》，中国共产党内的政治生活更加规范化，此后中国共产党按照党章的规定，每五年举行一次全国代表大会，这样每届中央委员会的六次全会（除十三届六中全会外）都研究决定召开下次党的代表大会的问题并作出决议。从这里可以看到中国共产党严格遵守党章党规，严格按照党的制度和规定治党管党，也可以看到党内政治生活的正常化和规范化。

2. 有三次六中全会在研究党的建设的同时确定了党中央的领导核心

一个国家、一个政党，领导核心至关重要。中国共产党历史上的十一次六中全会，其中有三次全会确定了中国共产党的领导核心。

1938 年 9 月至 11 月初召开的中共六届六中全会，是在中国抗日战争进入相持阶段党召开的一次十分重要的会议。全会批评了王明等人的教条主义错误，批判了张国焘分裂党分裂红军的宗派主义错误，批准了以毛泽东为代表的党的正确路线。这次全会确定了以毛泽东为核心的中央领导集体，毛泽东成为中国共产党的领袖。毛泽东的评价是：六届六中全会决定了党的命运。[①]

1981 年 6 月召开的中共十一届六中全会，审议和通过了《关于建国以来党的若干历史问题的决议》，改选和增选了中央主要领导成员。这次全会总结经验，团结前进，全面推进党的建设，以在党的指导思想上完成拨乱反正的历史任务、党的建设进入新阶段而被载入史册。这次中央全会对中央领导进行了改选，表明从十一届三中全会到六中全会，已经形成以邓小平为核心的中央领导集体。正如在六中全会前中共中央政治局会议通报中所说：这是众望所归。

中共十八届六中全会，以全面从严治党为主题。全会高度评价中共十八大以来，习近平总书记带领全党全军全国各族人民开创了中国特色社会主义伟大事业和党的建设新的伟大工程新局面，在改革发展稳定、内政外交国防、治党治国治军等各方面取得了一系列具有重要现实意义和深远历史意义的成就，实现了党和国家事业的继往开来，赢得了全党全军全国各族人民的衷心拥护，受到了国际社会的高度赞誉。习近平总书记已经成为党中央的核心、全党的核心。确定习近平总书记的领导核心地位，是中共十八届六中全会的又一重要内容。

3. 有三次六中全会专题研究讨论党的建设的重大问题

1990 年 3 月召开的中共十三届六中全会审议通过了《中共中央关于加强党同人民群众联系的决定》。决定指出，人民群众是我们党的力量源泉和胜利之本。能否始终保持和发展同人民群众的血肉联系，直接关系到党和国家的盛衰兴亡。全会强调，首要的问题是必须保证决策和决策的执行符合人民的利益。各级领导干部必须经常深入基层，深入群众，扎扎实实做好工作，把党的路线、方针、政策落到实处。

2001 年 9 月召开的十五届六中全会审议通过了《中共中央关于加强和改进党的作风建设的决定》。决定强调，党的作风是党的性质、宗旨、纲领、路线的重要体现，是党的创造力、战斗力和凝聚力的重要内容，关系党的形象，关系人心向背，关系党的生死存亡。党的作风建设，与党的思想建设、组织建设相互联系、相互促进，抓住作风建设，就抓住了新形势下推进党的建设的一个十分重要的环节，抓住了提高党的领导水平和执政水平、提高拒腐防变和抵御风险能力的一个十分重要的切入点。全会要求全党，以新的作风创造新的辉煌。

---

① 周树辉：《"决定中国之命运"的六届六中全会》，《中国组织人事报》2021 年 11 月 19 日。

2006 年 10 月召开的中共十六届六中全会，审议并通过了《中共中央关于构建社会主义和谐社会若干重大问题的决定》。决定全面、深刻地阐明了社会主义和谐社会的性质和定位，强调党正在构建的和谐社会，是在中国特色社会主义道路上，中国共产党领导全体人民共同建设、共同享有的和谐社会。决定指明了构建社会主义和谐社会的指导思想、目标任务、工作原则和重大部署。全会号召全党为构建社会主义和谐社会努力奋斗。

4. 有三次六中全会讨论审议精神文明和文化建设问题并作出决议

1986 年 9 月召开的中共十二届六中全会审议通过了《中共中央关于社会主义精神文明建设指导方针的决议》，决议根据马克思主义基本原理同中国实际相结合的原则，阐明了精神文明建设的战略地位、根本任务和基本指导方针，是中国共产党加强社会主义精神文明建设的纲领性文件。

1996 年 10 月召开的中共十四届六中全会，主要讨论思想道德和文化建设方面的问题，审议并通过了《中共中央关于加强社会主义精神文明建设若干重要问题的决议》。决议是中国共产党指导社会主义精神文明建设的又一纲领性文件。全会要求全党努力开创精神文明建设的新局面。

2011 年 10 月召开的中共十七届六中全会，审议通过了《中共中央关于深化文化体制改革、推动社会主义文化大发展大繁荣若干重大问题的决定》。决定全面总结中国共产党领导文化建设的成就和经验，深刻分析文化改革发展面临的形势和任务，在集中全党智慧的基础上，提出了新形势下文化改革发展的指导思想、重要方针、目标任务、政策措施。全会要求全党深入贯彻落实科学发展观，深化文化体制改革、加快文化发展，为推动社会主义文化大发展大繁荣、建设社会主义文化强国而奋斗。

从中国共产党的历史上看，十一次六中全会都以党的建设为主题，因而非常重要。

拓展阅读

两个"历史决议"的制定背景、主要内容和重要意义

曲青山

《关于若干历史问题的决议》和《关于建国以来党的若干历史问题的决议》，均形成于党的事业发展的重要节点，诞生在全党团结统一的氛围之中，并且都用了相当长的时间广泛征求意见，反复讨论修改，凝结了党中央和全党的集体智慧。

《关于若干历史问题的决议》是延安整风运动的重要成果。这场马克思主义思想教育运动从学习和研究党的历史开始，并在总结历史经验教训中逐步深入。而整

风过程中出现的一些对重要历史问题的严重争议、思想斗争过火等问题，引起了毛泽东同志的高度重视。他意识到，如果不能解决好党的历史问题，就不可能实现真正的团结统一。为此，他不仅在与党内同志充分讨论的基础上对这些问题提出了明确意见，还先后在中央书记处、中央政治局、中央党校等不同场合、不同范围，做了大量耐心细致的说服教育工作，并亲自找有关同志深入谈心谈话。他还要求组织高级干部学习研究历史上党内路线斗争的相关文件，并指出："此种研究的性质是整风的深入与高级阶段，其目的是使干部提高认识与增进统一团结，并为将来讨论七大决议作思想准备。"通过一段时间集中而有针对性的学习讨论和对错误路线的深入批判，全党尤其是党的高级干部对党的历史特别是党史上的路线是非有了比较统一的认识。这样一来，起草一份"历史决议"，彻底解决党的历史问题的时机也就成熟了。

1944 年 5 月，毛泽东同志主持召开中央书记处会议，决定成立党内历史问题决议准备委员会，成员包括周恩来、刘少奇、张闻天等同志，由任弼时同志负责召集，第一个"历史决议"的起草工作正式启动。毛泽东同志对这项工作极为慎重，他不仅明确起草"历史决议"必须坚持"惩前毖后、治病救人"的方针，达到"既要弄清思想又要团结同志"的目的，提出了许多重要的思想理论观点，而且亲自动手对经任弼时、胡乔木、张闻天等同志修改过的稿子，先后作出七次重要修改，并将题目定为《关于若干历史问题的决议》。在起草过程中，党的高级干部对"历史决议"稿进行了多次讨论并提出很多修改意见，其中多数被采纳。正如毛泽东同志所说："搞了一个历史决议案，三番五次，多少对眼睛看，单是中央委员会几十对眼睛看还不行，七看八看看不出许多问题来，而经过大家一看，一研究，就搞出许多问题来了。""不是大家提意见，就写不这样完备。"1945 年 4 月，党的扩大的六届七中全会原则通过《关于若干历史问题的决议》，既成功解决了党的历史问题，也标志着整风运动的胜利结束。

《关于建国以来党的若干历史问题的决议》形成于改革开放新时期解放思想、拨乱反正的历史转折之中。经过真理标准问题大讨论这场思想解放运动的洗礼，党的十一届三中全会实现了新中国成立以来党的历史上具有深远意义的伟大转折，党内外呈现出一派安定团结、生动活泼的政治局面，但也存在一些对新的路线方针政策、对新中国成立以来党的历史问题的错误认识。特别是如何评价毛泽东同志的功过和毛泽东思想，更是成为党内外、国内外高度关注的一个重要政治问题。面对这种情况，党中央认为，要顺利推进改革开放，全面完成拨乱反正，必须正确认识新中国成立以来党所走过的道路，全面总结这一时期的历史经验，并对一些重大历史问题作出结论，以分清是非，统一思想。正如邓小平同志所指出："过去的问题已经结束了，需要作个总结，不走这一步不行。"

1979 年 11 月，在邓小平同志亲自主持下，《关于建国以来党的若干历史问题的决议》起草小组成立。邓小平同志曾先后十多次召集起草组开会，对起草工作作出一系列重要指示。他明确提出起草"历史决议"要突出三条"中心的意思"：一是确立毛泽东同志的历史地位，坚持和发展毛泽东思想，这是最核心的一条；二是实事求是分析建国三十年来历史上的大事，公正评价其中的功过是非；三是通过这个决议对过去的事情做个基本总结，引导大家团结一致向前看。第二个"历史决议"的起草过程也是集思广益、发扬民主的过程。1981 年 5 月，邓小平同志曾感慨地说："这个文件差不多起草了一年多了，经过不晓得多少稿。一九八〇年十月四千人讨论，提了很多好的重要的意见；在四千人讨论和最近四十多位同志讨论的基础上，又进行修改，反复多次。起草的有二十几位同志，下了苦功夫，现在拿出这么一个稿子来。"同年 6 月，党的十一届六中全会一致通过了这份凝结了集体智慧、代表了全党意志的《关于建国以来党的若干历史问题的决议》，党在指导思想上的拨乱反正也由此胜利完成。

两个"历史决议"的主要内容

两个"历史决议"虽然相隔近四十年，但其以史为鉴、开创未来的鲜明品格则一脉相承。两个"历史决议"运用辩证唯物主义和历史唯物主义的方法，全面系统地总结了党在与"左"的和右的两种错误倾向长期斗争过程中积累的经验教训，深刻分析了产生错误的根源，并对党的历史上的重大事件和重要人物作出了实事求是的科学评价。

《关于若干历史问题的决议》分七个部分，总结了建党以来特别是党的六届四中全会至遵义会议前这一段党的历史及其经验教训，对若干重大历史问题作出了结论。正如毛泽东同志所指出：决议"主要讲我们党历史上的'左'倾错误，讲党史上一种比较适合于中国人民利益的路线与一种有些适合但有些不适合于中国人民利益的路线的斗争，无产阶级思想同小资产阶级思想的斗争"。其中，第一部分首先明确："中国共产党自一九二一年产生以来，就以马克思列宁主义的普遍真理和中国革命的具体实践相结合为自己一切工作的指针，毛泽东同志关于中国革命的理论和实践便是此种结合的代表。"第二部分对大革命时期、土地革命战争时期党的历史作了简要阐述。第三部分论述了从 1927 年到遵义会议党内的"左"倾、右倾错误，特别对第三次"左"倾路线错误产生的思想根源作了深刻分析，强调："遵义会议后，党中央在毛泽东同志领导下的政治路线，是完全正确的。"第四、第五部分用较大篇幅论述了党内"左"倾路线错误在政治上、军事上、组织上、思想上的表现及其发展过程、主要内容、社会根源以及给中国革命所造成的严重危害。第六部分强调对于党内历史问题应采取"从团结出发，而又达到团结"的原则。第七部分高度评价了毛泽东同志运用马克思列宁主义基本原理解决中国革命问题的杰出贡献，肯定了确立毛泽东同志在全党领导地位的重大意义。

《关于建国以来党的若干历史问题的决议》分八个部分，回顾了新中国成立以前党的历史，总结了新中国成立以后社会主义革命和建设的历史经验，对一些重大事件和重要人物作出了评价，特别是正确评价了毛泽东同志和毛泽东思想。其中，第一部分简要回顾了建国以前二十八年的历史。第二至第五部分对社会主义革命和建设时期党的历史作了系统总结，指出这段历史"总的说来，是我们党在马克思列宁主义、毛泽东思想指导下，领导全国各族人民进行社会主义革命和社会主义建设并取得巨大成就的历史"。第六部分阐述了结束"文化大革命"以来党和国家事业实现的伟大转折。第七部分实事求是地评价了毛泽东同志的历史地位，充分肯定了毛泽东思想作为党长期坚持的指导思想的伟大意义，特别指出要"把经过长期历史考验形成为科学理论的毛泽东思想，同毛泽东同志晚年所犯的错误区别开来"，并对毛泽东思想"多方面的内容"和"活的灵魂"作出科学概括。第八部分指出，"三中全会以来，我们党已经逐步确立了一条适合我国情况的社会主义现代化建设的正确道路"，并对其"主要点"从十个方面作了概括。这实质上初步提出了在中国建设什么样的社会主义和怎样建设社会主义的问题。

两个"历史决议"的历史作用和意义

《关于建国以来党的若干历史问题的决议》曾对两个"历史决议"的历史作用作出这样的论断："一九四五年党的六届七中全会所一致通过的《关于若干历史问题的决议》，曾经统一了全党的认识，加强了全党的团结，促进了人民革命事业的迅猛前进和伟大胜利。十一届六中全会相信，这次全会一致通过的《关于建国以来党的若干历史问题的决议》，必将起到同样的历史作用。"这段话有三个关键词——"统一""团结""前进"，这正是我们认识两个"历史决议"历史作用和意义的三个主要维度。

第一，两个"历史决议"坚持实事求是的指导方针，既深刻总结了党的历史，又集中统一了全党思想，为我们正确对待党的历史、科学运用党的历史提供了马克思主义的世界观方法论。习近平总书记强调："要坚持以我们党关于历史问题的两个决议和党中央有关精神为依据，准确把握党的历史发展的主题主线、主流本质，正确认识和科学评价党史上的重大事件、重要会议、重要人物。"这是对两个"历史决议"地位和意义的充分表达，也是历史唯物主义立场观点方法的充分体现。毛泽东同志在领导起草第一个"历史决议"时反复强调，"不要反对一切"、"不要一切否定"，"这才是实事求是"。他指出，"正确和错误的标准"是马克思主义、是人民的利益，"要强调产生错误的社会原因，不要强调个人问题"。这同样也是邓小平同志在领导起草第二个"历史决议"时所强调的基本原则。他指出，"这个决议要举毛泽东思想的伟大旗帜，实事求是地、恰如其分地评价'文化大革命'，评价毛泽东同志的功过是非"。正因为坚持了从马克思主义和人民利益出发的实事求是的原则，两个"历史决议"才能成为统一全党思想认识的"中国共产党史的大纲"和"诊治思想疾病的良药"，才能"使大家的认识一致，不再发生大的分歧"，才能经得起历史的检验，至今仍是我们树立正确党史观，学习和研究党的历史的基本依据。

第二，两个"历史决议"坚持"对全党与全民负责"的政治方向，既从团结出发，又达到新的团结，为我们坚决做到"两个维护"树立了光辉典范。习近平总书记强调："旗帜鲜明讲政治、保证党的团结和集中统一是党的生命，也是我们党能成为百年大党、创造世纪伟业的关键所在。"加强全党团结，是两个"历史决议"共同的出发点和落脚点。毛泽东同志指出："这个决议不但是领导机关内部的，而且是全党性质的，同全国人民有关联的，对全党与全民负责的。"邓小平同志强调："对毛泽东同志的评价，对毛泽东思想的阐述，不是仅仅涉及毛泽东同志个人的问题，这同我们党、我们国家的整个历史是分不开的。要看到这个全局。""这不只是个理论问题，尤其是个政治问题，是国际国内的很大的政治问题。"第一个"历史决议"指出，"全党今后的任务，就是在弄清思想、坚持原则的基础上加强团结"，"团结全党同志如同一个和睦的家庭一样，如同一块坚固的钢铁一样"。第二个"历史决议"指出："党的团结，党同人民的团结，是进行社会主义现代化建设、夺取新的胜利的根本保证。"这些饱含着崇高政治境界、博大政治胸襟、深厚政治智慧的宝贵思想，对于增强全党在政治上、思想上、组织上的高度团结，发挥了极其重要的作用，为我们从党的历史中汲取智慧，切实提高政治判断力、政治领悟力、政治执行力，坚定维护习近平总书记党中央的核心、全党的核心地位，坚定维护党中央权威和集中统一领导，不断巩固和加强全党的团结，树立了光辉典范。

第三，两个"历史决议"坚持"总结过去是为了引导大家团结一致向前看"的鲜明导向，既立足于以史为鉴，又着眼于开创未来，为我们在新的历史起点上承前启后、继往开来提供了重要启示。习近平总书记强调："今天，我们回顾历史，不是为了从成功中寻求慰藉，更不是为了躺在功劳簿上、为回避今天面临的困难和问题寻找借口，而是为了总结历史经验、把握历史规律，增强开拓前进的勇气和力量。"第一个"历史决议"原本是准备提交党的七大讨论的，之所以后来改为提交党的六届七中全会，其原因正是毛泽东同志所讲的："这是一个政策性的问题，不是随便决定的，因为这样可以避免大会把重心放在历史问题上。"而第二个"历史决议"提交党的十二大之前的十一届六中全会讨论，也是基于同样的考虑。邓小平同志指出："总结过去是为了引导大家团结一致向前看"，"力求在十二大前的中央全会上通过这个决议，对过去的问题有一个统一的认识，作一个结束。十二大就讲新话，讲向前看的话"。这种"向前看"的鲜明导向，使两个"历史决议"分别为党的七大将毛泽东思想确立为党的指导思想、使全党达到"空前的团结"，为党的十二大提出"建设有中国特色的社会主义"的重大命题和"小康"战略目标、开创改革开放和社会主义现代化建设新局面，做好了充分准备，奠定了重要基础，也为我们用历史映照现实、远观未来，开启新的历史征程、创造新的历史伟业，提供了重要启示。

（资料来源：《党建》2021 年第 11 期）

思考题

1. 为什么要总结党的百年奋斗的伟大成就和历史经验？成就和经验的重点是什么？

2. 通过学习习近平关于《中共中央关于党的百年奋斗重大成就和历史经验的决议》的说明，如何理解"党和人民百年奋斗，书写了中华民族几千年历史上最恢宏的史诗"？

3. 中国共产党第三个历史决议的历史意义是什么？

4. 中国共产党善于进行历史总结的启示是什么？

活动与探究

2021 年 11 月 8～11 日，中国共产党第十九届中央委员会第六次全体会议在北京胜利召开。海外观察家纷纷评论："会议具有极其重要的政治分量和历史分量""将宣布开始新的发展阶段""引领中共向第二个百年奋斗目标进军"。以一次中央全会全面总结党的百年奋斗的重大成就和历史经验，是郑重的历史性、战略性决策。在中国共产党历史上，六中全会也因具备独特的内涵而被载入史册。请你从上面三个评论观点中任选其一，以中国共产党百年奋斗伟大成就和历史经验中的一个具体事件入手来阐述该问题，形成 800 字的论文。

参考文献

1. 习近平：《在党史学习教育动员大会上的讲话》，人民出版社，2021。

2. 习近平：《关于〈中共中央关于党的百年奋斗重大成就和历史经验的决议〉的说明》，《人民日报》2021 年 11 月 17 日。

3. 《继续奋斗，走好新时代赶考路——写在党的十九届六中全会召开之际》，《人民日报》2021 年 11 月 8 日。

4. 曲青山：《两个"历史决议"的制定背景、主要内容和重要意义》，《党建》2021 年第 11 期。

5. 《书写中华民族几千年历史上最恢宏的史诗——习近平总书记关于党的百年奋斗重大成就和历史经验重要论述综述》，《人民日报》2021 年 11 月 6 日。

6. 《中共十九届六中全会在京举行——中央政治局主持会议 中央委员会总书记习近平作重要讲话》，《人民日报》2021 年 11 月 12 日。

专题二　不断发展全过程人民民主

📄 要点提示

1. 全过程人民民主的提出、深刻内涵与鲜明特色
2. 全过程人民民主：人民当家作主的新实践机制
3. 全过程人民民主彰显"中国之治"的制度优势
4. 全过程人民民主为世界政治文明贡献中国智慧

　　党的十八大以来，以习近平同志为核心的党中央坚持中国特色社会主义政治发展道路，坚持党的领导、人民当家作主、依法治国有机统一，坚决抵制西方所谓"宪政"、多党轮流执政、"三权鼎立"等政治思潮的侵蚀影响，走出了一条发展全过程人民民主的民主道路，社会主义民主政治焕发勃勃生机。在中国，人民享有广泛充分、真实具体、有效管用的民主，人民的民主生活丰富多彩。如今的中国，早已远离了禁锢和封闭，民主蔚然成风，人们心情舒畅，社会充满活力。

一　全过程人民民主的提出、深刻内涵与鲜明特色

　　全过程人民民主这一重大理念的提出，极大地丰富和发展了社会主义民主政治理论，深刻阐明了中国式民主的鲜明特色，是对马克思主义民主政治理论作出的原创性贡献。

（一）"全过程人民民主"概念的提出

　　2019 年 11 月，习近平总书记在上海市长宁区虹桥街道考察时强调，我们走的是一条中国特色社会主义政治发展道路，人民民主是一种全过程的民主。2021 年 3 月通过的《中华人民共和国全国人民代表大会组织法（修正草案）》与《中华人民

共和国全国人民代表大会议事规则（修正草案）》中，"全过程民主"被明确写入这"一法一规则"。2021年7月1日，在庆祝中国共产党成立100周年大会上的重要讲话中，习近平总书记又特别提出要"践行以人民为中心的发展思想，发展全过程人民民主"，在其中加入了"人民"二字。这一重要论述，深刻揭示了人民民主的本质，充分阐明了我国社会主义民主的特质和优势，丰富和发展了社会主义民主政治理论，集中概括了党领导人民发展社会主义民主特别是党的十八大以来民主政治建设的理论和实践成果，深刻阐明了中国式民主的鲜明特色和显著优势，为新时代发展社会主义民主政治、建设社会主义政治文明提供了指引和遵循。

（二）"全过程人民民主"的深刻内涵

"金豆豆，银豆豆，豆豆不能随便投。选好人，办好事，投在好人碗里头。"延安时期这首反映"豆选"的民谣，生动体现了中国共产党人为了动员不识字的农民参与民主选举所进行的智慧创造。从延安窑洞到北京人民大会堂，从《共同纲领》、"五四宪法"制定到现行宪法与时俱进地修改完善，我们党不断探索和发展适合中国国情的民主道路，使人民民主在东方大国落地生根、繁荣发展。那么，全过程人民民主究竟是一种什么样的民主呢？

1. 全过程人民民主具有完整的制度体系

制度是一个社会结构的灵魂。建设全过程人民民主的国家制度，是中国共产党人在长期的探索和实践中，在国家制度上的创造。全过程人民民主首先是关于国家性质的一种界定，其次也是关于国家制度的一种政治选择。我国全过程人民民主是通过相应的国家制度建设来获得支撑的，这是在国家制度形态上的重大创造和创新。

一是全过程人民民主的政权制度，即人民代表大会制度。作为我国的根本政治制度，"人民行使国家权力的机关是全国人民代表大会和地方各级人民代表大会"（《中华人民共和国宪法》第二条）。这一制度是在长期革命斗争中根据巴黎公社和苏维埃制度原则总结了革命根据地政权建设经验，又结合了现实情况后形成的。人民代表大会制度的一个重要特性，是它的"人民性"即"民主共和"的性质和它的全过程民主性，体现了包括工人、农民、知识分子等在内的广大劳动者这一最大包容性，凸显了"以人民为中心"的国家性质。

二是全过程人民民主的政党制度，即中国共产党领导的多党合作制。中国共产党同各民主党派"长期共存、互相监督、肝胆相照、荣辱与共"，共同治理国家。这一政党制度孕育于民主革命时期，确立于新中国成立后，进一步发展于改革开放时期特别是进入新时代以来。中国共产党领导的多党合作制，是一种多党民主参政的全过程民主型政党制度，是各民主党派通过不同渠道和平台，开展政治协商的民主参政。

三是全过程人民民主的政治协商制度。中国特色协商民主的"特质"之一，是民主协商的全过程性，弥补了远程民主的缺陷。习近平总书记在庆祝中国人民政治协商会议成立 65 周年大会上指出："社会主义协商民主，应该是实实在在的、而不是做样子的，应该是全方位的、而不是局限在某个方面的，应该是全国上上下下都要做的、而不是局限在某一级的。"① 这是对民主协商全方位性、全过程性的科学表达。中国特色社会主义政治协商制度通过广泛、多层、制度化发展，统筹推进政党协商、人大协商、政府协商、政协协商、人民团体协商、基层协商以及社会组织协商，反映出协商民主全过程性的"全领域"特征。

四是全过程人民民主的基层制度，即民族区域自治制度和基层群众自治制度。民族区域自治制度基于不同民族、不同地方社会经济和文化差异的实际状况，尊重各民族的主体地位，为激发地方创造精神和社会活力提供了巨大空间。这一制度型构也是对"单一制"条件下我国国家幅员辽阔、政策效能存在实际落差这一客观现状的一种裨补。基层群众自治制度具体体现为村民委员会和居民委员会自我管理、自我教育、自我服务、自我监督，这一制度型构最大的特点是尊重基层群众的首创精神，维护人民群众自治、参与民主治理的法理地位，容纳广泛的公民政治参与，成为实现全过程人民民主最为重要的基层制度支撑。

2. 全过程人民民主具有完整的制度链条

全过程人民民主是全链条、全方位、全覆盖的民主，是最广泛、最真实、最管用的民主。让每个人都有机会成为国家决策的参与者，这正是全过程人民民主的魅力所在。

我国全过程人民民主是一个完整的制度链条，包括选举民主、协商民主、社会民主、基层民主、公民民主等民主政治的全部要素，涵盖了民主选举、民主协商、民主决策、民主管理、民主监督等民主过程的一切领域，不但有完整的制度程序，而且有完整的参与实践，实现了过程民主和成果民主、程序民主和实质民主、直接民主和间接民主、人民民主和国家意志相统一，是全链条、全方位、全覆盖的民主，是最广泛、最真实、最管用的社会主义民主，以多样、畅通、有序的民主渠道，有效保证了全体人民依法通过各种途径和形式管理国家事务、管理经济和文化事业、管理社会事务。中国人民有着高度的政治制度自信，根本原因就在于我国全过程人民民

① 习近平：《在庆祝中国人民政治协商会议成立 65 周年大会上的讲话》，人民出版社，2014，第 19 页。

主是民主含量高、民主成色足、深受中国人民欢迎的民主，这才是真正的人民民主！

3. 全过程人民民主具有多层次的内涵阐释

从过程、层级以及领域三个层面全过程人民民主具有如下内涵阐释。

从过程来看，全过程民主利用丰富多样的民主形式，实现了民主过程的全覆盖。具体来看，一是全过程民主避免了西方民主两次选举间存在的民主空档期，实现了人民民主的全周期；二是全过程民主强调公民参与公共政策决策的全过程，即在决策前、决策中与决策后都强调公民参与的重要性；三是全过程民主贯穿了从选举、决策、管理到监督的全过程，也就是实现了民主选举、民主协商、民主决策、民主管理与民主监督的完整闭环链，使民主成为一个有机的系统。

从层级来看，各层级都在积极探索全过程民主的实践形式。党内民主生活会、每年召开的人大会议与政协会议、适当增加基层人大代表数量、政协"双周座谈会"等构成了丰富的民主实践形式，成效颇为显著。就基层而言，基层立法联系点、村委会与居委会的协商议事会以及各类基层自治组织等，丰富了基层人民民主的实践形式，并充分保障了基层群众自我管理的权利。

从领域来看，全过程民主实现了经济、政治、文化、社会与生态文明等议题或范围的全覆盖。人民民主所关注与应对的问题并不局限于某个单一领域，经济发展、社会治理、老百姓急难愁盼问题等都可以被纳入民主议事日程。以人民代表大会为例，各级人大不仅要求人大代表结构有广泛的代表性，还要求代表履职范围具有广泛的代表性。显然，不论是代表结构还是履职范围，都能提升人大代表关注议题的广泛性。

全过程人民民主是对我国社会主义民主的新概括、新论断、新要求，体现在中国共产党治国理政全部活动之中，贯通于政治、经济、社会、文化等诸多领域，落实在民主选举、民主协商、民主决策、民主管理、民主监督等不同环节，体现了社会主义民主的广泛性、整体性。

全过程人民民主唱响了新时代中国特色社会主义民主政治发展的主旋律，成为人民民主的时代命题。发展全过程人民民主，对于坚持和完善中国特色社会主义民主政治，推进国家治理体系和治理能力现代化，具有重大历史和现实意义。

4. 全过程人民民主具有中国共产党的领导这一根本政治保证

人民民主之所以是全过程民主，最为关键的是始终有党的领导这一根本政治保证。中国共产党始终坚持以人民为中心，坚持人民主体地位，坚持"从群众中来，到群众中去"的工作路线，制定一切路线方针政策都充分发扬民主、充分吸收群众智慧。正是在党的领导下，民主制度不断健全、民主形式不断丰富、民主渠道不断拓宽，确保人民当家作主具体地、现实地体现到中国共产党执政和国家治理上来，具体地、现实地体现到中国共产党和国家机关各个方面、各个层级的工作上来，具体地、现实地体现到人民对自身利益的实现和发展上来。

（三）全过程人民民主的鲜明特色

全过程人民民主具有最广泛、最真实、最管用的鲜明特色。

1. 最广泛的民主

习近平总书记指出："民主是全人类的共同价值，是中国共产党和中国人民始终不渝坚持的重要理念。"[①] 100 年来，中国共产党高举人民民主旗帜，领导人民在一个有长期封建社会历史、近代成为半殖民地半封建社会的国家建立起社会主义制度，人民民主从价值理念成为扎根中国大地的制度形态和治理机制。在社会主义制度保障下，最广大人民的意愿得到了充分反映，最广大人民当家作主的权利得到了充分实现，最广大人民的合法权益得到了充分保障，中国人民真正成为国家、社会和自己命运的主人。党的十八大以来，习近平总书记深刻总结我们党百年来为实现和保证人民当家作主不懈奋斗的宝贵经验，深刻揭示社会主义民主的深刻内涵、鲜明特色和显著优势，提出"全过程人民民主"的重大理念，为社会主义民主政治发展指明方向，引领社会主义民主迈向"全链条、全方位、全覆盖"的更高境界，使中国人民愈加成为社会主义民主的建设者、参与者、维护者和最大受益者。

2. 最真实的民主

习近平总书记指出："一个国家民主不民主，关键在于是不是真正做到了人民当家作主，要看人民有没有投票权，更要看人民有没有广泛参与权；要看人民在选举过程中得到了什么口头许诺，更要看选举后这些承诺实现了多少；要看制度和法律规定了什么样的政治程序和政治规则，更要看这些制度和法律是不是真正得到了执行；要看权力运行规则和程序是否民主，更要看权力是否真正受到人民监督和制约。"[②] 在社会主义中国，中国共产党是最广大人民根本利益的忠实代表，其一切理论和路线方针政策，其一切工作部署和安排都是为了人民，为人民利益而制定和实施；人民群众在党的领导下，依照宪法和法律规定，通过各种途径和形式，参与国家政治决策和社会公共决策，管理国家各项事务，有效保障自身权益。习近平总书

---

① 习近平：《坚持和完善人民代表大会制度 不断发展全过程人民民主》，《人民日报》2021 年 10 月 15 日。

② 《习近平在中央人大工作会议上发表重要讲话》，新华网，http://www.news.cn/politics/2021 - 10/14/c_1127956955.htm，2021 年 10 月 14 日。

记多次强调的"全过程人民民主"，不但有完整的制度程序，而且有完整的参与实践，人民依法实行民主选举、民主协商、民主决策、民主管理、民主监督，各个环节环环相扣、彼此贯通，充分保障人民的知情权、参与权、表达权、监督权，形成全过程人民民主的完整链条，人民主体地位生动、具体体现在国家政治生活和社会生活的全过程、各环节中。全过程人民民主，是最真实的社会主义民主。那种"人民只有在投票时被唤醒、投票后就进入休眠期，只有竞选时聆听天花乱坠的口号、竞选后就毫无发言权，只有拉票时受宠、选举后就被冷落"的民主，不是真正的民主。

3. 最管用的民主

习近平总书记指出，民主不是装饰品，不是用来做摆设的，而是要用来解决人民需要解决的问题的。保证和支持人民当家作主不是一句口号，不是一句空话，必须通过一定的制度予以体现和保障。中国共产党坚持人民主体地位，从我国国情和实际出发，建立起以人民代表大会制度这一根本政治制度、中国共产党领导的多党合作和政治协商制度、民族区域自治制度、基层群众自治制度等为主要内容的人民当家作主制度体系，为维护最广大人民根本利益奠定了坚实的制度基础。其中，人民代表大会制度，坚持中国共产党领导，坚持马克思主义国家学说的基本原则，适应人民民主专政的国体，最大限度保障了人民当家作主。人民当家作主制度体系是中国共产党和中国人民的伟大创造，为全过程人民民主提供了完整的制度程序，有力保障人民当家作主具体地、现实地体现到中国共产党执政和国家治理上来，具体地、现实地体现到中国共产党和国家机关各个方面、各个层级的工作上来，具体地、现实地体现到人民对自身利益的实现和发展上来。

二　全过程人民民主：人民当家作主的新实践机制

（一）全过程民主创造性地走出了一条更为广泛、更为多样、更为有效、更为灵敏的民主新路

千百年来，人类社会一直致力于探索有效制约公共权力与有效维护公民权利之道。马克思主义不但承认国家权力来自人民，而且主张人民是国家的主人，人民通过议行合一制的方式，既可以实现有效制约公共权力与有效维护公民权利的目标，又可实现公共利益有效分配与公共精神有效提升的目标，并由此开辟了实现人的全面自由发展与人类伟大解放的新型民主形态发展之路。

1921年中国共产党成立时通过的中国共产党第一个纲领，旗帜鲜明地把消灭社会阶级区分、建立人人平等社会的政治理想写在自己的旗帜上：革命军队必须与无

产阶级一起推翻资本家阶级的政权，必须援助工人阶级，直到社会阶级区分消除的时候。自此之后，中国共产党就致力于为实现国家独立富强、人民幸福安康、世界和平发展而奋斗。

1949 年新中国成立后，中国共产党首先通过领导全国人民建立中华人民共和国的根本政治制度——全国人民代表大会制度，确立了国家一切权力属于人民这一根本政治原则，确保了人民民主这一中国式民主形态的根本性质。其次，通过建立包括中国共产党领导的多党合作和政治协商制度、基层群众自治制度等在内的一系列制度体系，以民主选举、民主协商、民主决策、民主管理、民主监督的方式，将人民当家作主的目标贯穿于国家和社会治理的全过程，保证了人民民主有序高效运行的过程性绩效。最后，通过建立以重大立法、重大规划、重大决策、重大项目为主的立法联系点制度、（网络）意见征求征询会、专家座谈会、听证会、恳谈会、评议会、议事会等决策、议事、协商机制体系，将人民的需求、呼声、意见和建议等有效转化为国家的大政方针和地方的民生政策。在此意义上，全过程民主创造性地将人民民主的内容与形式、过程与绩效、性质与质量有机统一起来，走出了一条比西式民主形态更为广泛、更为多样、更为有效、更为灵敏的民主新路。

（二）全过程人民民主是对社会主义民主政治理论的重大创新

全过程人民民主是对社会主义民主政治理论的重大创新，充分阐明了我国社会主义民主的特质和优势。

新中国成立 70 多年来，中国人民在中国共产党领导下，坚定不移走中国特色社会主义政治发展道路，确保人民依法通过各种途径和形式管理国家事务，管理经济文化事业，管理社会事务，始终把国家的前途命运牢牢掌握在自己手中。特别是党的十八大以来，人民代表大会制度不断得到巩固和发展，社会主义协商民主不断丰富完善，公共政策制定的及时性、系统性、针对性和有效性不断提高，人民民主焕发出勃勃生机。

大到国家立法、国民经济和社会发展规划的制定、财政预算编制与执行监督等，小到物业管理、生活垃圾分类管理等，人民群众都能切切实实参与其中。

统计显示，党的十八大以来，共有 187 件次法律草案向社会征求意见，有约110 万人次提出 300 多万条意见建议，许多重要意见得到采纳。2021 年全国人代会修改的全国人大组织法中明确规定"全国人民代表大会及其常务委员会坚持全过程民主"，同时对全国人大代表"充分发挥在全过程民主中的作用"提出要求。

通过一系列法律和制度安排，全过程人民民主真正将民主选举、民主协商、民主决策、民主管理、民主监督各个环节彼此贯通起来，支持和确保人民当家作主，体现出了社会主义民主政治的鲜明特点。

最大限度凝聚民心民力，充分调动亿万人民的积极性、主动性、创造性。全过程人民民主的产生、发展和不断完善，保障了中国道路的成功，必将为实现中华民族伟大复兴和国家长治久安筑牢民主基石。

（三）全过程人民民主开创了人民参与国家和社会事务管理的新机制

中国共产党与人民是鱼水关系，坚持人民主体地位，充分调动人民积极性，是我们党立于不败之地的强大根基。人民参与国家和社会事务管理，既是中国共产党领导中国人民推动革命、建设、改革不断取得胜利的根本保证，又是中国共产党依靠人民、信任人民、团结人民开创历史伟业的根本动力。毛泽东同志指出："应该使每一个同志懂得，只要我们依靠人民，坚决地相信人民群众的创造力是无穷无尽的，因而信任人民，和人民打成一片，那就任何困难也能克服，任何敌人也不能压倒我们，而只会被我们所压倒。"[1] 习近平总书记强调，我们党来自人民、植根人民、服务人民，一旦脱离群众，就会失去生命力。[2]

全过程民主所展现的人民全过程参与国家和社会事务管理的特质，表现在以下几个方面。第一，通过人民全过程参与党和国家各项事务的管理，建立了人民与执政党、政府之间的有机连接，确保了中国共产党领导国家治理的人民性基础。第二，通过执政党和国家治理的一系列机制建设，使人民民主的价值与制度框架落到实处，使广大人民可以通过各种渠道依法、主动、常态、有效参与国家事务和社会事务，确保人民民主的真实性与过程性。第三，通过建立让广大人民参与国家和地方规划、决策、执行、监督、评估等重大事项的有效机制，让人民的全过程参与成为人民民主的现实运作机制体系，有效提升人民全过程参与国家事务和社会事务管理的质量，确保了人民民主的有效性。第四，各级党委、人大、政府和政协从广大人民的"急难愁盼"问题出发，通过让人民参与到身边事、单位事、地区事、国家事的评议、协商与监督过程中，找到最大公约数、画出最大同心圆，形成有事好商量、众人事众人商的共识合力文化，夯实人民民主的民心基础。

（四）全过程人民民主的真谛在于人民利益与人民意志的有机实现

新中国成立前夕，毛泽东同志在《论人民民主专政》中，把"保护人民利益"

---

① 《毛泽东选集》第三卷，人民出版社，1991，第1096页。
② 《习近平谈治国理政》第三卷，外文出版社，2020，第135页。

作为建立人民民主专政的核心价值予以强调，"我们现在的任务是要强化人民的国家机器，这主要地是指人民的军队、人民的警察和人民的法庭，借以巩固国防和保护人民利益"。① 1954 年 9 月，刘少奇同志在第一届全国人民代表大会第一次会议上所作的《关于中华人民共和国宪法草案的报告》中强调，"这个宪法草案是我国人民利益和人民意志的产物，是我们国家发生了巨大变化的产物"，提出了"人民的共同利益和统一意志，是人民代表大会和一切国家机关工作的出发点"的论断。② 2021 年 2 月，习近平总书记在党史学习教育动员大会上强调，"我们党的百年历史，就是一部践行党的初心使命的历史，就是一部党与人民心连心、同呼吸、共命运的历史"，提出"江山就是人民，人民就是江山，人心向背关系党的生死存亡。赢得人民信任，得到人民支持，党就能够克服任何困难，就能够无往而不胜"。③ 这充分说明，一代又一代中国共产党人始终把人民利益和人民意志作为治国理政、执政兴国的政治基础，把实现人民利益和人民意志作为人民民主的真谛。

三　全过程人民民主彰显"中国之治"的制度优势

当今世界正处于世界百年未有之大变局，"西方之乱"和"中国之治"形成了强烈对比。深入认识全过程人民民主，要在把握中国特色社会主义政治发展道路的内在逻辑基础上，认清全过程民主与西式民主的本质区别，彰显中国式民主制度的绝对正当性和显著优越性。

（一）全过程人民民主深深植根于中国大地，凝结着党和人民智慧

人民民主是中国共产党始终高举的旗帜。马克思恩格斯在《共产党宣言》中指出："工人革命的第一步就是使无产阶级上升为统治阶级，争得民主"。④ 我们党自成立之日起，就以实现人民当家作主和中华民族伟大复兴为己任，团结带领中国人民进行了艰苦卓绝的斗争和艰辛探索。实现和发展人民民主贯穿党百年奋斗的全过程。

我们党坚持把马克思主义基本原理同中国具体实际相结合、同中华优秀传统文化相结合，积极探索实现人民民主的发展道路和制度模式。1945 年，毛泽东同志同民主人士黄炎培就跳出历史周期率问题进行了著名的"窑洞对"，鲜明地指出："我

---

① 《毛泽东选集》第四卷，人民出版社，1991，第 1476 页。
② 《刘少奇选集》下卷，人民出版社，1985，第 145 页。
③ 习近平：《在党史学习教育动员大会上的讲话》，人民出版社，2021，第 15 页。
④ 《马克思恩格斯选集》第一卷，人民出版社，2012，第 421 页。

们已经找到新路，我们能跳出这周期率。这条新路，就是民主。只有让人民来监督政府，政府才不敢松懈。只有人人起来负责，才不会人亡政息。"① 我们党团结带领中国人民经过 28 年浴血奋战，夺取了新民主主义革命胜利。1949 年 10 月 1 日，中华人民共和国成立，亿万中国人民从此真正成为国家、社会和自己命运的主人。新中国成立后，我们党着力建设中国人民行使当家作主权利的政治制度，实现了中国从几千年封建专制政治向人民民主的伟大飞跃。在改革开放新的历史时期，我们党总结发展社会主义民主正反两方面经验，强调人民民主是社会主义的生命，成功开辟和坚持了中国特色社会主义政治发展道路，为实现最广泛的人民民主确立了正确方向。党的十八大以来，以习近平同志为核心的党中央坚持党的领导、人民当家作主、依法治国有机统一，健全人民当家作主制度体系，发展社会主义民主政治，为党和国家事业取得历史性成就、发生历史性变革提供了重要政治保障。

习近平总书记深刻指出，一个国家民主不民主，要由这个国家的人民来评判，而不能由少数人说了算！② 在中国革命、建设、改革长期实践中形成的全过程人民民主，是理论创新、实践创新、制度创新相统一的成果，凝结着党和人民的智慧，深深植根于中国大地，具有深刻的历史逻辑、理论逻辑、实践逻辑。广大中国人民是全过程人民民主的建设者、参与者、维护者和最大受益者，对中国式民主高度认同、坚决拥护、充满信心，也必将在党的领导下推动社会主义民主继续发展、更加成熟。

（二）全过程人民民主保障国家一切权力属于人民，充分实现民主权利

在我国，国家一切权力属于人民。毛泽东同志曾指出："我们的这个社会主义的民主是任何资产阶级国家所不可能有的最广大的民主。"③ 这深刻指出了我国社会主义民主的广泛性。占世界近 1/5 人口的 14 亿多中国人民，在自己的国家和社会生活中当家作主，享有广泛的民主权利，实行全面、系统的全过程人民民主，这本身就是对人类政治文明发展的重大贡献。

全过程人民民主保障人民依法实行民主选举、民主协商、民主决策、民主管理、民主监督。我国宪法规定，年满 18 周岁的公民，不分民族、种族、性别、职业、家庭出身、宗教信仰、教育程度、财产状况、居住期限，都有选举权和被选举权；但

---

① 《毛泽东年谱（1893～1949）（修订本）》中卷，中央文献出版社，2013，第 611 页。
② 习近平：《加强政党合作 共谋人民幸福——在中国共产党与世界政党领导人峰会上的主旨讲话》，人民出版社，2021，第 6 页。
③ 《毛泽东文集》第七卷，人民出版社，1999，第 207 页。

是依照法律被剥夺政治权利的人除外。我国坚持普遍、平等、直接选举和间接选举相结合以及差额选举、秘密投票的原则，依法保障人人享有平等的选举权利，实现城乡按相同人口比例选举人大代表，并保证各地区、各民族、各方面都有适当数量的代表，人口最少的少数民族也有自己的代表。在实践中，超过99%的年满18周岁的中国公民享有民主选举权利；改革开放以来历次直接选举县乡两级人大代表，选民参选率均保持在90%左右，保证了选举结果充分体现最广大人民意愿。协商民主是中国社会主义民主政治中独特的、独有的、独到的民主形式。在党的领导下，人民通过各种途径、各种渠道、各种方式，就改革发展稳定重大问题，特别是事关人民群众切身利益的问题进行广泛协商，找到全社会意愿和要求的最大公约数，体现了人民民主的真谛。民主决策是人民当家作主的重要体现。在我国，党和国家各项决策坚持民主集中制原则，广泛征求和充分听取各方面意见，最大限度吸纳民意、汇集民智、凝聚民力，保证决策科学化民主化。人民广泛、直接参与社会事务管理，实现自我管理、自我服务、自我教育、自我监督。人民依照宪法和法律规定，有权对国家机关和国家工作人员提出批评和建议，有权对国家机关和国家工作人员的违法失职行为提出申诉、控告或者检举。民主选举、民主协商、民主决策、民主管理、民主监督各个环节环环相扣、彼此贯通，实现过程民主和结果民主、形式民主和实质民主、直接民主和间接民主相统一，充分保障人民的知情权、参与权、表达权、监督权，形成全过程人民民主的完整链条。

党和国家制定实施国民经济和社会发展五年规划是全过程人民民主的生动体现。在党中央制定关于国民经济和社会发展第十四个五年规划和二○三五年远景目标的建议过程中，习近平总书记多次深入地方考察调研，主持召开7场座谈会，广泛听取各领域各阶层人士意见建议。全国人大常委会围绕编制"十四五"规划纲要开展专题调研，形成22份专题调研报告。中央有关部门首次通过互联网就"十四五"规划编制向全社会征求意见和建议，收到人民群众建言101.8万条，把人民呼声充分体现到党中央文件中。规划纲要草案提请十三届全国人大四次会议审议后，根据全国人大代表、全国政协委员的意见，作出了55处修改。规划纲要通过后，各国家机关认真实施，调动全体人民的积极性主动性创造性，确保各项目标任务落到实处。通过全过程人民民主，把党的主张和人民的意愿统一起来，保证了我国发展始终为了人民、依靠人民，发展成果由人民共享。

习近平总书记指出："人民是否享有民主权利，要看人民是否在选举时有投票的权利，也要看人民在日常政治生活中是否有持续参与的权利；要看人民有没有进行民主选举的权利，也要看人民有没有进行民主决策、民主管理、民主监督的权利。""保证和支持人民当家作主，通过依法选举、让人民的代表来参与国家生活和社会生活的管理是十分重要的，通过选举以外的制度和方式让人民参与国家生活和社会生活的管理也是十分重要的。"[①] 通过全过程人民民主，人民的主体地位生动、具体体现在国家政治生活和社会生活的全过程、各环节，切实防止出现选举时漫天许诺、选举后无人过问的现象，切实防止出现人民形式上有权、实际上无权的现象。

（三）全过程人民民主有效维护和发展人民根本利益，真正解决中国问题

民主不是装饰品，不是用来做摆设的，而是要用来解决人民要解决的问题的。新中国成立以来，我们党始终坚持人民当家作主，发展全过程人民民主，密切联系群众，紧紧依靠人民推动国家发展，创造了经济快速发展和社会长期稳定"两大奇迹"，充分彰显了中国式民主的巨大功效。

全过程人民民主有效体现人民意志、保障人民权益、激发人民创造活力，动员和凝聚全体人民以国家主人翁的地位投身社会主义现代化建设。在中国共产党领导下，全国各族人民团结一心，艰苦奋斗，集中力量办大事。我国用几十年时间走完了发达国家几百年走过的工业化历程，跃升为世界第二大经济体，综合国力、科技实力、国防实力、文化影响力、国际影响力显著提升，人民生活显著改善。我们实现了第一个百年奋斗目标，全面建成了小康社会，历史性地解决了绝对贫困问题，意气风发迈上全面建成社会主义现代化强国的新征程。

全过程人民民主有效调节国家政治关系，保证国家政治生活既充满活力又安定有序。我们党坚定不移发展社会主义民主政治，人民享有充分的权利和自由，广泛参加国家治理和社会治理，我国的政党关系、民族关系、宗教关系、阶层关系、海内外同胞关系充满活力，民族凝聚力不断增强，形成了安定团结的政治局面，有效维护了国家统一和民族团结，有力维护了国家主权、安全、发展利益。

全过程人民民主坚持党的领导、人民当家作主、依法治国有机统一，形成了国家治理的强大合力。在我国政治生活中，党是居于领导地位的，党集中统一领导，支持人大、政府、政协和监委、法院、检察院依法依章程履行职能、开展工作、发挥作用。国家机构实行民主集中制原则。在党的领导下，各国家机关是一个统一整体，既合理分工，又密切协作，既充分发扬民主，又有效进行集中，统一高效组织各项事业。全过程人民民主实现了民主与集中、民主与效率、民主与法治的统一，确保党领导人民依法有效治理国家。

[①] 习近平：《在庆祝中国人民政治协商会议成立 65 周年大会上的讲话》，人民出版社，2014，第 12～14 页。

习近平总书记指出："评价一个国家政治制度是不是民主的、有效的，主要看国家领导层能否依法有序更替，全体人民能否依法管理国家事务和社会事务、管理经济和文化事业，人民群众能否畅通表达利益要求，社会各方面能否有效参与国家政治生活，国家决策能否实现科学化、民主化，各方面人才能否通过公平竞争进入国家领导和管理体系，执政党能否依照宪法法律规定实现对国家事务的领导，权力运用能否得到有效制约和监督。"① 对照这个评价标准，我们可以自信地说，我国的全过程人民民主有效、管用，是符合中国实际、解决中国问题的民主！

（四）全过程人民民主具有无比广阔的发展空间，焕发强大生机活力

全过程人民民主具有与时俱进的品格，是充满生机活力的民主。全过程人民民主在我国社会主义民主政治伟大实践中成长，也必将在全面建设社会主义现代化国家新征程中不断发展。

发展全过程人民民主，必须毫不动摇坚持中国共产党的领导。江山就是人民、人民就是江山，我们党打江山、守江山，守的是人民的心。我们党始终代表最广大人民根本利益，与人民休戚与共、生死相依，没有任何自己特殊的利益，从来不代表任何利益集团、任何权势团体、任何特权阶层的利益，这决定了党的领导是人民当家作主的根本保证。要坚持党的全面领导特别是党中央集中统一领导，确保党总揽全局、协调各方，始终成为中国特色社会主义事业的坚强领导核心。

发展全过程人民民主，必须坚定不移走中国特色社会主义政治发展道路。民主是全人类共同价值，各国人民有权选择自己的民主政治发展道路和制度模式。中国特色社会主义政治发展道路，是符合中国国情、保证人民当家作主的正确道路。我们坚定对中国特色社会主义制度的自信，很重要的一条，就是要坚定对中国式民主的自信，增强走中国特色社会主义政治发展道路的信心和决心。要借鉴人类政治文明有益成果，但绝不照搬西方政治制度模式，绝不放弃我国社会主义政治制度的根本。

发展全过程人民民主，必须坚持和完善人民当家作主制度体系。发展社会主义民主政治，要用制度体系保证人民当家作主，健全民主制度，丰富民主形式，拓宽民主渠道。紧紧围绕推进国家治理体系和治理能力现代化，长期坚持、全面贯彻、不断发展人民代表大会制度、中国共产党领导的多党合作和政治协商制度、民族区域自治制度、基层群众自治制度，巩固和发展最广泛的爱国统一战线，把制度优势更好转化为治理效能，确保人民把国家和民族的前途命运牢牢掌握在自己手中。

---

① 习近平：《在庆祝全国人民代表大会成立 60 周年大会上的讲话》，人民出版社，2014，第 16～17 页。

习近平总书记指出，走自己的路，是党的全部理论和实践立足点，更是党百年奋斗得出的历史结论。[1] 今天，站立在 960 多万平方公里的广袤土地上，吸吮着 5000 多年中华民族漫长奋斗积累的文化养分，拥有 14 亿多中国人民聚合的磅礴之力，我们走自己的路，具有无比广阔的时代舞台，具有无比深厚的历史底蕴，具有无比强大的前进定力。在党的坚强领导下，中国人民完全有信心、有能力把我国社会主义民主政治的特质和优势充分发挥出来，以发展全过程人民民主的新成就为人类政治文明进步作出充满中国智慧的贡献！

四 全过程人民民主为世界政治文明贡献中国智慧

全过程人民民主重大理念的提出使我国对社会主义民主政治制度建设和探索站上了新的历史起点，它承载着中华民族走向伟大复兴的历史使命，同时也为世界政治发展作出了中国贡献，给世界上那些既希望加快发展又希望保持自身独立性的国家和民族提供了全新选择，为解决人类问题贡献了中国智慧和中国方案。

习近平总书记指出，人民代表大会制度是在我国政治发展史乃至世界政治发展史上具有重大意义的全新政治制度。回顾世界政治发展史，从两河流域苏美尔城邦到古希腊－罗马的古典共和制，从古波斯人建立第一个世界帝国，到中国历史上辉煌灿烂的大一统文明，从法国巴黎公社无产阶级的首创精神到俄国十月革命的惊世之举，种种政治创举层出不穷，制度创新各领风骚，无不体现人类社会对探索符合自身发展实际的政治制度的不懈努力。

历史的经验充分说明，实现民主有多种方式，不可能千篇一律。用单一的标尺衡量世界丰富多彩的政治制度，用单调的眼光审视人类五彩缤纷的政治文明，本身就是不民主的。现代民主政治起源于欧洲，经过马克思主义的批判与淬炼，形成了社会主义民主政治的雏形，为中国特色社会主义民主政治提供了宝贵的理论财富和经验材料。

新中国成立不久，人民代表大会制度应运而生，这反映了中国共产党人对符合本国国情的根本政治制度的思考与探索过程。中国特色社会主义进入新时代后，人民代表大会制度借由全过程人民民主为当代世界贡献了中国方案。全过程人民民主作为深化民主政治发展规律认识的结果，是对历史上社会主义民主政治发展历程深刻反思的产物，是新时代中国特色社会主义民主政治应对国际国内形势变化提出的

---

[1] 习近平：《在庆祝中国共产党成立 100 周年大会上的讲话》，人民出版社，2021，第 13 页。

最新理论成果。我们党通过不断总结前人的经验教训，运用马克思主义思想武器，并结合本国国情，为民主政治从理论走向实践找到最优解。

习近平总书记强调，当今世界正经历百年未有之大变局，制度竞争是综合国力竞争的重要方面，制度优势是一个国家赢得战略主动的重要优势。历史和现实都表明，制度稳则国家稳，制度强则国家强。中国特色社会主义的制度优势集中体现在我国当前的根本政治制度之中，而全过程人民民主重大理念的提出使我国对社会主义民主政治制度建设和探索站上了新的历史起点，它承载着中华民族走向伟大复兴的历史使命，同时也为世界政治发展作出了中国贡献，给世界上那些既希望加快发展又希望保持自身独立性的国家和民族提供了全新选择，为解决人类问题贡献了中国智慧和中国方案。

（一）全过程人民民主展现了中国特色社会主义民主自信和底气

坚定不移走中国特色社会主义政治发展道路，始终是中国共产党团结带领人民群众发展中国特色社会主义民主政治的根本方向。

与资产阶级民主存在本质上的区别，人民民主是社会主义的生命，人民当家作主是社会主义民主政治的本质特征。中国共产党除了工人阶级和最广大人民群众的利益，没有自己特殊的利益。人民立场是中国共产党的根本政治立场。中国共产党从成立之日起，就把人民民主写在自己的旗帜上。经过罢工工人代表大会、农民协会、苏维埃代表大会、以"三三制"为原则的参议会、人民代表会议等一系列探索，最终建立起人民当家作主的全新政治制度——人民代表大会制度，为人民当家作主提供了制度载体和实践主渠道。人民群众在中国共产党领导下通过各种途径和形式参与治国理政，始终把国家的前途命运牢牢掌握在自己手中。与此同时，党的十七届四中全会指出，要自觉划清中国特色社会主义民主同西方资本主义民主的界限。邓小平同志则早就说过，我们在宣传民主的时候，一定要把社会主义民主同资产阶级民主、个人主义民主严格地区别开来。[①]

党的十八大以来，以习近平同志为核心的党中央深化对民主政治发展规律的认识，升华人民民主实践探索的经验总结和理论概括，提出"全过程人民民主"这一重大理念，发展出一条属于中国人民的民主道路。以中国共产党的领导为根本政治保证，以人民代表大会制度为重要途径和最高实现形式，全过程人民民主成为中国特色社会主义的显著特征。

---

① 《邓小平文选》第二卷，人民出版社，1994，第176页。

在我国，随着民主渠道不断拓展，民主实践不断深入，民主理念深入人心，全过程人民民主具体而现实地体现到人民对美好生活的向往上来，展现出旺盛生命力和显著优越性。人民代表大会制度等确保了党和国家在决策、执行、监督落实各个环节都能听到来自人民的声音。大到国家立法、国民经济和社会发展规划的制定，小到物业管理、生活垃圾分类管理等，一项项生动的民主实践切实提升了人民群众的获得感、幸福感、安全感。无论是抗击新冠肺炎疫情斗争取得重大战略成果，还是打赢脱贫攻坚战谱写人类反贫困历史新篇章，"人民至上、生命至上"的理念得到最大践行……充分说明全过程人民民主不仅帮助中国共产党跳出"历史周期率"，更在有效保证人民群众广泛参加国家治理和社会治理中凝聚起推进高质量发展的磅礴伟力。新中国成立以来，我们创造了世所罕见的经济快速发展奇迹和社会长期稳定奇迹，中华民族迎来了从站起来、富起来到强起来的伟大飞跃，正是在于我们党最大限度保障人民当家作主，在于我们党紧紧依靠人民推动历史发展。

反观近年来西方社会治理乱象层出不穷，频现疫情失控、社会失范的"滑铁卢"。西式的"精英民主""金钱民主"并未给那些移植西式民主制度的国家带来曙光，而是与国家土壤产生严重排异，引发经济衰退、社会动荡、人权灾难，遑论呵护人民利益、增进人民福祉。正如列宁曾一针见血地指出，每隔几年决定一次究竟由统治阶级中的什么人在议会里镇压人民、压迫人民①——这就是资产阶级议会制的真正本质。

中西方鲜明的对比深刻说明，全过程人民民主不但有完整的制度程序，而且有完整的参与实践。全过程人民民主实现了过程民主和成果民主、程序民主和实质民主、直接民主和间接民主、人民民主和国家意志相统一，我国全过程人民民主是全链条、全方位、全覆盖的民主，是最广泛、最真实、最管用的社会主义民主。它坚持以人民为中心，超越了西方"少数人的民主""一次性的民主""伪全民性的民主"，确保广大人民群众真正享有民主权利，享受民主效果，确保民主理念深入人心。从百年探索到民主自信，中国特色社会主义民主政治正大踏步走在"强起来"的道路上，展现出民主自信和底气。

（二）全过程人民民主提供了适合本国国情发展道路的有益借鉴

近年来，全过程人民民主受到国际人士广泛观察和积极评价。深入理解全过程人民民主，墨西哥前驻香港总领事爱德华多·罗尔丹说："中国特色社会主义民主

---

① 《列宁选集》第三卷，人民出版社，1995，第150页。

政治区别于西方民主的显著特征就是全过程人民民主。这是一种以人民为中心的参与式民主，具有极大的创新价值和实践意义。"乌克兰《每周镜报》政治评论员阿列克谢·科瓦利表示，全过程人民民主注重充分考虑民意、吸收专业建议，以寻求和建立最广泛共识。巴西里约热内卢州立大学国际关系学教授埃利亚斯·雅布尔说，中国共产党始终把人民放在心中最高位置。全过程人民民主体现了在中国共产党领导下多方参与、共同治理的社会治理理念，有利于提高社会治理现代化水平。

关注到"十四五"规划纲要草案收到人民群众建言100多万条，阿根廷国际关系委员会中国研究组成员内斯托·雷斯蒂沃认为，全过程人民民主调动了全体人民的积极性、主动性、创造性。英国巴斯市副市长余德烁曾经在湖南省茶陵县长乐村调研，他深刻感受到人民充分参与治理实践的意义："村委会组织村民代表座谈，根据具体情况一对一制定扶贫措施解决他们的难题，充分发扬基层民主，发动群众参与。"澳中工商业委员会北领地分会主席戴若·顾比表示，从涉及国家大政方针的政党协商到社区和群众身边的基层协商，中国不断拓展协商民主渠道，推动民主制度和民主实践贯穿人民生活全过程，寻找全社会意愿和要求的最大公约数。针对全国人大常委会法工委基层立法联系点，南非国家行政学院院长布萨尼·恩格卡维尼感慨"构建起人民群众参与立法的便捷平台，把人民民主的制度优势转化为社会治理效能，满足新时代人民群众当家作主的新要求"……在中国深入发展社会主义民主政治，不断把制度优势转化为治理效能的过程中，中国之治影响力感召力不断增强，全过程人民民主正走向更广阔的国际舞台。①

民主是人类社会发展到一定阶段的产物。全过程人民民主是内生于中国的社会主义人民民主，不是照搬照抄他国来的，也不是刻意模仿他国来的。长期以来，中国民主政治和经济社会发展呈现蓬勃生机和旺盛活力，充分证明全过程人民民主在中国行得通、很管用。正因如此，习近平总书记的深邃思考和中国的探索经验受到国际社会广泛关注和高度评价，为其他国家走出一条适合本国国情的发展道路提供借鉴、注入信心，为世界政治文明贡献中国智慧。

不仅如此，在国内外许多场合，习近平总书记还多次指出，要大力弘扬和平、发展、公平、正义、民主、自由的全人类共同价值。习近平总书记在党的十九大报告中指出，中国秉持共商共建共享的全球治理观，倡导国际关系民主化，坚持国家不分大小、强弱、贫富一律平等，支持联合国发挥积极作用，支持扩大发展中国家在国际事务中的代表性和发言权；在联合国日内瓦总部演讲时指出，要推进国际关

---

① 《"全过程民主是高质量的人民民主"——国际人士积极评价中国发展全过程人民民主》，《人民日报》2021年10月4日。

系民主化，不能搞"一国独霸"或"几方共治"……一系列中国主张为人类和平发展事业凝聚奋进力量，为世界走向更加美好的明天贡献中国智慧。

历史昭示未来，征程未有穷期。在以习近平同志为核心的党中央坚强领导下，我们要更加坚定不移昂首阔步地走下去，让全过程人民民主充分发挥社会主义民主政治优势，为人类政治文明进步贡献中国智慧，为实现第二个百年奋斗目标和中华民族伟大复兴的中国梦筑牢民主基石。

人民民主是社会主义的生命，没有民主就没有社会主义，就没有社会主义现代化。中国要飞得高、跑得快，就要汇集和激发14亿人民的磅礴力量。在以习近平同志为核心的党中央的坚强领导下，中国人民有充分的信心、有充足的能力把我国社会主义民主政治的特质和优势充分发挥出来，以发展全过程人民民主的新成就为人类政治文明进步作出充满中国智慧的贡献！

拓展阅读

人民代表大会制度是实现我国全过程人民民主的重要制度载体
信春鹰

习近平总书记在中央人大工作会议上的重要讲话中指出，"人民代表大会制度是实现我国全过程人民民主的重要制度载体"，为新时代坚持和完善人民代表大会制度指明了方向。在我国社会主义民主政治制度下，发展社会主义民主政治就是要体现人民意志、保障人民权益、激发人民创造活力，用制度体系保证人民当家作主。

全过程人民民主是社会主义民主的本质属性

全过程人民民主是社会主义民主的本质属性，体现了国家一切权力属于人民的宪法理念，体现了我们党全心全意为人民服务的根本宗旨。新中国成立以来特别是改革开放以来，我们党团结带领人民，深化对社会主义民主的认识，成功开辟了具有中国特色的民主发展道路。党的十八大以来，以习近平同志为核心的党中央坚持党的领导、人民当家作主、依法治国有机统一，健全人民当家作主制度体系，推动发展更加广泛、更加充分、更加健全的人民民主，不断完善发展全过程人民民主，社会主义民主政治焕发勃勃生机。

习近平总书记再次强调评价一个国家政治制度是不是民主的、有效的"八个能否"的标准，创造性地提出了一个国家民主不民主的"四个要看、四个更要看"的标准。中国共产党始终高举人民民主的旗帜，始终坚持以下基本观点：一是人民民主是社会主义的生命，没有民主就没有社会主义，就没有社会主义的现代化，就没有中华民族伟大复兴。二是人民当家作主是社会主义民主政治的本质和核心，发展社会主义民主政治就是要体现人民意志、保障人民权益、激发人民创造活力，用制度体系保证人民当家作主。三是中国特色社会主义政治发展道路是符合中国国情、保证人民当家作主的正确道路，是近代以来中国人民长期奋斗历史逻辑、理论逻辑、实践逻辑的必然结果，是坚持党的本质属性、践行党的根本宗旨的必然要求。四是人民通过选举、投票行使权利和人民内部各方面在重大决策之前进行充分协商，尽可能就共同性问题取得一致意见，是中国社会主义民主的两种重要形式，共同构成了中国社会主义民主政治的制度特点和优势。五是发展社会主义民主政治关键是要把我国社会主义民主政治的特点和优势充分发挥出来，不断推进社会主义民主政治制度化、规范化、程序化，为党和国家兴旺发达、长治久安提供更加完善的制度保障。这些基本观点，是对中国社会主义民主政治建设的深刻总结，丰富和拓展了中国特色社会主义民主政治的政治内涵、理论内涵、实践内涵，指明了坚持中国特色社会主义政治发展道路的前进方向。

突出"全过程"是社会主义民主的鲜明特征。习近平总书记深刻指出："我国全过程人民民主实现了过程民主和成果民主、程序民主和实质民主、直接民主和间接民主、人民民主和国家意志相统一，是全链条、全方位、全覆盖的民主，是最广泛、最真实、最管用的社会主义民主。"在我国社会主义民主政治运行过程中，人民当家作主具体地落实到国家政治生活和社会生活的各方面各环节。我国实行工人阶级领导的、以工农联盟为基础的人民民主专政的国体，实行人民代表大会制度的政体，实行中国共产党领导的多党合作和政治协商制度、民族区域自治制度、基层群众自治制度等基本政治制度，巩固和发展最广泛的爱国统一战线，形成了全面、广泛、有机衔接的人民当家作主制度体系，构建了多样、畅通、有序的民主渠道，有效保障人民享有宪法和法律规定的广泛的政治权利和自由，保障人民依法实行民主选举、民主协商、民主决策、民主管理、民主监督，充分调动全体人民为社会主义现代化建设贡献智慧和力量。实践证明，我国之所以能在几十年时间内创造经济快速发展和社会长期稳定"两大奇迹"，中国特色社会主义民主发挥了巨大功效。

全过程人民民主是人民代表大会制度设计和安排的一条主线

中国共产党从成立之日起，就把人民民主写在自己的旗帜上，把为中国人民谋幸福、为中华民族谋复兴作为初心使命。我们党的初心使命体现在政治上，就是要争得民主、保证人民当家作主。党在带领人民为推翻三座大山而浴血奋战的同时，创造性地把马克思主义基本原理同中国具体实际相结合、同中华优秀传统文化相结合，对建立新型人民民主政权进行了长期探索和实践，经过不懈努力建立起人民民主专政的中华人民共和国，建立了与这一国体相适应的人民代表大会制度的政体。

人民代表大会制度作为我国的根本政治制度，在制度设计和安排上始终贯彻国家一切权力属于人民的宪法理念。坚持人民代表大会制度，就是支持和保证人民通过人民代表大会行使国家权力，保证各级人大都由民主选举产生、对人民负责、受人民监督，保证各级国家机关都由人大产生、对人大负责、受人大监督。人大依法开展对"一府一委两院"的监督，是代表国家和人民进行的有法律效力的监督。毛泽东同志指出："我们的主席、总理，都是由全国人民代表大会产生出来的，一定要服从全国人民代表大会"。在人民代表大会制度平台上，人民真实、广泛、有效地享有民主选举、民主协商、民主决策、民主管理、民主监督的权利。

以完备的法律制度保障全过程人民民主。宪法是我国的根本大法，具有最高的法律地位和法律权威。宪法中体现的原则、精神与全过程人民民主的理念相通，全过程人民民主的主体内容、基本要求都在宪法中得到了确认和体现。比如，我国宪法明确规定"国家尊重和保障人权"，专章规定"公民的基本权利和义务"等，为有效保障公民基本政治权利不受侵犯提供了根本法依据。全国人大及其常委会作为国家立法机关，通过制定完善经济、政治、文化、社会、生态等各领域的法律，为保障人民当家作主提供了坚实制度保障。2021年3月，十三届全国人大四次会议对全国人大组织法和全国人大议事规则作出修改，将全国人大及其常委会坚持全过程民主写进法律，为更好践行全过程人民民主理念提供了更坚实的制度保障。

党的十八大以来，以习近平同志为核心的党中央高度重视人大制度建设和人大工作。习近平总书记关于坚持和完善人民代表大会制度的重要思想，推动人大工作取得历史性成就，推动人民代表大会制度理论和实践创新不断取得新成果，为发展全过程人民民主提供了根本遵循。

人民代表大会制度的实践保障全过程人民民主

人民代表大会制度正式确立60多年来，特别是改革开放40多年来，国家根本政治制度的优势功效得到充分彰显，各级人大及其常委会依法履行职权，国家权力机关作用得到充分发挥，为不断扩大人民有序政治参与，支持和保证人民当家作主，发展全过程人民民主，提供了坚实的制度保障。

人大代表选举体现全过程人民民主理念。人大代表是人民代表大会的主体，选举人大代表是人民行使国家权力的重要体现，也是全过程人民民主的重要环节。我国宪法规定，年满十八周岁的公民，不分民族、种族、性别、职业、家庭出身、宗教信仰、教育程度、财产状况、居住期限，都有选举权和被选举权。在实践中，超过99%的年满18周岁的中国公民享有民主选举权利。我国人大代表名额分配实行人人平等、地区平等、民族平等的原则，保证各方面都有适当数量的代表。代表选举的普遍参与和代表构成的广泛性为实现全过程人民民主打下了坚实的群众基础。在我国选举制度中，人民通过民主选举产生人大代表，组成全国人民代表大会和地方各级人民代表大会。人大代表代表人民的利益和意志参加行使国家权力，同时要接受选民和原选举单位的监督。从人民通过民主选举产生人大代表到人大代表代表人民履职行权，再到人民对人大代表的履职监督，我国选举制度全流程、全方位贯彻了全过程人民民主理念的原则和要求。

立法、监督项目的确定体现人民意志。在确定立法项目方面，全国人大常委会在立法计划、规划编制过程中广泛吸取各方意见建议，确保实现党的意志和人民意愿的统一。坚持广泛听取中央和国家机关、社会组织、人大代表、专家学者等各方面各领域意见建议，一些地方还探索向社会广泛征求立法意见建议，从立项这一工作源头上发扬民主、科学决策，保证立法工作不断适应经济社会发展新形势、满足人民群众新期待。在立法计划、规划外，全国人大常委会还会根据人民群众新期待及时增加新的立法项目。比如，2018 年 7 月吉林长春长生疫苗案件发生后，全国人大常委会第一时间研究疫苗管理法草案立项和起草，当年 12 月即安排常委会会议审议疫苗管理法草案，2019 年 6 月该草案三审通过。在确定监督项目方面，一条很重要的标准就是紧扣人民群众关注的热点难点问题。比如，围绕人民群众普遍关注的教育、医疗、环保、扶贫等民生领域确定了执法检查、听取审议相关工作报告、专题询问、专题调研等 50 余个监督项目，特别是连续 4 年将大气、水、土壤、固体废物等生态环保领域专项法律实施情况作为监督工作重点，为助力打好污染防治攻坚战作出重要贡献。

立法、监督工作中充分听取吸收各方面意见建议。人大行使职权的过程，就是体现人民意志、代表人民利益的过程。全国人大常委会通过调研、座谈、论证、评估等方式，多层次、全方位、多渠道调查了解实际情况，广泛听取各有关方面对法律案的意见建议。设立基层立法联系点，充分发挥其反映民情、倾听民意、汇聚民智的"直通车"作用。不断完善法律草案向社会公开工作机制，一些事关人民群众切身利益的重要法律草案，一经公布便得到社会的广泛关注和积极回应。党的十八大以来，共有 190 多件次法律草案向社会公开征求意见，约 110 万人次提出 300 多万条意见建议，许多重要意见得到采纳，最大限度凝聚了立法共识，体现了发展全过程人民民主的要求。为了使人大监督更接地气，十三届全国人大常委会不断创新完善监督方式方法，扩大人民群众对监督工作的参与度。例如，在执法检查过程中，召开五级人大代表座谈会和基层群众座谈会，将实地检查与随机抽查、问卷调查、网络调研等多种形式有机结合，引入"外脑"对法律实施情况开展第三方评估等。

坚持把人民群众满意不满意作为检验人大工作成效的根本标尺。在党中央坚强领导下，全国人大常委会工作紧跟党中央重大决策部署，紧贴人民群众美好生活对法治建设的呼声期盼，紧扣国家治理体系和治理能力现代化提出的法律需求实际，加强立法和监督，努力使各项工作更好满足人民群众对美好生活的新期待。比如，围绕人民群众对建设健康中国的迫切需求，制定基本医疗卫生与健康促进法、疫苗管理法、医师法等，修改药品管理法、人口与计划生育法等，检查传染病防治法、中医药法等实施情况，听取审议国务院关于医师队伍管理情况和执业医师法实施情况的报告等，在织密扎牢法律制度篱笆的同时督促有关部门改进工作，打出了一套助力健康中国战略实施的立法、监督组合拳。这些工作落实了党中央对人大工作的新要求，回应了人民群众的新期待，为新时代发展全过程人民民主提供了法治支撑和保障。

（资料来源：《人民日报》2021 年 11 月 15 日，第 10 版）

思考题

1. 如何理解全过程民主中的"全过程"？

2. 人民代表大会制度确立以来，特别是改革开放 40 多年来，人民代表大会制度为党领导人民创造经济快速发展奇迹和社会长期稳定奇迹提供了重要制度保障的原因是什么？

3. 为什么说修改人民代表大会制度的相关法律，充实完善发展全过程人民民主的要求和措施，在法治轨道上推进全过程人民民主的实践？

活动与探究

近年来，从居民有商有量、共同参与胡同治理的"小院议事厅"，到起源自浙江温岭的民主恳谈会；从苏州"协商议事室"各方热烈讨论，到新时代"枫桥经验"借助互联网搭建起干群交流平台……一项项火热的基层民主实践，一个个别具特色的民主形式竞相涌现。假如你是一名社区志愿者，请你给社区环境保护提出合理建议，写一份建议书。

参考文献

1. 天津市人大常委会党组理论学习中心组：《全过程民主——人民民主的时代命题》，《天津日报》2021 年 8 月 26 日。

2. 谈火生：《"全过程人民民主"的深刻内涵》，《人民政协报》2021 年 9 月 29 日。

3. 《习近平新时代中国特色社会主义思想学习问答》，学习出版社、人民出版社，2021。

4. 孙梦爽：《全过程人民民主为世界政治文明贡献中国智慧》，《中国人大》2021 年第 20 期。

5. 杨振武：《发展全过程人民民主 彰显中国式民主优势》，《人民日报》2021 年 8 月 4 日。

6. 唐亚林：《全过程民主：人民当家作主的新实践新机制》，《光明日报》2021 年 6 月 18 日。

专题三　迈向更高质量的经济发展

📄 要点提示

1. 中国经济厚积高质量发展优势
2. 构建新发展格局持续推动高质量发展
3. 以高水平科技自立自强支撑引领高质量发展

2021 年，在以习近平同志为核心的党中央坚强领导下，亿万人民团结奋进，准确把握发展之机，牢牢掌握发展主动，厚积高质量发展优势，中国经济长期向好之势不可逆转。

一　中国经济厚积高质量发展优势

2021 年，面对复杂严峻的国际环境和国内疫情散发等多重考验，在以习近平同志为核心的党中央坚强领导下，各地区各部门认真贯彻落实党中央、国务院决策部署，坚持稳中求进工作总基调，科学统筹疫情防控和经济社会发展，扎实做好"六稳"工作，全面落实"六保"任务，加强宏观政策跨周期调节，加大实体经济支持力度，国民经济持续恢复发展，改革开放创新深入推进，民生保障有力有效，构建新发展格局迈出新步伐，高质量发展取得新成效，实现"十四五"良好开局。[①]

（一）国民经济持续恢复　发展预期目标较好完成

初步核算，2021 年全年国内生产总值 1143670 亿元，按不变价格计算，比上年增长 8.1%，两年平均增长 5.1%。分季度看，一季度同比增长 18.3%，二季度增长 7.9%，三季度增长 4.9%，四季度增长 4.0%。分产业看，第一产业增加值 83086

---

① 本节以下数据均来自《2021 年国民经济持续恢复　发展预期目标较好完成》，国家统计局，http://www.stats.gov.cn/tjsj/zxfb/202201/t20220117_ 1826404.html，2022 年 1 月 17 日。

亿元，比上年增长 7.1%；第二产业增加值 450904 亿元，增长 8.2%；第三产业增加值 609680 亿元，增长 8.2%。

1. 粮食产量再创新高，畜牧业生产稳定增长

全年全国粮食总产量 68285 万吨，比上年增加 1336 万吨，增长 2.0%。其中，夏粮产量 14596 万吨，增长 2.2%；早稻产量 2802 万吨，增长 2.7%；秋粮产量 50888 万吨，增长 1.9%。分品种看，稻谷产量 21284 万吨，增长 0.5%；小麦产量 13695 万吨，增长 2.0%；玉米产量 27255 万吨，增长 4.6%；大豆产量 1640 万吨，下降 16.4%。全年猪牛羊禽肉产量 8887 万吨，比上年增长 16.3%。其中，猪肉产量 5296 万吨，增长 28.8%；牛肉产量 698 万吨，增长 3.7%；羊肉产量 514 万吨，增长 4.4%；禽肉产量 2380 万吨，增长 0.8%。牛奶产量 3683 万吨，增长 7.1%；禽蛋产量 3409 万吨，下降 1.7%。2021 年末，生猪存栏、能繁殖母猪存栏比上年末分别增长 10.5%、4.0%。

2. 工业生产持续发展，高技术制造业和装备制造业较快增长

全年全国规模以上工业增加值比上年增长 9.6%，两年平均增长 6.1%。分三大门类看，采矿业增加值增长 5.3%，制造业增长 9.8%，电力、热力、燃气及水生产和供应业增长 11.4%。高技术制造业、装备制造业增加值分别增长 18.2%、12.9%，增速分别比规模以上工业快 8.6 个、3.3 个百分点。分产品看，新能源汽车、工业机器人、集成电路、微型计算机设备产量分别增长 145.6%、44.9%、33.3%、22.3%。分经济类型看，国有控股企业增加值增长 8.0%；股份制企业增长 9.8%，外商及港澳台商投资企业增长 8.9%；私营企业增长 10.2%。12 月份，规模以上工业增加值同比增长 4.3%，环比增长 0.42%。制造业采购经理指数为 50.3%，比上月上升 0.2 个百分点。2021 年，全国工业产能利用率为 77.5%，比上年提高 3.0 个百分点。

1~11 月份，全国规模以上工业企业实现利润总额 79750 亿元，同比增长 38.0%，两年平均增长 18.9%。规模以上工业企业营业收入利润率为 6.98%，同比提高 0.9 个百分点。

3. 服务业持续恢复，现代服务业增势良好

全年第三产业较快增长。分行业看，信息传输、软件和信息技术服务业，住宿和餐饮业，交通运输、仓储和邮政业增加值比上年分别增长 17.2%、14.5%、12.1%，保持恢复性增长。全年全国服务业生产指数比上年增长 13.1%，两年平均增长 6.0%。12 月份，服务业生产指数同比增长 3.0%。1~11 月份，规模以上服务业企业营业收入同比增长 20.7%，两年平均增长 10.8%。12 月份，服务业商务活动

指数为 52.0%，比上月上升 0.9 个百分点。其中，电信广播电视及卫星传输服务、货币金融服务、资本市场服务等行业商务活动指数保持在 60.0% 以上较高景气区间。

4. 市场销售规模扩大，基本生活类和升级类商品销售增长较快

全年社会消费品零售总额 440823 亿元，比上年增长 12.5%；两年平均增长 3.9%。按经营单位所在地分，城镇消费品零售额 381558 亿元，增长 12.5%；乡村消费品零售额 59265 亿元，增长 12.1%。按消费类型分，商品零售 393928 亿元，增长 11.8%；餐饮收入 46895 亿元，增长 18.6%。基本生活消费增势较好，限额以上单位饮料类、粮油食品类商品零售额比上年分别增长 20.4%、10.8%。升级类消费需求持续释放，限额以上单位金银珠宝类、文化办公用品类商品零售额分别增长 29.8%、18.8%。12 月份，社会消费品零售总额同比增长 1.7%，环比下降 0.18%。全年全国网上零售额 130884 亿元，比上年增长 14.1%。其中，实物商品网上零售额 108042 亿元，增长 12.0%，占社会消费品零售总额的比重为 24.5%。

5. 固定资产投资保持增长，制造业和高技术产业投资增势较好

全年全国固定资产投资（不含农户）544547 亿元，比上年增长 4.9%；两年平均增长 3.9%。分领域看，基础设施投资增长 0.4%，制造业投资增长 13.5%，房地产开发投资增长 4.4%。全国商品房销售面积 179433 万平方米，增长 1.9%；商品房销售额 181930 亿元，增长 4.8%。分产业看，第一产业投资增长 9.1%，第二产业投资增长 11.3%，第三产业投资增长 2.1%。民间投资 307659 亿元，增长 7.0%，占全部投资的 56.5%。高技术产业投资增长 17.1%，快于全部投资 12.2 个百分点。其中，高技术制造业、高技术服务业投资分别增长 22.2%、7.9%。高技术制造业中，电子及通信设备制造业、计算机及办公设备制造业投资分别增长 25.8%、21.1%；高技术服务业中，电子商务服务业、科技成果转化服务业投资分别增长 60.3%、16.0%。社会领域投资比上年增长 10.7%，其中卫生投资、教育投资分别增长 24.5%、11.7%。12 月份，固定资产投资环比增长 0.22%。

6. 货物进出口快速增长，贸易结构持续优化

全年货物进出口总额 391009 亿元，比上年增长 21.4%。其中，出口 217348 亿元，增长 21.2%；进口 173661 亿元，增长 21.5%。进出口相抵，贸易顺差 43687 亿元。一般贸易进出口增长 24.7%，占进出口总额的比重为 61.6%，比上年提高 1.6 个百分点。民营企业进出口增长 26.7%，占进出口总额的比重为 48.6%，比上年提高 2 个百分点。12 月份，货物进出口总额 37508 亿元，同比增长 16.7%。其中，出口 21777 亿元，增长 17.3%；进口 15730 亿元，增长 16.0%。进出口相抵，贸易顺差 6047 亿元。

7. 居民消费价格温和上涨，工业生产者价格涨幅高位回落

全年居民消费价格（CPI）比上年上涨 0.9%。其中，城市上涨 1.0%，农村上涨 0.7%。分类别看，食品烟酒价格下降 0.3%，衣着价格上涨 0.3%，居住价格上涨 0.8%，生活用品及服务价格上涨 0.4%，交通通信价格上涨 4.1%，教育文化娱乐价格上涨 1.9%，医疗保健价格上涨 0.4%，其他用品和服务价格下降 1.3%。在食品烟酒价格中，粮食价格上涨 1.1%，鲜菜价格上涨 5.6%，猪肉价格下降 30.3%。扣除食品和能源价格的核心 CPI 上涨 0.8%。12 月份，居民消费价格同比上涨 1.5%，涨幅比上月回落 0.8 个百分点，环比下降 0.3%。全年工业生产者出厂价格比上年上涨 8.1%，12 月份同比上涨 10.3%，涨幅比上月回落 2.6 个百分点，环比下降 1.2%。全年工业生产者购进价格比上年上涨 11.0%，12 月份同比上涨 14.2%，环比下降 1.3%。

8. 就业形势总体稳定，城镇调查失业率降低

全年城镇新增就业 1269 万人，比上年增加 83 万人。全年全国城镇调查失业率平均值为 5.1%，比上年平均值下降 0.5 个百分点。12 月份，全国城镇调查失业率为 5.1%，比上年同期下降 0.1 个百分点。其中，本地户籍人口为 5.1%，外来户籍人口为 4.9%。16~24 岁人口为 14.3%，25~59 岁人口为 4.4%。12 月份，31 个大城市城镇调查失业率为 5.1%。全国企业就业人员周平均工作时间为 47.8 小时。全年农民工总量 29251 万人，比上年增加 691 万人，增长 2.4%。其中，本地农民工 12079 万人，增长 4.1%；外出农民工 17172 万人，增长 1.3%。农民工月均收入水平 4432 元，比上年增长 8.8%。

9. 居民收入增长与经济增长基本同步，城乡居民人均收入比缩小

全年全国居民人均可支配收入 35128 元，比上年名义增长 9.1%，两年平均名义增长 6.9%；扣除价格因素实际增长 8.1%，两年平均增长 5.1%，与经济增长基本同步。按常住地分，城镇居民人均可支配收入 47412 元，比上年名义增长 8.2%，扣除价格因素实际增长 7.1%；农村居民人均可支配收入 18931 元，比上年名义增长 10.5%，扣除价格因素实际增长 9.7%。城乡居民人均可支配收入比为 2.50，比上年缩小 0.06。全国居民人均可支配收入中位数 29975 元，比上年名义增长 8.8%。按全国居民五等份收入分组，低收入组人均可支配收入 8333 元，中间偏下收入组 18446 元，中间收入组 29053 元，中间偏上收入组 44949 元，高收入组 85836 元。全年全国居民人均消费支出 24100 元，比上年名义增长 13.6%，两年平均名义增长 5.7%；扣除价格因素实际增长 12.6%，两年平均增长 4.0%。

10. 人口总量有所增加，城镇化率继续提高

年末全国人口（包括 31 个省、自治区、直辖市和现役军人的人口，不包括居

住在 31 个省、自治区、直辖市的港澳台居民和外籍人员）141260 万人，比上年末增加 48 万人。全年出生人口 1062 万人，人口出生率为 7.52‰；死亡人口 1014 万人，人口死亡率为 7.18‰；人口自然增长率为 0.34‰。从性别构成看，男性人口 72311 万人，女性人口 68949 万人，总人口性别比为 104.88（以女性为 100）。从年龄构成看，16~59 岁的劳动年龄人口 88222 万人，占全国人口的比重为 62.5%；60 岁及以上人口 26736 万人，占全国人口的 18.9%，其中 65 岁及以上人口 20056 万人，占全国人口的 14.2%。从城乡构成看，城镇常住人口 91425 万人，比上年末增加 1205 万人；乡村常住人口 49835 万人，减少 1157 万人；城镇人口占全国人口比重（城镇化率）为 64.72%，比上年末提高 0.83 个百分点。全国人户分离人口（即居住地和户口登记地不在同一个乡镇街道且离开户口登记地半年以上的人口）50429 万人，比上年增加 1153 万人；其中流动人口 38467 万人，比上年增加 885 万人。

总的来看，2021 年我国经济持续稳定恢复，经济发展和疫情防控保持全球领先地位，主要指标实现预期目标。同时也要看到，外部环境更趋复杂严峻和不确定，国内经济面临需求收缩、供给冲击、预期转弱三重压力。下阶段，要坚持以习近平新时代中国特色社会主义思想为指导，全面贯彻落实党的十九大和十九届历次全会精神，认真贯彻中央经济工作会议精神，坚持稳中求进工作总基调，完整、准确、全面贯彻新发展理念，加快构建新发展格局，推动高质量发展，科学统筹疫情防控和经济社会发展，继续做好"六稳""六保"工作，着力稳定宏观经济大盘，保持经济运行在合理区间，保持社会大局稳定，以实际行动迎接党的二十大胜利召开。

（二）国民经济总体运行在合理区间，"十四五"实现了良好开局①

2021 年，面对纷繁复杂的国内国际形势和各种风险挑战，经过全国上下共同努力，我国经济发展和疫情防控双双保持全球领先地位，国民经济总体运行在合理区间，全年发展的主要目标任务已经完成，构建新发展格局迈出新步伐，高质量发展取得新成效，"十四五"实现了良好开局。

第一，经济增长国际领先，经济实力显著增强。2021 年，我国国内生产总值比上年增长 8.1%，经济增速在全球主要经济体中名列前茅；经济总量达 114.4 万亿元，突破 110 万亿元，按年平均汇率折算，达 17.7 万亿美元，稳居世界第二，占全

---

① 《国新办举行 2021 年国民经济运行情况新闻发布会图文实录》，国务院新闻办公室，http://www.scio.gov.cn/xwfbh/xwbfbh/wqfbh/47673/47722/wz47724/Document/1718964/1718964.htm，2022 年 1 月 17 日。

球经济的比重预计超过 18%。人均国内生产总值 80976 元，按年平均汇率折算，达 12551 美元，突破了 1.2 万美元。年末，外汇储备余额 32502 亿美元，稳居世界第一。

第二，国民经济持续恢复，主要预期目标全面实现。2021 年 3 月，十三届全国人大四次会议通过的《政府工作报告》提出了 2021 年经济社会发展的主要预期目标。现在从统计数据看，经济较快增长。2021 年，经济增速为 8.1%，高于 6% 以上的预期目标。一、二、三、四季度同比分别增长 18.3%、7.9%、4.9%、4.0%。按两年平均算，分别增长 4.9%、5.5%、4.9%、5.2%，四季度经济两年平均增长率比三季度还高一些。这反映了经济运行总体平稳。就业总体稳定。2021 年，城镇新增就业 1269 万人，达到了 1100 万人以上的预期目标，全国城镇调查失业率平均为 5.1%，低于 5.5% 左右的预期目标。消费价格温和上涨。2021 年居民消费价格比上年上涨 0.9%，低于 3% 左右的预期目标。国际收支基本平衡。2021 年，货物进出口顺差比上年扩大 20.4%，达到进出口量稳质升的要求。年末，外汇储备余额连续 8 个月保持在 3.2 万亿美元以上。居民收入增长与经济增长基本同步。2021 年，全国居民人均可支配收入比上年实际增长 8.1%，两年平均增长 5.1%，与经济增长基本同步，达到居民收入稳步增长的要求。单位 GDP 能耗下降。初步核算，2021 年单位 GDP 能耗比上年下降 2.7%，接近降低 3% 左右的预期目标。粮食产量再创新高。2021 年，粮食总产量 13657 亿斤，达到 1.3 万亿斤以上的预期目标。

第三，创新动能有效增强，工业制造业较快增长。2021 年，全社会研究与试验发展（R&D）经费支出比上年增长 14.2%，增速比上年加快 4 个百分点，延续了"十三五"以来两位数以上的增长态势；研发经费支出与 GDP 之比达到 2.44%，比上年提高 0.03 个百分点。其中，基础研究经费比上年增长了 15.6%，占研发经费支出的比重为 6.09%，比上年提高了 0.08 个百分点。2021 年，全部工业增加值比上年增长 9.6%，高于 GDP 增长 1.5 个百分点；其中制造业增加值增长 9.8%，高于全部工业增长 0.2 个百分点；规模以上装备制造业增加值增长 12.9%，高于全部规模以上工业增长 3.3 个百分点。

第四，外贸外资快速增长，对外开放不断扩大。货物贸易量增质升。2021 年货物进出口总额 39.1 万亿元，比上年增长 21.4%，两年平均增长 11.3%，按美元计价，我国贸易规模达 6.05 万亿美元，占世界市场份额继续提升。一般贸易进出口额占进出口总额比重达 61.6%，比上年提高 1.6 个百分点。服务贸易继续恢复。2021 年 1~11 月份，服务进出口总额同比增长 14.7%，其中服务出口增长 31.5%。引资规模再创新高。2021 年实际使用外资 11494 亿元，增长 14.9%。

第五，经济体制改革继续深化，发展活力进一步激发。市场主体增加较多。

"放管服"改革持续深化。2021年末，我国市场主体总量超过1.5亿户，其中企业4000多万户，个体工商户突破1亿户。多种所有制经济共同发展。2021年，规模以上工业中，国有控股企业、股份制企业、私营企业、外商及港澳台商投资企业增加值分别比上年增长8.0%、9.8%、10.2%、8.9%，可以说是比翼齐飞。新产业新业态新模式快速增长。2021年，规模以上高技术制造业增加值比上年增长18.2%，快于规模以上工业8.6个百分点；实物商品网上零售额增长12.0%，占社会消费品零售总额的比重达24.5%。

第六，民生保障有力有效，人民群众获得感增强。居民收入较快增长。2021年，全国居民人均工资性收入、经营净收入、财产净收入分别比上年名义增长9.6%、11.0%、10.2%。城乡居民收入差距缩小。2021年，城乡居民人均可支配收入比为2.50，比上年缩小0.06。基本消费品产销稳定增长。2021年，规模以上消费品制造业增加值比上年增长9.8%，限额以上单位粮油食品类、饮料类、日用品类的商品零售额均实现两位数增长。民生投入继续加大。2021年，社会领域投资比上年增长10.7%，其中教育、卫生投资分别增长11.7%、24.5%。

二 构建新发展格局持续推动高质量发展

站在"两个一百年"奋斗目标的历史交汇点上，以习近平同志为核心的党中央统筹中华民族伟大复兴战略全局和世界百年未有之大变局，作出加快构建新发展格局的重大战略决策，明确了我国经济现代化的路径选择，对于推动我国高质量发展、促进世界经济繁荣，具有重大而深远的意义。

2021年7月9日，习近平总书记主持召开中央全面深化改革委员会第二十次会议时强调，加快构建新发展格局，是我们把握未来发展主动权的战略举措，是为了在各种可以预见和难以预见的惊涛骇浪中增强我们的生存力、竞争力、发展力、持续力，是一场需要保持顽强斗志和战略定力的攻坚战、持久战，要自觉把本地区本部门工作纳入构建新发展格局中统筹考虑和谋划，以更加坚定的思想自觉、精准务实的举措、真抓实干的劲头，推动构建新发展格局取得扎扎实实成效。[1]

构建新发展格局是与时俱进提升我国经济发展水平的战略抉择，也是塑造我国国际经济合作和竞争新优势的战略抉择。加快构建新发展格局，是主动作为，不是被动应对，是长期战略，不是权宜之计，充分体现了以习近平同志为核心的党中央

---

[1] 《统筹指导构建新发展格局 推进种业振兴 推动青藏高原生态环境保护和可持续发展》，《人民日报》2021年7月10日。

统筹"两个大局",对经济发展客观规律的正确把握和实践运用,成为推进中国经济现代化的必由之路和掌握发展主动权的先手棋。

(一)构建新发展格局的现实逻辑

当今世界正经历百年未有之大变局,我国正处于实现中华民族伟大复兴的关键时期。构建新发展格局是统筹中华民族伟大复兴战略全局和世界百年未有之大变局的先手棋,是牢牢把握未来发展主动权的战略性布局。

1. 构建新发展格局是应对百年未有之大变局的主动调整

百年未有之大变局的关键是"变",准确识变,才能科学应变,并主动求变。大变局之"变"主要有三条基本脉络,即新一轮科技革命和产业变革、全球产业链供应链调整收缩、国际力量对比变化和大国博弈加剧。2020 年以来的新冠肺炎疫情全球大流行加速了这个变局,使我国面临的外部环境更加复杂严峻。

首先,新一轮科技革命和产业变革正在成为影响大变局的关键变量。新科技革命的核心是数字化、网络化和智能化,网络互联的移动化、泛在化,信息处理的高速化、智能化,计算技术的高能化、量子化,促使人类生产生活方式全面数字化。大数据、物联网、云计算、人工智能等数字智能技术,正在成为大国竞争的制高点,并将重塑全球竞争格局,改变原有国际分工的"中心—外围"结构。在以往历次科技革命中,我国都处在接受技术扩散和辐射的外围地带,新科技革命为我国打开了进入国际前沿地带的机会窗口。美国为保持科技竞争优势、控制国际竞争的制高点,不惜成本和代价对我国进行科技围堵和打压,这将倒逼我们下决心增强自主创新能力,攻克关键核心技术,实现高水平自立自强。

其次,全球产业链供应链调整是影响大变局的重要变量。2008 年国际金融危机以后,经济全球化从高潮转向低潮,国际贸易和跨境投资增速放缓,全球产业链供应链在持续近 30 年的扩张后开始收缩。新冠肺炎疫情发生后,主要经济体重新审视供应链安全问题,在效率和安全之间寻求新的平衡,推动全球产业链供应链进一步调整,北美、欧洲、东亚三大生产网络的内部循环趋于强化。以东亚地区为例,2020 年东盟超过欧盟成为我国最大的贸易伙伴。东盟对中国贸易额上升主要源于中间品贸易增长,跨国公司推行"中国 + 1"战略,在东盟设立生产工厂,促进东盟国家对中国的中间品出口。与此同时,中国部分终端制造环节向东盟国家转移,也带动了中国中间品向东盟的出口。《区域全面经济伙伴关系协定》(RCEP)签署生效后,东亚地区的内部贸易将进一步上升。

再次,美国对我国战略遏制日趋强化成为大变局的巨大因素。随着我国经济实力、科技实力和综合国力的跃升，美国视我国为最大的战略竞争对手，单方面挑起经贸摩擦，实行科技脱钩、金融施压。疫情后，美国对我国的打压变本加厉，中美关系走向仍面临不确定性。

最后，新冠肺炎疫情全球大流行使大变局加速演变。疫情后，老问题依然存在，新挑战显著增多。疫情冲击的不对称和再分配效应凸显，疫情后的"K型复苏"，造成收入差距扩大，进一步加剧社会不平等，强化本已上升的保护主义、民粹主义和逆全球化思潮。全球经济复苏不稳定不平衡，经济复苏可能更加漫长曲折。主要经济体为应对疫情冲击，推出空前规模的财政货币政策，债务水平突破历史高位，潜在风险不容小觑。

构建新发展格局是应对外部环境深刻复杂变化的主动调整。随着我国经济实力增强，国际力量对比深刻调整，我国发展面临的外部风险空前上升。我国必须把发展立足点更多放在国内，充分发挥我国超大规模市场、完整的工业体系和强大的生产能力等优势，更大力度挖掘国内市场潜力，进一步畅通经济循环，增强我国经济发展的韧性，提升自主性和可持续性，更好统筹发展和安全，任凭国际风云变幻，始终保持我国经济平稳健康发展的基本盘。

2. 构建新发展格局是进入新发展阶段的战略选择

党的十八大以来，党中央根据国内外形势变化，作出我国经济处于"三期叠加"时期和经济发展进入新常态的重大判断，提出推进供给侧结构性改革和推动高质量发展的重大战略，推进建设现代化经济体系和构建新发展格局的重大部署，有效促进了国内经济循环，保持经济持续稳定发展。同时，我国发展不平衡不充分问题仍然突出，创新能力不适应高质量发展要求，产业链供应链韧性和竞争力不强，生产体系内部循环不畅和供求脱节现象显现，国内需求潜力尚未得到充分释放，经济发展仍面临诸多体制机制障碍。

"十四五"时期我国开启全面建设社会主义现代化国家新征程，要牢牢把握新发展阶段，完整准确全面贯彻新发展理念，加快构建新发展格局。坚持扩大内需这个战略基点，使生产、分配、流通、消费更多依托国内市场，使国内市场成为最终需求的主要来源。坚持以深化供给侧结构性改革为战略方向，加快实现科技自立自强，提升产业链供应链的韧性和竞争力，提高国民经济循环效能。把实施扩大内需战略与深化供给侧结构性改革有机结合起来，努力形成需求引领供给创新、供给创造提升需求的更高水平动态平衡。

（二）加快建设强大国内市场，推动构建新发展格局

形成强大国内市场是构建新发展格局的重要支撑。要把实施内需战略、形成强

大国内市场作为一个系统工程，把治本和治标结合起来，综合施策，稳中求进，为我国经济的平稳运行和高质量发展提供重要保障。

1. 增强消费对经济发展的基础性作用

积极提升产品质量。严格产品的质量、技术和安全标准，强化品牌意识，注重文化内涵，在全社会倡导工匠精神，促进产品向保安全、上质量、树品牌、有文化升级。开展中国品牌创建行动，保护发展中华老字号，提升自主品牌影响力和竞争力，率先在化妆品、服装、家纺、电子产品等消费品领域培育一批高端品牌。提升产品及其服务的质量和客户满意度，规范发展售后服务，全面提高售后服务、终身服务水平。

不断拓展消费领域。适应个性化、差异化、品质化消费需求，顺应人民群众向健康养老、文化旅游等领域拓展的需要，发展现代高质量服务消费。放宽服务消费领域市场准入，推动教育培训、医疗健康、养老托育、文旅体育等消费提质扩容。打造文化艺术精品，提高文化娱乐、旅游休闲水平，提升旅游产品供给质量。积极为传统消费赋予新内涵，对汽车等消费品由购买管理向使用管理转变。积极培育新型消费，发展信息消费、数字消费、绿色消费，鼓励定制、体验、智能、时尚消费等新模式新业态发展。

持续优化消费环境。针对百姓消费心理的变化和消费需求的升级，在提升商品质量的同时，打造温馨、多元化、富有文化内涵的消费空间。从城市规模和发展的实际出发，布局和优化消费空间。培育建设国际消费中心城市，打造一批区域消费中心，规划建设一批中国特色市内免税店。改善县域消费环境，推动农村消费梯次升级。

继续发展线上消费。逐步规范和加快发展并重、提升品质和拓展领域并重。推进线上线下更广更深融合，发展新业态新模式，为消费者提供更多便捷舒心的服务和产品。规范平台企业合规运行，引导企业合理降低商户服务费。密切配合国家碳达峰和碳中和战略安排，大力加强停车场、充电桩、换电站等设施建设，为城乡居民购买和使用电动汽车提供更好条件。

2. 着力提高城乡居民消费能力

努力实现城乡居民收入增长与 GDP 增长保持同步。坚持按劳分配为主体、多种分配方式并存，提高劳动报酬在初次分配中的比重。健全工资决定、合理增长和支付保障机制，完善最低工资标准、工资指导线形成机制。完善按要素分配政策制度，健全各类生产要素由市场决定报酬的机制，探索通过土地、资本等要素使用权、收益权增加中低收入群体要素收入。多渠道增加城乡居民财产性收入，提高农民土地增值收益分配比例，创新更多适应家庭财富管理需求的金融产品。

壮大中等收入群体队伍。精准施策，推动更多低收入人群迈入中等收入行列，以高校和职业院校毕业生、技能型劳动者、农民工等为重点群体对象，拓宽技术工人收入上升通道，实施高素质农民培育计划，完善小微创业者扶持政策。完善再分配机制，构建初次分配、再分配、三次分配协调配套的基础性制度安排。加强对高收入的规范和调节，依法保护合法收入，合理调节过高收入，鼓励高收入人群和企业更多回报社会。清理规范不合理收入，整顿收入分配秩序，坚决取缔非法收入。

提高社会保障水平。坚持应保尽保原则，按照兜底线、织密网、建机制的要求，加快健全覆盖全民、统筹城乡、公平统一、可持续的多层次社会保障和救助体系，增强社会保障待遇和服务的公平性可及性，完善兜底保障标准动态调整机制，全面加强社会保障能力建设。进一步放宽灵活就业人员参保条件，实现社会保险法定人群全覆盖。健全城镇职工基本养老金合理调整机制，逐步提高城乡居民基础养老金标准。推进失业保险、工伤保险向职业劳动者广覆盖。以城乡低保对象、特殊困难人员、低收入家庭为重点，健全分层分类的社会救助体系，健全基本生活救助制度和医疗、教育、住房、就业、受灾人员等专项救助制度，完善救助标准和救助对象动态调整机制。积极减轻家庭生育、养育、教育负担，强化对失能及特困老年人的兜底保障，完善对经济困难高龄失能老年人补贴制度，逐步提升老年人生活和福利水平。

3. 发挥投资对优化供给结构的关键性作用

注重加快补齐投资领域的短板。聚焦基础设施、市政工程、农业农村、公共安全、生态环保、公共卫生、物资储备、防灾减灾、民生保障等领域，特别要加大对公共卫生应急保障、企业设备更新和技术改造、战略性新兴产业的投资力度，加快推进既促消费、惠民生，又调结构、增后劲的新型基础设施建设。

聚焦服务国家重大战略工程。落实重大基础设施工程建设规划，优化铁路、公路、水路、油电气通道、网络通道、机场和海港的布局，建设一批重大引调水、防洪减灾工程，提升国家森林公园、草原建设水平和沙漠、戈壁治理水平，推进重大生态系统保护修复。按计划推进列入"十四五"规划的川藏铁路、西部陆海新通道、国家水网、雅鲁藏布江下游水电开发、星际探测、北斗产业化等重大工程投资建设。

加大对新型工业化、信息化、城镇化、农业现代化的投资保障力度。围绕新型工业化、信息化，加大对中低端产能更新换代、对新兴产业和高技术产业的投资力度，特别要加大对 5G、物联网、大数据、云计算和人工智能等数字技术基础设施建设的投入。按照以人为核心的城镇化要求，加大对城市的交通、公园、水系、文化设施和基本生活保障等基础设施投入，积极推进老旧小区改造，实施城市更新行动计划，加大对县域和小城镇的环境提升改造投入。围绕农业现代化，全面实施乡村振兴战略，全面提升县域农业产业园的建设质量，加大对事关农业生产发展的基础设施建设投入，强化农村基本公共服务和公共基础设施建设，积极稳妥推进农村村落的调整，开展农村人居环境整治提升行动，稳步解决"垃圾围村"和乡村黑臭水，继续加大对农村厕所和饮用水设施的改造力度，稳妥提高乡村振兴物质基础保障水平。

（三）以高水平开放推动构建新发展格局

我国以高水平开放推动构建新发展格局，不仅对自身实现高质量发展具有决定性意义，而且对世界经济增长与稳定也将产生重大而积极的影响。

我国市场潜力的释放，是全球市场的重大利好。实践充分表明，我国推进建设高水平开放型经济体制，有利于充分释放市场的潜力与活力，有利于深度融入全球经济，推动构建开放型世界经济。

推动高水平开放与高质量市场经济的融合。我国的市场化改革，旨在使国家计划主导的工业化转变为市场主导的工业化，使资源配置由行政主导转变为市场决定。随着经济服务化进程的加快，高水平开放与高质量市场经济直接融合，以开放促改革，以改革促开放，赢得国际经济合作竞争的主动。市场是全球最稀缺的资源。强大的国内市场是我国2035年基本实现社会主义现代化远景目标的重要动力和底气。以扩大内需为基本导向的高水平开放，就是要实现内外市场联动、要素资源共享，形成更高水平开放合作的新发展格局。

深化制度型开放为构建新发展格局提供规则制度基础。制度型开放意味着对外开放的重点向国内制度层面延伸。制度型开放的重大任务在于打造市场化、法治化、国际化的营商环境，在公平竞争、反垄断、市场透明、知识产权保护等方面强化制度性安排。当前，世界各国围绕全球经贸规则的博弈日趋激烈，新冠肺炎疫情又推高了全球经贸合作的壁垒，新技术革命也推动新领域的规则、标准不断出台，这些都要求我国必须深化规则、规制、管理、标准等制度型开放，在参与乃至引领相关领域更高标准的全球性经贸和投资规则设计、调整的过程中，更好地维护我国的国家利益，并促进、倒逼国内经济改革深化，在更高水平上推动国际国内双循环的相互促进，实现商品服务要素的优化配置和经济高质量发展。

推动服务贸易的开放进程。在产业结构变革加速与服务业市场开放的双重推动下，我国服务贸易快速发展。其中，数字服务贸易成为我国服务贸易领域的突出亮点。初步估计，到 2025 年，数字服务贸易占我国服务贸易总额的比重将达到 50% 左右。① 国际经贸规则当前正发生深刻而复杂的变化，而服务贸易正成为全球自由贸易和规则重构的重点。要推进服务业开放进程和内外标准对接，推动服务贸易领域的公平竞争，有力推动服务贸易的创新发展。

我国经济转型升级与内需潜力的释放，需要在高水平开放中实现，能源、技术、服务型消费都需要加大进口。从扩大出口到扩大进口，从商品市场开放扩大到服务业市场开放，从商品要素流动型开放延伸到制度型开放，我国开放的大门越开越大，开放的层次越来越深。我国推动高水平开放，将推动中国利用外资规模进一步扩大、利用外资结构不断优化，更好服务构建新发展格局，推动经济高质量发展。

三　以高水平科技自立自强支撑引领高质量发展

2021 年 10 月 26 日，习近平总书记在参观国家"十三五"科技创新成就展时强调，"十三五"时期，我国科技事业加快发展，创新能力大幅提升，在基础前沿、战略高技术、民生科技等领域取得一批重大科技成果。这是在党中央坚强领导下，全党全国特别是广大科技工作者共同奋斗的结果。当前，我国已经开启全面建设社会主义现代化国家新征程，科技创新在党和国家发展全局中具有十分重要的地位和作用，全国广大科技工作者要面向世界科技前沿、面向经济主战场、面向国家重大需求、面向人民生命健康，坚定创新自信，紧抓创新机遇，勇攀科技高峰，破解发展难题，自觉肩负起光荣历史使命，加快实现高水平科技自立自强，为建设世界科技强国、实现中华民族伟大复兴作出新的更大贡献。②

实现高质量发展、构建新发展格局的关键在于创新驱动，而通过科技自立自强夯实发展基础，是保证经济安全以及实现可持续发展的重要支撑。走高水平科技自立自强之路，是催生发展新动能、支撑经济社会高质量发展的客观要求。

（一）中国创新指数再创新高，创新能力和水平持续提升

据国家统计局社科文司《中国创新指数研究》课题组测算，2020 年中国创新指数达到 242.6（以 2005 年为 100），比 2019 年增长 6.4%。分领域看，创新环境指数、创新投入指数、创新产出指数和创新成效指数分别达到 266.3、209.7、319.8

---

① 《共享数字贸易发展新机遇》，《经济日报》2021 年 9 月 4 日。
② 《坚定创新自信紧抓创新机遇　加快实现高水平科技自立自强》，《人民日报》2021 年 10 月 27 日。

和 174.7，分别比 2019 年增长 6.3%、5.4%、8.5% 和 3.8%。测算结果表明，2020 年，我国创新能力和水平保持持续提升，创新环境不断优化，创新投入继续增加，创新产出较快增长，创新成效进一步显现。[1]

1. 创新环境不断优化[2]

2020 年创新环境指数值为 266.3，比 2019 年增长 6.3%。由于受疫情影响，国家财政科技支出规模有所减小，导致科技拨款占财政拨款的比重指数出现下降，但该领域其他 4 个评价指标指数均实现增长。

加计扣除减免政策效果持续显现。随着提高扣除比例、扩大适用范围、优化申报程序等多项政策措施落地落实，企业政策受惠面扩大，政策认同度及减税力度不断加大。2020 年，规模以上工业企业中受惠企业达 7.1 万家，比 2019 年增长 40.3%；减免税额达 1713.4 亿元，比 2019 年增长 22.4%；认为政策效果明显的企业占比达 89.4%，比 2019 年提高 2.3 个百分点。

理工科毕业生较快增加。理工科毕业生是科技创新的潜在资源，是《欧洲创新记分牌》等国际主流创新评价体系中的重要监测指标。2020 年，我国理工农医类毕业生达 243.4 万人，比 2019 年增加 17.2 万人；增幅达 7.6%，创 2013 年以来的新高。

2. 创新投入继续增加

2020 年创新投入指数值为 209.7，比 2019 年增长 5.4%，增幅较 2019 年提高 2.4 个百分点。该领域的 6 个评价指标指数均实现不同程度增长。

研发投入保持较快增长。2020 年，我国 R&D（研究与试验发展）经费投入达 24393.1 亿元，比 2019 年增长 10.2%，连续 5 年实现两位数增长，投入总量稳居世界第二；投入强度（R&D 经费与 GDP 之比）为 2.40%，比 2019 年提高 0.16 个百分点，提升幅度创 2010 年以来的新高；投入强度在世界主要经济体中的排名已从 2016 年的第 16 位提升到第 12 位，接近经济合作与发展组织（OECD）国家平均水平。R&D 人员全时当量达 523.5 万人年，比 2019 年增长 9%，继续稳居全球第一。

企业创新主体地位进一步巩固。2020 年，我国企业 R&D 经费达到 18673.8 亿元，比 2019 年增长 10.4%；其中规模以上工业企业 R&D 经费 15271.3 亿元，比 2019 年增长 9.3%；企业 R&D 经费对全社会 R&D 经费增长的贡献达 77.9%，比

[1] 《2020 年中国创新指数增长 6.4%》，国家统计局，http://www.stats.gov.cn/tjsj/zxfb/202110/t20211029_1823940.html，2021 年 10 月 29 日。

[2] 本节以下数据均来自《国家统计局社科文司首席统计师李胤解读2020年中国创新指数》，国家统计局，http://www.stats.gov.cn/tjsj/sjjd/202110/t20211029_1823943.html，2021 年 10 月 29 日。

2019 年提高 9.4 个百分点。在规模以上工业企业中有 20.8 万家开展了技术创新活动，占比为 52.1%，首次突破 50%，比 2019 年提高 2.5 个百分点。

3. 创新产出较快增长

2020 年创新产出指数值为 319.8，比 2019 年增长 8.5%，指数水平居 4 个分领域之首。该领域 5 个评价指标指数中，除发明专利授权数占专利授权数的比重指数由于发明专利授权增幅显著低于专利授权增幅而出现下降外，其他 4 个指标指数均实现增长。

创新产出硕果累累。2020 年，我国国内专利授权数达 352.1 万件，比 2019 年大幅增长 42.3%；其中发明专利授权 44.1 万件，增长 22.1%；共发表科技论文 195.2 万篇，增长 0.3%。企业品牌建设不断推进，截至 2020 年底，大中型工业企业拥有注册商标 61.6 万件，比 2019 年增长 14.5%。

技术市场快速发展。2020 年，我国技术市场成交合同金额达 28251.5 亿元，比 2019 年增长 26.1%。技术交易额的快速增长表明技术转移转化在不断加速。2020 年每万名科技活动人员平均技术市场成交额为 21.9 亿元，比 2019 年增长 19.1%，增幅比 2019 年提高 2.4 个百分点；每万名科技活动人员技术市场成交额指数达 582.3（以 2005 年为 100），指数值居全部 21 个评价指标的首位。

4. 创新成效进一步显现

2020 年创新成效指数值为 174.7，比 2019 年增长 3.8%，增幅较 2019 年提高 1 个百分点。该领域的 5 个评价指标指数均实现不同程度增长。

新产品销售再创佳绩。2020 年，我国大中型工业企业实现新产品销售收入 18.3 万亿元，与主营业务收入之比为 27.4%，比 2019 年提高 2.5 个百分点，占比创历史新高。其中，达到国际市场水平的新产品销售收入为 2.5 万亿元，比 2019 年增长 6.3%；达到国内市场水平的新产品销售收入为 6.5 万亿元，增长 7.3%。

能耗水平继续下降。科技创新进一步推动绿色发展。据初步核算，2020 年，我国能源消费总量为 49.8 亿吨标准煤，比 2019 年增长 2.2%；煤炭消费量占能源消费总量的 56.8%，比 2019 年下降 0.9 个百分点；天然气、水电、核电、风电等清洁能源消费量之和占能源消费总量的 24.3%，比 2019 年提高 1 个百分点。按可比价格计算，单位 GDP 能耗比 2019 年下降 0.1%。

综上所述，2020 年中国创新指数显示，我国创新能力和水平不断提高。但要看到，我国基础科学研究短板依然突出，重大原创性成果缺乏、关键核心技术受制于人的局面没有得到根本性改变；科技成果转化能力还不强，人才发展和激励机制有待进一步健全。下一步，要进一步贯彻落实创新驱动发展战略，全面塑造发展新优势，加快推进科技强国建设。

（二）高水平科技自立自强的时代内涵

习近平总书记指出："立足新发展阶段、贯彻新发展理念、构建新发展格局、推动高质量发展，必须深入实施科教兴国战略、人才强国战略、创新驱动发展战略，完善国家创新体系，加快建设科技强国，实现高水平科技自立自强。"①

实现高水平科技自立自强，必须显著增强创新人才自主培养能力，加快建设世界重要人才中心和创新高地。党的十八大以来，党对人才工作的领导全面加强，人才队伍快速壮大，比较优势稳步增强。2021 年 9 月，习近平总书记在中央人才工作会议上强调指出，综合国力竞争说到底是人才竞争。人才是衡量一个国家综合国力的重要指标。国家发展靠人才，民族振兴靠人才。② 实现高水平科技自立自强，必须更加重视人才自主培养，努力造就一批具有世界影响力的顶尖科技人才和创新团队，培养更多能工巧匠、大国工匠，使国家战略科技力量和高水平人才规模位居世界前列。从李四光、钱学森、钱三强、邓稼先等一大批老一辈科学家，到陈景润、黄大年、南仁东等一大批新中国成立后成长起来的杰出科学家，再到 2020 年度国家最高科学技术奖得主顾诵芬院士、王大中院士，他们不迷信学术权威，不盲从既有学说，以关键共性技术、前沿引领技术、现代工程技术、颠覆性技术创新为突破口，为祖国和人民作出重大贡献。要以他们为榜样，弘扬以爱国主义为底色的科学家精神，以强烈的创新自信肩负起时代赋予的重任，积极抢占科技竞争和未来发展制高点。要以激发科技人才创新创造活力为主线，以科技人才发现、培养、使用、激励链条一体化部署为重点，统筹国际国内两种人才资源，充分发挥市场机制和用人单位主体作用，构建具有制度优势的科技人才制度体系，营造良好创新创业生态环境，为实现高水平科技自立自强、跻身创新型国家前列和建设人才强国、科技强国提供有力支撑。

实现高水平科技自立自强，要让创新成为全面建成社会主义现代化强国的第一动力，加快形成以创新为引领的发展模式。党的十八大以来，我国科技事业加快发展，创新能力大幅提升，在基础前沿、战略高技术、民生科技等领域取得了新的历史性成就。当今世界正经历百年未有之大变局，对加快科技创新提出了更为迫切的要求。坚持创新在我国现代化建设全局中的核心地位，是以习近平同志为核心的党

---

① 习近平：《在中国科学院第二十次院士大会、中国工程院第十五次院士大会、中国科协第十次全国代表大会上的讲话》，人民出版社，2021，第 8~9 页。
② 《深入实施新时代人才强国战略　加快建设世界重要人才中心和创新高地》，《人民日报》2021 年 9月 29 日。

中央分析世界发展历程特别是总结我国改革开放成功实践得出的结论，是我国应对发展环境变化、增强发展动力、把握发展主动权的根本之策。实现高水平科技自立自强，就是要让科技创新有力支撑现代化经济体系建设，推动供给侧结构性改革，推动高质量发展，构建新发展格局，更好地满足人民对美好生活的向往，在全面建设社会主义现代化国家的新征程上占领先机、赢得优势。

实现高水平科技自立自强，必须努力实现原始创新重大突破和关键核心技术自主可控，加快形成完整的创新链和产业链。伴随新一轮科技和产业革命的蓬勃兴起，产业组织形式和产业链条较以往更具垄断性，只有拥有自主知识产权和核心技术，才能生产具有核心竞争力的产品。建设科技强国需要持续涌现一批重大原创性科技成果，而基础研究正是创新链的源头。我国面临的很多技术"卡脖子"问题，根源都在于基础理论研究跟不上。因此，必须对相关领域的研究项目进行超前谋划和部署，遵循科学发现自身规律，强化事关发展全局的基础研究和共性关键技术研究。同时，以推动重大科技项目为抓手，疏通应用基础研究和产业化连接的快车道，依托我国超大规模市场和完备产业体系，围绕产业链部署创新链、围绕创新链布局产业链，促进创新链和产业链精准对接。

实现高水平科技自立自强，必须进一步提升国家创新体系的整体效能，加快形成支撑创新发展的现代治理体系。我国科技队伍蕴藏着巨大的创新潜能，要努力破除体制机制障碍，最大限度解放和激发科技创新潜能。要发挥我国社会主义制度集中力量办大事的优势，形成高效的组织动员体系和统筹协调的科技资源配置模式。进一步深化科技体制改革，处理好政府和市场的关系，通过改革让一切创新源泉充分涌流。建立健全符合自由探索型和任务导向型科研活动规律的科技项目分类评价制度，坚持"破四唯"和"立新标"并举，健全完善以创新价值、能力、贡献为导向的科技人才分类评价体系。着力改革和创新科研经费使用和管理方式，让经费为人的创造性活动服务，而不能让人的创造性活动为经费服务。改革重大科技项目立项和组织管理方式，实行"揭榜挂帅""赛马"等制度，把项目交给真正想干事、能干事、干成事的人手中，让领衔科技专家有职有权，让科技人才管理制度适应科技创新要求、符合科技创新规律。

实现高水平科技自立自强，意味着要为解决人类重大挑战作出更大贡献，加快形成深度参与全球科技治理的创新版图。习近平总书记强调，科学技术是人类的伟大创造性活动，发展科学技术必须具有全球视野、把握时代脉搏。[1] 当前国际环境

---

① 《习近平向第二届世界顶尖科学家论坛致贺信》，《人民日报》2019 年 10 月 29 日。

错综复杂，逆全球化、单边主义、保护主义思潮暗流涌动，科技创新已成为国际战略博弈的主要战场。要始终以全球视野谋划和推动科技创新，充分利用全球创新资源，积极融入全球创新网络。通过创制国际科技合作公共产品，搭建高层次国际科技交流合作平台，实施更加开放包容、互惠共享的国际科技合作战略，探索多种多样的国际合作新模式，在平等、互利、合作、共赢的基础上构建创新合作共同体，积极参与全球创新治理体系改革和重大国际科技合作规则制定，在重大科技事务中提出中国方案，为世界科技创新发展贡献更多的中国智慧和中国力量，让我国的科技创新成果为更多国家和人民所及、所享、所用。

（三）坚定不移走中国特色自主创新道路

自力更生是中华民族自立于世界民族之林的奋斗基点，自主创新是我们攀登世界科技高峰的必由之路。只有自信的国家和民族，才能在通往未来的道路上行稳致远。

习近平总书记强调："不能总是用别人的昨天来装扮自己的明天。不能总是指望依赖他人的科技成果来提高自己的科技水平，更不能做其他国家的技术附庸，永远跟在别人的后面亦步亦趋。我们没有别的选择，非走自主创新道路不可。"[1] 增强自主创新能力，最重要的就是坚定不移走中国特色自主创新道路，坚持自主创新、重点跨越、支撑发展、引领未来的方针，加快创新型国家和科技强国建设步伐。这是把我国全面建设成为社会主义现代化强国的必由之路。中国特色自主创新道路是一条既顺应世界科技发展潮流、遵循科技发展规律，又紧密结合我国国情、符合我国实际的科技创新道路。

走中国特色自主创新道路，是我国不断提升科技实力和综合国力的重要经验。从新中国成立初期，践行"自力更生为主，争取外援为辅"，取得以"两弹一星"为标志的一批自主创新重大科技成果；到改革开放以来，实施"科教兴国战略""建设创新型国家"，涌现出载人航天工程等大批自主创新、世界领先的成套技术装备和系统性平台性产品；再到党的十八大以来全面实施创新驱动发展战略、加快科技自立自强、建设世界科技强国，大国重器相继涌现，科技创新领域发生翻天覆地的变化。历史和实践充分证明，坚持走中国特色自主创新道路是我国不断提高科技发展水平、提升综合国力的正确选择。

走中国特色自主创新道路，要有强烈的创新自信。习近平总书记多次强调，坚

---

① 《习近平谈治国理政》，外文出版社，2014，第122页。

定创新自信，着力攻克关键核心技术。一方面，我国科技实力和创新能力显著提升，为加快实现科技自立自强奠定坚实基础。习近平总书记指出："经过多年努力，我国科技整体水平大幅提升，我们完全有基础、有底气、有信心、有能力抓住新一轮科技革命和产业变革的机遇，乘势而上，大展宏图。"①另一方面，强大的制度优势为加快实现科技自立自强提供坚强保障。我国社会主义制度能够集中力量办大事，这是我们成就事业的重要法宝。坚定不移走中国特色自主创新道路，进一步增强创新自信，坚定敢为天下先的志向，在独创独有上下功夫，勇于挑战最前沿的科学问题，提出更多原创理论，作出更多原创发现，力争在重要科技领域实现跨越发展，才能跟上甚至引领世界科技发展新方向，掌握新一轮全球科技竞争的战略主动。

走中国特色自主创新道路，要与时偕行、凝聚合力。必须坚持和加强党对科技事业的全面领导，健全党对科技工作的领导体制，为我国科技事业发展提供坚强政治保证；必须以世界眼光搞好顶层设计，提出切合实际的发展方向、目标、工作重点；必须健全新型举国体制，抓系统布局、系统组织、跨界集成，把政府、市场、社会等各方面力量拧成一股绳；必须加强基础研究，在基础理论和底层技术方面实现重大突破，更好解决"卡脖子"技术问题；必须破除体制机制障碍，激发创新潜能和市场活力，使创新成果更快转化为现实生产力；必须构建开放创新生态，参与全球科技治理，在开放合作中提升自身科技创新能力。

我们要有自主创新的骨气和志气，加快增强自主创新能力和实力，坚持和发挥中国特色自主创新道路的特色与优势，下好先手棋，打好主动仗，以强烈的创新信心和决心，既不妄自菲薄，也不妄自尊大，勇于攻坚克难、追求卓越、赢得胜利，努力抢占科技竞争和未来发展制高点，加快实现高水平科技自立自强。

（四）做强做优做大数字经济，打造高质量发展"强引擎"

2021年10月18日，中共中央政治局就推动我国数字经济健康发展进行第三十四次集体学习。习近平总书记在主持学习时强调，近年来，互联网、大数据、云计算、人工智能、区块链等技术加速创新，日益融入经济社会发展各领域全过程，数字经济发展速度之快、辐射范围之广、影响程度之深前所未有，正在成为重组全球要素资源、重塑全球经济结构、改变全球竞争格局的关键力量。要站在统筹中华民族伟大复兴战略全局和世界百年未有之大变局的高度，统筹国内国际两个大局、发展安全两件大事，充分发挥海量数据和丰富应用场景优势，促进数字技术与实体经

---

① 习近平：《在中国科学院第二十次院士大会、中国工程院第十五次院士大会、中国科协第十次全国代表大会上的讲话》，人民出版社，2021，第8页。

济深度融合，赋能传统产业转型升级，催生新产业新业态新模式，不断做强做优做大我国数字经济。[1]

数字经济正成为经济社会高质量发展的强劲引擎。根据中国信息通信研究院的测算，2020年我国数字经济规模近5.4万亿美元，居世界第二位；同比增长9.6%，增速位于全球第一。[2] 在数字经济核心产业方面，我国是计算机通信和其他电子设备制造业增加值规模、信息和通信技术产品出口规模最大的国家。

习近平总书记对我国数字经济的发展提出了三个要求——做强、做优、做大，把做强放在第一，同时加了做优的要求，代表我国对发展数字经济提出了更高要求："做优"是对近一年来治理数字经济的总结提升，回应了市场对数字经济发展方向的质疑。"做优"的具体体现在于，防止平台垄断和资本无序扩张；加快培育一批"专精特新"企业和制造业单项冠军企业；不能损害群众利益、老百姓在数字经济发展中要有获得感。

习近平总书记强调，发展数字经济是把握新一轮科技革命和产业变革新机遇的战略选择。一是数字经济健康发展有利于推动构建新发展格局，数字技术、数字经济可以推动各类资源要素快捷流动、各类市场主体加速融合，帮助市场主体重构组织模式，实现跨界发展，打破时空限制，延伸产业链条，畅通国内外经济循环。二是数字经济健康发展有利于推动建设现代化经济体系，数字经济具有高创新性、强渗透性、广覆盖性，不仅是新的经济增长点，而且是改造提升传统产业的支点，可以成为构建现代化经济体系的重要引擎。三是数字经济健康发展有利于推动构筑国家竞争新优势，当今时代，数字技术、数字经济是世界科技革命和产业变革的先机，是新一轮国际竞争重点领域，我们要抓住先机、抢占未来发展制高点。要加强关键核心技术攻关，牵住自主创新这个"牛鼻子"，发挥我国社会主义制度优势、新型举国体制优势、超大规模市场优势，提高数字技术基础研发能力，打好关键核心技术攻坚战，尽快实现高水平自立自强，把发展数字经济自主权牢牢掌握在自己手中。[3]

为充分发挥数字经济对高质量发展的推动作用，首先，应立足于我国数字基础设施建设实际，结合数字经济发展现状，充分考虑我国广大地区发展差异，因地制宜制定站位高、想得远、统筹全局、安排合理的数字基础设施供给，提高全国范围内数字基础设施供给的质量和层次，为数字经济推动高质量发展打下牢固基础。其次，重视产业结构调整和升级对高质量发展的推动作用，利用产业数字化和数字产

---

[1] 《把握数字经济发展趋势和规律　推动我国数字经济健康发展》，《人民日报》2021年10月20日。
[2] 《我国数字经济规模近5.4万亿美元　多部门释放加快发展信号》，《经济参考报》2021年8月3日。
[3] 《把握数字经济发展趋势和规律　推动我国数字经济健康发展》，《人民日报》2021年10月20日。

业化不断推动产业结构优化调整，从而为高质量发展添活力、增动力、强实力。充分利用数字新动能，实现传统产业生产要素的高效利用，促进产业效率提高；充分尊重市场规律，利用市场促进产业革新，从而实现传统产业全局性的数字化改造。促进数字技术落地，推动数字产业化进程加快与速度提高，积极培育高新技术产业、知识和技术密集型行业，为我国保持产业链供应链稳定和安全提供支撑。最后，重视劳动者素质的提高和技能水平的提升。不断提高课堂的专业性、实用性和与时俱进的能力，结合我国发展实际培养集智力、体力和实践能力于一身的全能型人才。同时，利用数字化平台开展形式多样的在线教育课堂活动，为劳动者提供不设门槛、无须成本、超越时空限制的受教育渠道，从而实现知识和技能在现有劳动力群体中的系统性提升，为积极发展数字经济、推动经济高质量发展积累人力资本。

拓展阅读

"时与势在我们一边"

——以习近平同志为核心的党中央推动增进中国经济发展新优势述评（节选）

走在历史十字路口的世界，在求解"中国之谜"——中国经济为何能迎难而上实现一个又一个新跨越？

"当今世界正经历百年未有之大变局，但时与势在我们一边，这是我们定力和底气所在，也是我们的决心和信心所在。"

习近平总书记作出的这一重大战略判断，道出了一个重要答案：善于审时度势，把握历史主动，正是中国共产党领导中国人民在新时代取得一个又一个伟大胜利的一把金钥匙。

审天下之时，度天下之势。

党的十八大以来，以习近平同志为核心的党中央观大势、定大局、谋大事，把中国经济发展放到历史长河、时代大潮和全球视野中来观察和谋划，把握新发展阶段、贯彻新发展理念、构建新发展格局，为中国经济厚植基础、突破关键、赢得未来作出了一系列重大决策，擘画了到21世纪中叶我国发展的宏伟蓝图。

昨夜江边春水生，蒙艟巨舰一毛轻。看当下，中国经济以势待时，以时取势；看长远，中国经济厚积成势，势不可挡。

时与势在奋斗的中国，在坚韧的中国，在前进的中国。中国经济长风万里，光明在前！

动力之源：以科技自立自强谋强国竞争新优势

民族复兴，根本在创新。

时间的指针回拨到 2013 年 9 月 30 日，习近平总书记主持十八届中共中央政治局第九次集体学习时深刻指出，实施创新驱动发展战略决定着中华民族前途命运。全党全社会都要充分认识科技创新的巨大作用，敏锐把握世界科技创新发展趋势。

彼时，国际金融危机正在全球蔓延，世界经济走到了一个关键当口。一方面，上一轮科技进步带来的增长动能逐渐衰减，新一轮科技和产业革命尚未形成势头。另一方面，经济全球化出现波折，保护主义抬头，多边贸易体制受到冲击。

中国经济往何处去？抓创新就是抓发展，谋创新就是谋未来。

从实施创新驱动发展战略，到创新是引领发展的第一动力，再到坚持创新在我国现代化建设全局中的核心地位——党的十八大以来，以习近平同志为核心的党中央察大势、谋全局，作出建设科技强国的重大决策，这事关中国未来的生存力、竞争力、发展力、持续力。

——识变：创新是第一动力，引领中国经济长远发展。

2021 量子产业大会传来新进展：人们在头发丝直径几万分之一的细微处感受磁场强弱……在此之前，《自然》杂志刊文，中国科研团队成功实现跨越 4600 公里的星地量子密钥分发，标志着中国已构建出"天地一体化"的广域量子通信网雏形。

量子科技的重大突破，是中国创新发展的一个缩影。

世界知识产权组织发布的报告显示，2021 年，中国创新指数升至世界第 12 位。

从高校科研院所到企业车间，从国家实验室到高新技术产业开发区，习近平总书记一次次深入创新要素最活跃的地方。

在科学家座谈会上，总书记强调"要把原始创新能力提升摆在更加突出的位置，努力实现更多'从 0 到 1'的突破"。

在上海张江科学城，总书记希冀科技工作者"要增强科技创新的紧迫感和使命感，把科技创新摆到更加重要位置，踢好'临门一脚'"。

在广东格力电器股份有限公司，总书记勉励企业"要有志气和骨气加快增强自主创新能力和实力"。

"要瞄准世界科技前沿，抓住大趋势，下好'先手棋'""以推动重大科技项目为抓手，打通'最后一公里'，拆除阻碍产业化的'篱笆墙'"……习近平总书记反复强调的，正是中国创新发展的路径方向。

——应变：攻坚"卡脖子"问题，把发展主动权牢牢掌握在自己手中。

习近平总书记打过一个生动的比方："供应链的'命门'掌握在别人手里，那就好比在别人的墙基上砌房子，再大再漂亮也可能经不起风雨，甚至会不堪一击。"

解决这些"命门"和"卡脖子"问题，关键就要靠科技创新。

加强原创性、引领性科技攻关，瞄准关键核心技术解决"卡脖子"问题；加快推进科技体制改革，通过市场需求引导创新资源有效配置；培养创新型人才，激发各类人才创新活力……一系列举措助推中国努力向着高水平科技自立自强迈进。

2020年中央经济工作会议强调要开展种源"卡脖子"技术攻关，立志打一场种业翻身仗。2021年中央一号文件再次提出打好种业翻身仗。

——布局"国之重器"，强化国家战略科技力量。E级超级计算机、"天眼"、"人造太阳"、上海光源……一个个重大科技基础设施和大科学装置夯实创新的基础。

——瞄准人工智能、量子信息、集成电路、生命健康、脑科学、生物育种、空天科技、深地深海等前沿领域，实施一批具有前瞻性、战略性的国家重大科技项目……

从对科技创新领域进行长远谋划，到搭建科技创新制度的"四梁八柱"，再到激发科技创新潜力的一系列实招硬招，我国科技创新活力不断迸发。

——求变：掌握全球科技竞争先机，加快建设科技强国。

创新浪潮，奔涌向前。

从探月、"北斗"再上层楼，到大飞机首飞、超级计算机竞逐榜首，从量子、干细胞研究深入"无人区"，到疫情科学防控得到有力支撑……在新型举国体制的助力下，科技前沿取得一批标志性、引领性重大原创成果，战略领域攻克一批关键核心技术，一些高新技术产业正在进入世界前列。

通过全社会共同努力，我国科技事业取得历史性成就、发生历史性变革。重大创新成果竞相涌现，一些前沿领域开始进入并跑、领跑阶段，科技实力正在从量的积累迈向质的飞跃，从点的突破迈向系统能力提升。

面向"十四五"，中国致力于实现高水平自立自强，让科技创新继续成为驱动高质量发展的动力。

"我们要进入科技发展第一方阵，就得靠我们自己""要紧紧扭住技术创新这个战略基点"，习近平总书记点明创新发展的路径。

"十四五"规划纲要明确创新方向：面向世界科技前沿、面向经济主战场、面向国家重大需求、面向人民生命健康。

从制定科技强国行动纲要到打好关键核心技术攻坚战；从明确全社会研发经费投入年均增长7%以上到提出战略性新兴产业增加值占国内生产总值比重超过17%……锻长板、补短板，从技术到产业，创新按下快进键，为实现强国梦创造竞争新优势。

格局之变：以构建新发展格局谋战略主动新优势

金秋十月，中国广州，第130届广交会于2021年10月19日落下帷幕。

这一自 1957 年创办至今从未间断的"中国第一展",此次成为疫情下全球率先恢复的最大规模线下展会,其成功举办彰显中国推动建设高水平开放型世界经济的决心。

"广交会要服务构建新发展格局,创新机制,丰富业态,拓展功能,努力打造成为中国全方位对外开放、促进国际贸易高质量发展、联通国内国际双循环的重要平台。"

习近平总书记在向本届广交会发来的贺信中,传递出对加快构建新发展格局的关切。

这是重塑中国经济未来发展新优势的格局之变——

时间回到 2020 年春天。

3 月 29 日至 4 月 1 日,之江大地繁花似锦、草木葱茏。

在疫情防控持续向好之时,习近平总书记来到浙江考察,一番"危和机总是同生并存的,克服了危即是机"的话,让很多处在困境中的企业,坚定了前行的信心。

习近平总书记在浙江考察时发现,在疫情冲击下全球产业链供应链发生局部断裂,直接影响到我国国内经济循环。当地不少企业需要的国外原材料进不来、海外人员来不了、货物出不去,不得不停工停产。

"我感觉到,现在的形势已经很不一样了,大进大出的环境条件已经变化,必须根据新的形势提出引领发展的新思路。"2021 年 1 月 11 日,习近平总书记在省部级主要领导干部学习贯彻党的十九届五中全会精神专题研讨班开班式上说。

2020 年 4 月 10 日,习近平总书记在中央财经委员会第七次会议上发表重要讲话,明确提出构建新发展格局,阐释了对国家中长期经济社会发展的深入思考。此后,党的十九届五中全会对构建新发展格局作出全面部署。

"这是把握未来发展主动权的战略性布局和先手棋,是新发展阶段要着力推动完成的重大历史任务,也是贯彻新发展理念的重大举措。"

"我们只有立足自身,把国内大循环畅通起来,努力炼就百毒不侵、金刚不坏之身,才能任由国际风云变幻,始终充满朝气生存和发展下去,没有任何人能打倒我们、卡死我们!"

"加快构建新发展格局,就是要在各种可以预见和难以预见的狂风暴雨、惊涛骇浪中,增强我们的生存力、竞争力、发展力、持续力,确保中华民族伟大复兴进程不被迟滞甚至中断。"

······

中国经济发展模式在悄然改变：中国外贸依存度由 2006 年的 67% 下降到 2019 年的近 32%，经常项目顺差同国内生产总值比率由 2007 年的 9.9% 降至现在不到 1%。同时，内需越来越成为经济增长的主要动力。

这是把握发展主动权的先手棋——

尽管近段时间受疫情汛情等因素影响，消费增速略有放缓，但前三季度，最终消费支出对经济增长贡献率为 64.8%，拉动国内生产总值增长 6.3 个百分点，消费持续恢复势头没有改变。

构建新发展格局，关键要扭住扩大内需战略基点。

网上购物，可在家门口取件；销售农副产品，快递小哥能上门收件——从"快递下乡"到"快递进村"，近期一系列打通农村快递"最后一公里"的努力，正是为了激发农村消费巨大潜力。

"在新发展格局下，中国市场潜力将充分激发，为世界各国创造更多需求。"习近平主席说。

14 亿多人的超大市场谁都不想错过——中国人均国内生产总值已经突破 1 万美元，有超过 4 亿中等收入群体，未来规模还在持续扩增。预计未来 10 年累计商品进口额有望超过 22 万亿美元……

顺应超大市场这一巨大优势，以国内大循环为主体，关键要畅通阻碍循环的堵点和断点。

推出若干举措提振大宗消费重点消费，全面推进乡村振兴、持续推进以人为核心的城镇化，区域协调发展战略向纵深推进；以满足国内需求为基本着力点，加强现代流通体系建设，加快科技自立自强，推动产业链供应链优化升级……构建新发展格局是一个系统工程。

这是开放的国内国际双循环，而非封闭的国内单循环——

印发《建设高标准市场体系行动方案》，审议通过《关于加快构建新发展格局的指导意见》，破除妨碍生产要素市场化配置和商品服务流通的体制机制障碍，深化教育、医疗、养老等领域改革……

对标世界最高水平开放形态，发布海南自贸港 22 条市场准入特别措施、33 项金融改革举措；《中共中央　国务院关于支持浦东新区高水平改革开放打造社会主义现代化建设引领区的意见》发布，赋予浦东新区历史新使命……

同 140 个国家和 32 个国际组织签署 200 多份共建"一带一路"合作文件；中欧班列累计开行超过 4 万列，通达欧洲 23 个国家的 170 多个城市，运输货品达 5 万余种……

广交会、服贸会、进博会、消博会……一个个开放合作平台，成为中国畅通国内国际双循环的生动实践，勾勒出加快构建新发展格局的壮阔图景。

"以国内大循环为主体，绝不是关起门来封闭运行，而是通过发挥内需潜力，使国内市场和国际市场更好联通，更好利用国际国内两个市场、两种资源，实现更加强劲可持续的发展。"

无论是主场外交，还是国内会议，统筹国内国际两个大局始终是习近平总书记强调的观点。

把握新发展阶段、贯彻新发展理念、构建新发展格局——瞻望未来，在以习近平同志为核心的党中央坚强领导下，亿万人民团结奋进，准确把握发展之机，牢牢掌握发展主动，为塑造经济发展新格局不断谋势、蓄势、聚势，中国经济长期向好之势不可逆转，中华民族伟大复兴历史进程不可逆转！

（资料来源：新华网，http://www.news.cn/mrdx/2021-11/02/c_
1310285735.htm，2021年11月1日）

思考题

1. 我国经济发展的持续动力从何而来？
2. 构建新发展格局具有怎样的重要意义？
3. 如何看待科技自立自强对高质量发展的支撑引领作用？

活动与探究

中国经济为何能迎难而上实现一个又一个新跨越？请结合《新中国经济社会建设的伟大成就与深刻启示》（《人民日报》2021年9月29日）、《党领导经济工作的成就与经验》（《人民日报》2021年10月12日）、《韩文秀介绍中国创造经济奇迹的"秘诀"》（人民网，2021年11月12日）等相关文章，以"中国经济高质量发展优势何在"为主题，写一篇小论文。要求观点鲜明，逻辑清晰，数据等资料充实，分析深刻。

参考文献

1.《2021年国民经济持续恢复　发展预期目标较好完成》，国家统计局，http://www.stats.gov.cn/
tjsj/zxfb/202201/t20220117_1826404.html，2022年1月17日。

2. 《国新办举行 2021 年国民经济运行情况新闻发布会图文实录》，国务院新闻办公室，http://www. scio. gov. cn/xwfbh/xwbfbh/wqfbh/47673/47722/wz47724/Document/1718964/1718964. htm，2022 年 1 月 17 日。

3. 《科学把握构建新发展格局的逻辑》，《经济日报》2021 年 11 月 10 日。

4. 《加快建设强大的国内市场》，《经济参考报》2021 年 11 月 16 日。

5. 《以高水平开放推动构建新发展格局》，《人民日报（海外版）》2021 年 11 月 15 日。

6. 《国家统计局社科文司首席统计师李胤解读 2020 年中国创新指数》，国家统计局，http://www. stats. gov. cn/tjsj/sjjd/202110/t20211029_1823943. html，2021 年 10 月 29 日。

7. 《高水平科技自立自强的时代内涵》，《光明日报》2021 年 11 月 12 日。

8. 《全面塑造发展新优势——论坚持创新在我国现代化建设全局中的核心地位》，《人民日报》2021 年 10 月 28 日。

9. 《把握数字经济发展趋势和规律　推动我国数字经济健康发展》，《人民日报》2021 年 10 月 20 日。

10. 《把握数字经济这一"关键力量"》，《学习时报》2021 年 11 月 17 日。

专题四　走实现全体人民共同富裕的现代化新道路

 要点提示

1. 共同富裕是社会主义的本质要求
2. 党领导人民迈向共同富裕的百年征程
3. 新发展阶段扎实推进共同富裕的战略擘画

　　2021 年 6 月 10 日,《中共中央 国务院关于支持浙江高质量发展建设共同富裕示范区的意见》发布, 赋予浙江重要示范改革任务, 先行先试、作出示范, 为全国推动共同富裕提供省域范例。

　　2021 年 8 月 17 日, 习近平总书记主持召开中央财经委员会第十次会议时发表重要讲话强调, 共同富裕是社会主义的本质要求, 是中国式现代化的重要特征, 要坚持以人民为中心的发展思想, 在高质量发展中促进共同富裕。

　　"治国之道, 富民为始。"中国共产党自成立之日起, 就把实现共同富裕作为矢志不渝的奋斗目标。党的十八大以来, 党中央把逐步实现全体人民共同富裕摆在更加重要的位置上, 采取有力措施保障和改善民生, 打赢脱贫攻坚战, 全面建成小康社会, 为促进共同富裕创造了良好条件。当前, 我们正迈向全面建设社会主义现代化国家新征程, 必须把促进全体人民共同富裕作为为人民谋幸福的着力点, 扎实推动共同富裕, 不断增强人民群众获得感、幸福感、安全感。

一　共同富裕是社会主义的本质要求

　　"共同富裕"中, "富裕"反映的是经济社会发展水平, 体现着物质丰富、精神富足和生活宽裕程度;"共同"体现的是让改革发展成果更多更公平惠及全体人民。

共同富裕既是一个经济发展概念，也是一个社会发展概念，同时涉及政治、文化、生态等诸多领域，与人民生产生活息息相关。

共同富裕是社会主义的本质要求，是中国式现代化的重要特征，是习近平新时代中国特色社会主义思想的重要内容。

（一）共同富裕是社会主义本质理论在新时代的赓续和拓新

社会主义本质，是新时期中国共产党人在对什么是社会主义、建设什么样的社会主义这个首要的基本理论问题的回答中作出的重要概括。1992年初，邓小平同志在视察南方谈话中指出："社会主义的本质，是解放生产力，发展生产力，消灭剥削，消除两极分化，最终达到共同富裕。"[①]

这一概括完整地阐释了社会主义本质的内涵，凸显了这一本质规定中逻辑紧密、学理相衔的三个基本问题：一是强调解放生产力和发展生产力是社会主义革命、建设、改革的根本任务；二是突出消灭剥削、消除两极分化，是社会主义发展的根本方向；三是明确逐步达到共同富裕是社会主义发展的根本目标。

习近平总书记提出共同富裕是社会主义的本质要求，是对社会主义本质理论的新的阐释。2012年12月，党的十八大召开后不久，习近平总书记就提出："消除贫困、改善民生、实现共同富裕，是社会主义的本质要求。"[②] 提出共同富裕是社会主义的本质要求，一是从社会主义本质的整体上，凸显共同富裕是具有"归根结底"意义的"本质要求"。习近平总书记在《关于〈中共中央关于制定国民经济和社会发展第十四个五年规划和二〇三五年远景目标的建议〉的说明》中指出："共同富裕是社会主义的本质要求，是人民群众的共同期盼。我们推动经济社会发展，归根结底是要实现全体人民共同富裕。"[③] 从整体上，以解放生产力、发展生产力为根本手段，以消灭剥削、消除两极分化为根本前提，凸显最终达到共同富裕的"本质要求"。二是从社会主义本质和从坚持以人民为中心的发展思想的双重意义上，凸显共同富裕是具有"奋斗目标"意义的"本质要求"。习近平总书记指出："让广大人民群众共享改革发展成果，是社会主义的本质要求，是我们党坚持全心全意为人民服务根本宗旨的重要体现。"[④] 在同坚持以人民为中心的发展思想的结合中，共同富

① 《邓小平文选》第三卷，人民出版社，1993，第373页。
② 《习近平谈治国理政》，外文出版社，2014，第189页。
③ 习近平：《关于〈中共中央关于制定国民经济和社会发展第十四个五年规划和二〇三五年远景目标的建议〉的说明》，新华网，http://www.xinhuanet.com/mrdx/2020-11/04/c_139490087.htm，2020年11月4日。
④ 《习近平谈治国理政》第二卷，外文出版社，2017，第200页。

裕由社会主义本质的基本内涵跃升为社会主义的本质要求，充分体现了新时代坚持和发展中国特色社会主义的内在要求，赋予了社会主义本质理论新的时代内涵。

共同富裕作为社会主义的本质要求，与社会主义基本经济制度相生相随，不仅是社会主义分配关系的要求，也是社会主义经济关系总体上的根本要求。在对社会主义生产关系和分配关系的阐释中，马克思主义政治经济学既坚持认为生产资料所有制是生产关系的核心，决定着社会的基本性质和发展方向；又强调指出分配决定于生产，又反作用于生产，而最能促进生产的是能使一切社会成员尽可能全面地发展、保持和施展自己能力的那种分配方式。在中国特色社会主义基本经济制度中，社会对生产条件的分配，根本的就是对生产资料的"分配"，决定了人们在分配中的地位；而社会既定的分配方式，又反作用于生产，决定社会成员在生产中的地位。习近平总书记由此提出中国特色社会主义经济关系中分配的"制度安排"问题，这就是我们必须坚持发展为了人民、发展依靠人民、发展成果由人民共享，作出更有效的制度安排，使全体人民朝着共同富裕的方向稳步前进，绝不能出现"富者累巨万，而贫者食糟糠"的现象。共同富裕是中国特色社会主义经济制度总体上的本质要求。

共同富裕作为社会主义经济制度的本质要求，与资本主义基本经济制度中"两极分化"的必然趋势正相对立。在资本主义经济中，是有可能相对合理地处置体制层面上资源配置的"公平"和"效率"关系问题的，但它不可能解决制度层面上的"两极分化"问题，"两极分化"是资本主义经济关系的本质规定。在社会主义经济中，不仅要恰当地处置好体制层面上的"公平"和"效率"关系问题，还要进一步解决好制度层面上的共同富裕本质要求问题。从社会主义的本质要求上看，不能把共同富裕的制度性规定等同于"公平"和"效率"的体制性关系问题；也不能把体制性的"公平"和"效率"关系，同制度性的共同富裕要求对立起来，因为前者是后者的体制性基础，后者是前者的制度性跃升。在朝着第二个百年奋斗目标进发的历史性时刻，习近平总书记再次提出"共同富裕是社会主义的本质要求"，强调的就是共同富裕是社会主义制度的根本性质，紧扣的是实现共同富裕本质要求具有的制度性、体制性的"本质要求"，从"本质要求"上对共同富裕的战略性和方略性问题作出新的阐释和新的部署。

（二）共同富裕是对新发展阶段社会主要矛盾发展趋势的深刻把握

共同富裕是社会主义的本质要求，是社会主要矛盾在新发展阶段作用的必然结果，是对新发展阶段根本目标的深刻把握。进入新发展阶段，新时代社会主要矛盾的变化愈加明显，满足人民日益增长的"美好生活"的需要，作为社会主要矛盾的目标性规定也更为明显。以"十四五"时期为开端的新发展阶段，一方面使人民群众对"美好生活"各个方面的需要（其中包括物质、文化、民主、法治、公平、正义、安全、环境等方面的需要）不断增长，愈加成为秉持人民至上、实现以人民为中心的发展思想的集中体现；另一方面"美好生活"各个方面的需要，作为社会"需求"，是由经济建设、政治建设、文化建设、社会建设和生态文明建设各方面"供给"的。与"需求"的不断增长相比较，"供给"能力和水平上的不平衡不充分，明显地成为矛盾的主要方面。在对我国发展不平衡不充分的突出问题的分析中，习近平总书记提出了六个方面的突出问题，除了"创新能力不适应高质量发展要求，农业基础还不稳固"这两个突出问题外，其他四个突出问题是"城乡区域发展和收入分配差距较大，生态环保任重道远，民生保障存在短板，社会治理还有弱项"。解决好这些不平衡不充分发展的突出问题，是处理好社会主要矛盾的关键，也是新发展阶段经济社会发展的重要任务。特别是习近平总书记提到的后四个方面的突出问题，直接涉及"美好生活"需要的基本内涵，是实现共同富裕本质要求的主要方面。把实现共同富裕作为社会主义的本质要求，成为新发展阶段处理和解决好社会主要矛盾的基本路向和根本目标。

党的十八大以来，以习近平同志为核心的党中央把逐步实现全体人民共同富裕摆在更加突出的位置，采取了一系列有力和有效措施保障和改善民生，扎实推进共同富裕。促进全体人民共同富裕，是以满足"美好生活"的需要为聚焦点的，也是形成新发展阶段的新的发展极和着力点的根据和立场。党的十九大对第二个百年奋斗目标作出的部署，一是在对2035年基本实现社会主义现代化战略目标的阐释中，明确提出达到"全体人民共同富裕迈出坚实步伐"的要求；二是在对2035年到21世纪中叶建成富强民主文明和谐美丽的社会主义现代化强国的战略目标中，明确提出达到"全体人民共同富裕基本实现"的要求。从"全体人民共同富裕迈出坚实步伐"到"全体人民共同富裕基本实现"，擘画了在"第二个百年"实现共同富裕这一社会主义的本质要求的战略步骤和进军路线。

党的十九届五中全会在提出新发展阶段实现第二个百年奋斗目标中，把促进全体人民共同富裕的本质要求，摆在更加重要、更加突出的位置，向着更远的目标谋划共同富裕的目标。五中全会通过的《中共中央关于制定国民经济和社会发展第十四个五年规划和二○三五年远景目标的建议》，不仅从战略目标上提出了共同富裕是社会主义的本质要求，还从发展规划上提出了实现共同富裕本质要求的完备方略，特别是强调了"扎实推动共同富裕，不断增强人民群众获得感、幸福感、安全感，促进人的全面发展和社会全面进步"的目标。在对逐步实现共同富裕本质要求的主要措施上，强调完善工资制度，健全工资合理增长机制，着力提高低收入群体收入，扩大中等收入群体。完善按要素分配政策制度，健全各类生产要素由市场决定报酬的机制，探索通过土地、资本等要素使用权、收益权增加中低收入群体要素收入。多渠道增加城乡居民财产性收入。完善再分配机制，加大税收、社保、转移支付等调节力度和精准性，合理调节过高收入，取缔非法收入。发挥第三次分配作用，发展慈善事业，改善收入和财富分配格局。在第二个百年启程之际，这些部署和措施的提出，凸显了新发展阶段实现共同富裕本质要求的战略意义和方略举要。

（三）共同富裕是对"中国式现代化"特征的深邃探索

共同富裕作为社会主义的本质要求，彰显了"中国式现代化"的显著特征。"中国式现代化"是以中国独特的文化传统、独特的历史命运、独特的基本国情，注定了我们必然要走适合自己特点的发展道路为圭臬的。在对新发展阶段"中国式现代化"基本特征的概括中，习近平总书记提出："我国现代化是人口规模巨大的现代化，是全体人民共同富裕的现代化，是物质文明和精神文明相协调的现代化，是人与自然和谐共生的现代化，是走和平发展道路的现代化。"[1] 全体人民共同富裕作为"中国式现代化"的重要特征，凸显了共同富裕是全体人民的整体富裕，是人民群众物质生活和精神生活各方面的全面富裕，是以共建共治共享为过程的、要分阶段推进和实施的共同富裕，进一步丰富了共同富裕是社会主义的本质要求的内涵。

共同富裕本身就是社会主义现代化的一个重要目标。"美好生活"的需要是共同富裕本质要求的写真，它具有两个方面的基本特征：一是"美好生活"涉及的需要范围的全面性，包括物质、文化、民主、法治、公平、正义、安全、环境等各个方面；二是"美好生活"涉的需要，在实现方式上的公共性、共享性。作为社会主义的本质要求，习近平总书记指出："共同富裕是全体人民的富裕，是人民群众物质生活和精神生活都富裕，不是少数人的富裕，也不是整齐划一的平均主义，要分阶段促进共同富裕。"[2] 共同富裕作为社会主义的本质要求，在"中国式现代化"过程中，呈现以下四个方面特征。

第一，共同富裕同"中国式现代化"相同，都是以中国特色社会主义制度为基础和前提的。把共同富裕的实现与社会主义现代化相联系，在建成社会主义现代化强国中逐步实现共同富裕，也将进一步夯实中国共产党长期执政和加强全面领导的

---

① 习近平：《把握新发展阶段，贯彻新发展理念，构建新发展格局》，《求是》2021 年第 9 期。
② 习近平：《扎实推动共同富裕》，《求是》2021 年第 20 期。

基础。

第二，共同富裕的实现是有步骤的，具有逐步实现的过程性特征。作为全体人民的共同富裕，既不可能是一蹴而就的，也不可能是齐头并进的，共同富裕具有逐步实现的特征，特别是在中国经济社会现实发展中，在逐步实现共同富裕中，要有步骤也要有重点。在这一过程中，特别要促进农民农村共同富裕，巩固拓展脱贫攻坚成果，全面推进乡村振兴，加强农村基础设施和公共服务体系建设，改善农村人居环境。

第三，共同富裕具有涵盖"美好生活"各个方面的全面性特征。共同富裕中的"富裕"，不是单一的物质富裕，而是全面的富裕，在富裕的内涵及其发展中，特别要促进人民精神生活共同富裕，强化社会主义核心价值观引领，不断满足人民群众多样化、多层次、多方面的精神文化需求。1891年，恩格斯在探索未来"新的社会制度"中人民群众需要满足状况时提到，"人人也都将同等地、愈益丰富地得到生活资料、享受资料、发展和表现一切体力和智力所需的资料"。[1] 恩格斯提到的生活资料、享受资料、发展资料，在总体上涵盖了"美好生活"的基本方面，在层级上呈现了"美好生活"的全面性。共同富裕是以"中国式现代化"中"物质文明和精神文明相协调的现代化"为特征的。

第四，共同富裕以形成共建共治共享社会治理制度为过程特征。党的十九届四中全会提出要坚持和完善共建共治共享的社会治理制度，对如何实现共同富裕有了更为精准的表述。人民共同参与社会建设、共同参与社会治理、共同享有建设成果，最终达到共同富裕，即共建共治共享共富。在制定"十四五"规划中，习近平总书记指出："要完善共建共治共享的社会治理制度，实现政府治理同社会调节、居民自治良性互动，建设人人有责、人人尽责、人人享有的社会治理共同体。"[2] 共同富裕作为社会主义的本质要求，也是在"完善共建共治共享的社会治理制度"中实现的。

（四）共同富裕是对"人类文明新形态"内涵的深湛论证

习近平总书记在党的十九大上对第二个百年中国特色社会主义发展形态探索中，提出了两个"全面"的观点：一是"全面建成社会主义现代化强国"；二是"我国物质文明、政治文明、精神文明、社会文明、生态文明将全面提升"。这两个"全面"是对人的全面发展思想的新的概括，深化了共同富裕是社会主义的本质要求的

---

① 《马克思恩格斯选集》第一卷，人民出版社，2012，第326页。
② 习近平：《在经济社会领域专家座谈会上的讲话》，人民出版社，2020，第9页。

意蕴，也深化了对中国社会发展形态认识的视界。

在庆祝中国共产党成立 100 周年大会上的讲话中，习近平总书记把两个"全面"融于中国特色社会发展形态认识之中，创造性地提出："我们坚持和发展中国特色社会主义，推动物质文明、政治文明、精神文明、社会文明、生态文明协调发展，创造了中国式现代化新道路，创造了人类文明新形态。"① 共同富裕作为社会主义的本质要求，成为两个"全面"的重要标识，也成为"人类文明新形态"基本特征的集中体现。

马克思在对以往各种社会文明形态特征作概括时指出："一方的人的能力的发展是以另一方的发展受到限制为基础的。迄今为止的一切文明和社会发展都是以这种对抗为基础的。"②"人类文明新形态"之"新"，既在于两个"全面"之"新"上，也在于完全改变了以往社会"文明和社会发展"的弊端、以全体人民共同富裕为鲜明意向和旗帜之"新"上，由此而开辟了人类文明发展的新的道路和新的方向。全体人民的共同富裕，进一步把坚持以人民为中心的发展思想落到实处，向世界展示了"人类文明新形态"的中国样式和中国智慧。

"人类文明新形态"所体现的两个"全面"的意义，也是马克思关于人的"现实关系"和"观念关系"两个"全面"思想的中国化读解。马克思在关于人的全面发展理论探索中提出："个人的全面性不是想象的或设想的全面性，而是他的现实联系和观念联系的全面性。由此而来的是把他自己的历史作为过程来理解，把对自然界的认识（这也作为支配自然界的实践力量而存在着）当作对他自己的现实躯体的认识。发展过程本身被设定为并且被意识到是这个过程的前提。但是，要达到这点，首先必须使生产力的充分发展成为生产条件，不是使一定的生产条件表现为生产力发展的界限。"③"现实关系和观念关系的全面性"这两个"全面"思想，实际上是马克思关于未来社会发展的最崇高的境界，也是我们现在理解共同富裕的全面性的思想来源。把人的"现实关系"和"观念关系"全面发展同共同富裕相联系，把共同富裕的全面性同社会发展形态理念相联系，是对马克思思想的当代发展，也是对共同富裕具有的社会主义本质要求的新的理解。

习近平总书记指出："坚持以人民为中心的发展思想。把增进人民福祉、促进人的全面发展、朝着共同富裕方向稳步前进作为经济发展的出发点和落脚点。"④ 可

① 习近平：《在庆祝中国共产党成立 100 周年大会上的讲话》，人民出版社，2021，第 13～14 页。
② 《马克思恩格斯全集》第三十二卷，人民出版社，1998，第 214 页。
③ 《马克思恩格斯全集》第三十卷，人民出版社，1995，第 541 页。
④ 《十八大以来重要文献选编》下，中央文献出版社，2018，第 4 页。

以说，满足人民美好生活的"需要"，在人类文明进步及其形态变化中起着重要的作用，有时甚至起着首位重要的作用。共同富裕是社会主义的本质要求，也包含了共同富裕的"需要"对社会发展的基础性的和牵引性的重要作用。新发展阶段，是我们所处的社会主义初级阶段中的一个阶段，同时也是社会主义发展进程中的一个重要阶段，是在经过几十年积累、站到了新的起点上的一个阶段。习近平总书记指出："社会主义初级阶段不是一个静态、一成不变、停滞不前的阶段，也不是一个自发、被动、不用费多大气力自然而然就可以跨过的阶段，而是一个动态、积极有为、始终洋溢着蓬勃生机活力的过程，是一个阶梯式递进、不断发展进步、日益接近质的飞跃的量的积累和发展变化的过程。"[①] 牢牢抓住全体人民共同富裕的社会主义本质要求，凸显这一过程的特点和作用，结合解放生产力和发展生产力，消灭剥削、消除两极分化的社会主义本质的系统关系，对我国社会主义从初级阶段向更高阶段迈进将起到强有力的推进作用。

（五）共同富裕是对中华民族伟大复兴主题的深入探索

中国共产党一经诞生，就把为中国人民谋幸福、为中华民族谋复兴确立为自己的初心使命。一百年来，中国共产党团结带领中国人民进行的一切奋斗、一切牺牲、一切创造，归结起来就是一个主题：实现中华民族伟大复兴。百年奋斗、初心不改，砥砺前行、主题不变。

新中国成立后，中国共产党在完成求得民族独立和人民解放的第一大历史任务之后，就进入了实现国家繁荣富强和人民共同富裕的第二大历史任务的新的发展历程。1955 年 10 月，在对社会主义改造前景问题的探讨中，毛泽东同志从"自己要掌握自己的命运"的高度提出："现在我们实行这么一种制度，这么一种计划，是可以一年一年走向更富更强的，一年一年可以看到更富更强些。而这个富，是共同的富，这个强，是共同的强。"[②] 毛泽东同志已经揭示了共同富裕与中国将建立的社会主义基本制度之间的内在联系，深刻表达了实现共同富裕对我们国家和民族命运的重大历史意义。

改革开放新时期，邓小平同志再次提出共同富裕问题。1990 年 12 月，邓小平同志指出："共同致富，我们从改革一开始就讲，将来总有一天要成为中心课题。社会主义不是少数人富起来、大多数人穷，不是那个样子。社会主义最大的优越性

---

① 习近平：《把握新发展阶段，贯彻新发展理念，构建新发展格局》，《求是》2021 年第 9 期。
② 《毛泽东文集》第六卷，人民出版社，1999，第 495 页。

就是共同富裕,这是体现社会主义本质的一个东西。"① 邓小平同志把共同富裕视为社会主义的中心课题,作出了体现社会主义本质的重要概括。邓小平明确提出"先富带后富"的方针,即一部分地区有条件先发展起来,一部分地区发展慢点,先发展起来的地区带动后发展起来的地区,最终达到共同富裕。他还提出了"两个大局"思想,即东部沿海地区加快对外开放,使之较快地先发展起来,中西部地区要顾全这个大局。另一个大局,就是当发展到一定时期,比如20世纪末全国达到小康水平时,就要拿出更多力量帮助中西部地区加快发展,东部沿海地区也要服从这个大局。"两个大局"思想是对"先富带后富"方针的发展和深化。在20世纪和21世纪之交的风云变幻中,江泽民同志从坚持和发展中国特色社会主义的高度,强调实现共同富裕是社会主义的根本原则和本质特征,绝不能动摇。进入21世纪,胡锦涛同志把走共同富裕的道路与人的全面发展联系起来,使全体人民共享改革发展成果,使全体人民朝着共同富裕的方向稳步前进。共同富裕作为社会主义的本质要求,同中国特色社会主义道路的发展、同中华民族的伟大复兴的宏伟大业紧密地联系在一起。

党的十八大以来,中国共产党在实现社会主义现代化进程的新的历史性跨越中,续写了中华民族伟大复兴主题的新篇章。在当代中国,实现中华民族伟大复兴进入了不可逆转的历史进程。在庆祝中国共产党成立100周年大会上,习近平总书记庄严宣告:"经过全党全国各族人民持续奋斗,我们实现了第一个百年奋斗目标,在中华大地上全面建成了小康社会,历史性地解决了绝对贫困问题,正在意气风发向着全面建成社会主义现代化强国的第二个百年奋斗目标迈进。"② 习近平总书记把"全面建成了小康社会"和"解决了绝对贫困问题"作为中国共产党百年辉煌的最突出的成就,既是对百年辉煌的高度凝练,也是对第二个百年砥砺前行的深刻前瞻,这凸显了共同富裕作为社会主义的本质要求,在中华民族伟大复兴进程中的地位和作用,体现了第二个百年推进实现共同富裕要求的决心和信心。

二　党领导人民迈向共同富裕的百年征程

回溯百年历程,中国共产党以为人民谋幸福为初心使命,顺应人民群众对美好生活的向往,取得了革命、建设、改革的伟大胜利,推动中国特色社会主义进入新时代,迎来了从站起来、富起来到强起来的伟大变革,朝着实现全体人民共同富裕

---

① 《邓小平文选》第三卷,人民出版社,1993,第364页。
② 习近平:《在庆祝中国共产党成立100周年大会上的讲话》,人民出版社,2021,第2页。

的目标稳步迈进，开辟了人类历史上实现共同富裕的现代化新道路。可以说，中国共产党百年征程中一刻也没有停止过对共同富裕的追求。

（一）新民主主义革命时期，党领导人民建立了新中国，为摆脱贫困创造了根本政治条件

近代以后，由于封建统治的腐朽和西方列强的入侵，中国政局动荡、战乱不已、民不聊生，贫困的梦魇严重地困扰着中国人民。摆脱贫困，成了中国人民孜孜以求的梦想，也是实现中华民族伟大复兴中国梦的重要内容。为了摆脱贫困，实现国家富强，中国人民先后尝试了太平天国、洋务运动、改良主义、资产阶级共和国等多种道路，但都以失败告终。正是在这一过程中，中国人民逐步认识到要实现国家富强、人民幸福必须首先要实现民族独立、人民解放。也是在这一过程中，中国人民经过比较鉴别选择了马克思主义，选择了社会主义、共产主义，选择了中国共产党。

中国共产党成立伊始，李大钊同志就提出社会主义"不是使人尽富或皆贫，是使生产、消费、分配适合的发展，人人均能享受平均的供给，得最大的幸福"。[①] 中国共产党第一个纲领中规定："消灭资本家私有制，没收机器、土地、厂房和半成品等生产资料，归社会公有"，"党的根本政治目的是实行社会革命"。随后，我们党分析中国的具体国情，制定反帝反封建的民主革命纲领，工人运动出现高潮，农民运动逐步展开，中国革命很快展现出了崭新的局面。大革命时期，我们党顺应人民群众"打倒列强，除军阀"的要求，推动第一次国共合作并确立了联俄、联共、扶助农工的三大革命政策，沉重打击了帝国主义在华势力，基本推翻了北洋军阀的反动统治。土地革命战争时期，党创建和发展了农村革命根据地，逐步开辟了农村包围城市、武装夺取政权的道路，"打土豪、分田地"，土地革命广泛开展，向统治了中国社会几千年的封建土地制度猛烈开火，建立了苏维埃革命政权。1930年10月，毛泽东在《兴国调查》中列举了贫农在12个方面得到的利益，正是这一时期"摆脱贫困"的真实写照。抗日战争时期，在中日民族矛盾上升为中国社会主要矛盾的大背景下，我们党坚持抗日民族统一战线的同时，实行精兵简政，贯彻执行"三三制"政权和减租减息的政策，开展大生产运动，人民负担大大减轻，军民生活明显改善，并积累了经济建设的宝贵经验，培养了广大干部与群众同甘共苦、艰苦奋斗的优良作风。解放战争时期，我们党制定并实施《中国土地法大纲》，普遍深入开展土地制度改革，带领人民"打土豪、分田地"，"耕者有其田"的理想成为当时争取共同富裕的鲜明写照，也因此赢得了最广大人民的支持和拥护。最终，中

---

① 《李大钊全集》第四卷，人民出版社，2013，第246页。

国共产党以摧枯拉朽之势推翻"三座大山",实现了民族独立、人民解放,建立了新中国,为摆脱贫困创造了根本政治条件。

（二）社会主义革命和建设时期，为摆脱贫困打下了坚实基础

新中国成立以后,以毛泽东同志为代表的中国共产党人迅速荡涤旧社会留下来的污泥浊水,恢复国民经济,没收官僚资本,建立国营经济,稳定物价和统一全国财经,实施《中华人民共和国土地改革法》,废除封建土地制度,进行社会各方面的民主改革。在此基础上,成功进行农业、手工业和资本主义工商业的社会主义改造,建立了社会主义制度,实现了中国历史上最深刻、最伟大的社会变革,为中国的社会主义现代化建设奠定了坚实基础,为摆脱贫困、迈向共同富裕提供了根本的政治前提和制度基础。

以党的八大为标志,我们党开启了独立自主探索社会主义建设道路的伟大历程。在这期间虽然经历过曲折,但还是逐步完成了两个五年计划,提出了"四个现代化"的战略目标,提出建立独立的比较完整的工业体系和国民经济体系,工业生产能力大幅提高,交通运输业有了长足发展,农田水利建设取得重大成就,科学技术成绩显著,科教文卫事业繁荣发展,人民生活得到了较大改善。正如《关于建国以来党的若干历史问题的决议》指出的:"我们现在赖以进行现代化建设的物质技术基础,很大一部分是这个期间建设起来的"。后来,虽然国民经济出现了较大的起伏,但党和国家工业化、现代化的目标始终不渝,工农业获得一定的发展,科学技术取得重大成就,独立研制出"两弹一星",在世界上首次培育成功强优势的籼型杂交水稻,研制出抗疟药青蒿素,制定了新中国第一部环境保护的综合性文件《关于保护和改善环境的若干规定（试行草案）》,提出"三个世界"的重大理论,中美关系取得突破,恢复了在联合国的合法席位,中国外交取得突破性大发展。这一历史时期为日后的改革开放提供了经验教训,也为日后摆脱贫困、迈向共同富裕奠定了有力的国际地位和国际环境。

（三）改革开放和社会主义现代化建设新时期，共同富裕取得积极成效

党的十一届三中全会作出把党的工作重心转移到经济建设上来,实行改革开放的历史性决策,实现了新中国成立以来党的历史上具有深远意义的伟大转折,开启了我国改革开放和社会主义现代化建设新时期,继而开辟了中国特色社会主义道路,逐步探索出一条摆脱贫困、迈向共同富裕之路。

改革开放以来,我们党牢牢坚持实现共同富裕的目标,牢牢扭住着力解放和发

展社会生产力这个关键，牢牢把握改革开放这个决定当代中国命运的关键一招，提出社会主义初级阶段理论，制定党在社会主义初级阶段的基本路线，确定了社会主义现代化建设"三步走"发展战略，深入推进城市、农村和各方面体制机制改革，建立并逐步完善以公有制为主体、多种所有制经济共同发展的基本经济制度，以按劳分配为主体、多种分配方式并存的分配制度，探索建立并逐步完善社会主义市场经济体制，实施科教兴国、可持续发展、西部大开发等国家战略，为摆脱贫困、迈向共同富裕进行了制度和体制机制层面的积极探索。

改革开放之初，我们实行家庭承包经营为基础、统分结合的双层经营体制，极大地解放了农村生产力，同时大幅度提高农产品价格，农民收入迅速提高，大大缓解了农村的贫困问题。1982 年，启动"三西"专项扶贫计划。从 1986 年到 1993 年，针对一些地区发展缓慢、一部分群众生产生活条件非常困难的情况，党中央、国务院决定在全国范围内开展有计划、有组织、大规模的扶贫开发。国务院成立专门工作机构，安排专项资金，制定专门的优惠政策，并对传统的救济式扶贫进行彻底改革，确定了开发式扶贫的方针。1996 年 9 月，党中央、国务院联合召开了中央扶贫开发工作会议，作出《关于尽快解决农村贫困人口温饱问题的决定》。1999 年 6 月，在我国扶贫攻坚的关键时刻，党中央、国务院再次召开会议，作出《关于进一步加强扶贫开发工作的决定》。这一时期解决了 2 亿多农村贫困人口的温饱问题，一些集中连片的贫困地区整体解决了温饱问题，贫困地区的基础设施和生产生活条件明显改善，科技、教育、文化、卫生等社会事业发展较快，人民生活总体上达到小康水平。①

党的十六大提出全面建设小康社会的奋斗目标。此后，我们将"三农"工作列为重中之重，实施《中国农村扶贫开发纲要（2001—2010 年）》，全面取消农业税，给亿万农民带来了看得见的物质利益，又一次解放了农村生产力；实行城乡义务教育全部免费，减轻了亿万家庭的经济负担，教育资源重点向农村、边远地区、民族地区、贫困地区倾斜；推进收入分配制度改革，重点改善低收入群体和困难群众生活，逐步建立以税收、转移支付、社会保障为主要手段的再分配制度框架，不断扩大中央转移支付规模；全民医疗保障体系初步形成，最低生活保障制度实现全覆盖，城乡社会救助体系基本建立；基本建成覆盖城乡、功能比较完善的疾病预防控制体系和应急医疗救治体系；实行新的国家扶贫标准，把更多农村低收入人口纳入扶贫范围；等等。党的十七大对全面建设小康社会目标提出了新的更高要求，并且将

---

① 杨明伟：《百年奋斗史中的摆脱贫困迈向共同富裕》，《红旗文稿》2021 年第 6 期。

"和谐"纳入现代化建设目标。

针对经济高速发展过程中出现的城乡区域和不同群体发展差距进一步扩大的新情况，开始西部大开发、中部崛起、东北振兴、新农村建设等一系列区域和乡村发展战略，大力推进以保障和改善民生为重点的社会建设，强调在收入分配中更加注重社会公平，致力于推动基本公共服务均等化，共同富裕取得了积极的成效。

（四）中国特色社会主义进入新时代，共同富裕迈出坚实步伐

党的十八大以来，中国特色社会主义进入新时代，以习近平同志为核心的党中央团结带领全党全国各族人民，统筹中华民族伟大复兴战略全局和世界百年未有之大变局，牢牢把握"人民日益增长的美好生活需要和不平衡不充分的发展之间的矛盾"，深刻回答"新时代坚持和发展什么样的中国特色社会主义、怎样坚持和发展中国特色社会主义"这个重大理论和实践课题，坚持以人民为中心的发展思想，统筹推进"五位一体"总体布局，协调推进"四个全面"战略布局，全面建成小康社会取得伟大历史性成就，决战脱贫攻坚取得全面胜利，我国经济实力、科技实力、综合国力跃上新的大台阶，中华民族伟大复兴向前迈出了新的一大步。

习近平总书记鲜明提出，全面建成小康社会最艰巨最繁重的任务在农村特别是在贫困地区，没有农村的小康特别是没有贫困地区的小康，就没有全面建成小康社会；强调贫穷不是社会主义，如果贫困地区长期贫困，面貌长期得不到改变，群众生活水平长期得不到明显提高，那就没有体现我国社会主义制度的优越性，那也不是社会主义，必须时不我待抓好脱贫攻坚工作。与此同时，习近平总书记反复强调共同富裕。他指出："我们的责任，就是要团结带领全党全国各族人民，继续解放思想，坚持改革开放，不断解放和发展社会生产力，努力解决群众的生产生活困难，坚定不移走共同富裕的道路。"①"实现共同富裕不仅是经济问题，而且是关系党的执政基础的重大政治问题。我们决不能允许贫富差距越来越大、穷者愈穷富者愈富，决不能在富的人和穷的人之间出现一道不可逾越的鸿沟。""要自觉主动解决地区差距、城乡差距、收入差距等问题，推动社会全面进步和人的全面发展，促进社会公平正义，让发展成果更多更公平惠及全体人民，不断增强人民群众获得感、幸福感、安全感，让人民群众真真切切感受到共同富裕不仅仅是一个口号，而是看得见、摸得着、真实可感的事实。"② 这些重要论述为新时代摆脱贫困、迈向共同富裕提供了科学遵循和行动指南。

---

① 《习近平谈治国理政》，外文出版社，2014，第4页。
② 习近平：《把握新发展阶段，贯彻新发展理念，构建新发展格局》，《求是》2021年第9期。

党的十八大召开后不久，党中央就拉开了新时代脱贫攻坚的序幕；2013年，提出精准扶贫理念，创新扶贫工作机制；2015年，召开扶贫开发工作会议，提出实现脱贫攻坚目标的总体要求，实行扶持对象、项目安排、资金使用、措施到户、因村派人、脱贫成效"六个精准"，实行发展生产、易地搬迁、生态补偿、发展教育、社会保障兜底"五个一批"，发出打赢脱贫攻坚战的总攻令。2017年，党的十九大把精准脱贫作为三大攻坚战之一进行全面部署，锚定全面建成小康社会目标，聚力攻克深度贫困堡垒，决战决胜脱贫攻坚。2020年，为有力应对新冠肺炎疫情和特大洪涝灾情带来的影响，党中央要求全党全国以更大的决心、更强的力度，做好"加试题"、打好收官战，信心百倍向着脱贫攻坚的最后胜利进军。

党的十八大以来，党中央把脱贫攻坚摆在治国理政的突出位置，把脱贫攻坚作为全面建成小康社会的底线任务，坚持党的领导，为脱贫攻坚提供坚强政治和组织保证；坚持以人民为中心的发展思想，坚定不移走共同富裕道路；坚持发挥我国社会主义制度能够集中力量办大事的政治优势，形成脱贫攻坚的共同意志、共同行动；坚持精准扶贫方略，用发展的办法消除贫困根源；坚持调动广大贫困群众积极性、主动性、创造性，激发脱贫内生动力；坚持弘扬和衷共济、团结互助美德，营造全社会扶危济困的浓厚氛围；坚持求真务实、较真碰硬，做到真扶贫、扶真贫、脱真贫，组织开展了声势浩大的脱贫攻坚人民战争。

党的十八大以来，党和人民披荆斩棘、栉风沐雨，发扬钉钉子精神，敢于啃硬骨头，攻克了一个又一个贫中之贫、坚中之坚，脱贫攻坚取得了重大历史性成就，农村贫困人口全部脱贫，为实现全面建成小康社会目标任务作出了关键性贡献；脱贫地区经济社会发展大踏步赶上来，整体面貌发生历史性巨变；脱贫群众精神风貌焕然一新，增添了自立自强的信心勇气；党群干群关系明显改善，党在农村的执政基础更加牢固；创造了减贫治理的中国样本，为全球减贫事业作出了重大贡献。

党的十八大以来，贫困人口收入水平显著提高，全部实现"两不愁三保障"；行路难、吃水难、用电难、通信难、上学难、就医难等问题得到历史性解决，义务教育阶段建档立卡贫困家庭辍学学生实现动态清零；具备条件的乡镇和建制村全部通硬化路、通客车、通邮路；贫困地区农网供电可靠率达到99%，大电网覆盖范围内贫困村通动力电比例达到100%，贫困村通光纤和4G比例均超过98%；960多万人"挪穷窝"，摆脱了闭塞和落后，搬入了新家园；28个人口较少民族全部整族脱贫，一些新中国成立后"一步跨千年"进入社会主义社会的"直过民族"，又实现了从贫穷落后到全面小康的第二次历史性跨越；基本医疗保险覆盖13.6亿人，基本养老保险覆盖近10亿人，建成世界上规模最大的社会保障体系；提前10年实现

《联合国 2030 年可持续发展议程》减贫目标，积极开展国际减贫合作，履行减贫国际责任，为发展中国家提供力所能及的帮助，成为世界减贫事业的有力推动者……脱贫攻坚伟大斗争，还锻造形成了"上下同心、尽锐出战、精准务实、开拓创新、攻坚克难、不负人民"的脱贫攻坚精神，成为党和国家的宝贵精神财富。[①]

2021 年 5 月，中央作出支持浙江高质量发展建设共同富裕示范区的意见，从此中国实现共同富裕现代化有了"样板"，这是促进实现共同富裕现代化的一项重大举措。

回首百年，中国共产党带领人民在实现共同富裕的道路上不断向前迈进。但是应该看到，当前，我国发展不平衡不充分问题仍然突出，城乡区域发展和收入分配差距较大，中国仍然处于并将长期处于社会主义初级阶段，是世界上最大发展中国家的地位没有改变。我国在经济发展和民生福祉等方面，还不能很好地适应社会主义现代化建设和人民对美好生活的期盼，需要加快步伐促进全体人民共同富裕。

三 新发展阶段扎实推进共同富裕的战略擘画

共同富裕是关乎我国第二个百年奋斗目标实现程度的一项具有全局性、根本性、长期性、艰巨性的重大政治战略任务。当前，我们实现了全面建成小康社会宏伟目标，为促进共同富裕创造了良好条件。开启新征程，我们要推动改革发展成果更多更公平惠及全体人民，推动共同富裕取得更为明显的实质性进展。

（一）推进共同富裕的基本原则

促进共同富裕要把握好的四条原则，即"鼓励勤劳创新致富""坚持基本经济制度""尽力而为量力而行""坚持循序渐进"，这四条基本原则为扎实推动共同富裕提供了根本遵循。

1. "鼓励勤劳创新致富"，指出了促进共同富裕的根本动力和主体力量

劳动是财富的源泉、幸福的源泉，也是破解发展难题、推动人类社会发展的根本力量。当前，发展不仅是解决我国一切问题的基础和关键，也是实现共同富裕的基本条件。"鼓励勤劳创新致富"说到底就是将实现共同富裕的宏伟目标与每一个人的辛勤劳动和聪明才智联系起来，激励全体人民进一步焕发劳动热情、释放创造潜能，为共建共享共富提供源源不断的强大动力。一方面，只有立足新发展阶段，

---

① 杨明伟：《百年奋斗史中的摆脱贫困迈向共同富裕》，《红旗文稿》2021 年第 6 期。

坚定不移贯彻新发展理念，加快构建新发展格局，深入推动质量变革、效率变革、动力变革，实现更高质量、更有效率、更加公平、更可持续、更为安全的发展，才能为实现共同富裕筑牢坚实的物质基础。另一方面，广大人民群众是促进共同富裕的主体力量。必须坚持以人民为中心的发展思想，将人民群众的获得感、幸福感、安全感作为评判实现共同富裕成效的根本标准。在促进共同富裕的征程上，必须紧紧依靠人民、始终为了人民，在全社会大力营造劳动光荣、劳动幸福的氛围，充分发挥人民群众的创业精神、创新意志和创优品格，形成人人参与、人人付出、人人担当的共建共享共富的生动局面，扎实推动共同富裕。

2. "坚持基本经济制度"，指明了促进共同富裕的制度保障

基本经济制度是经济制度体系中具有长期性和稳定性的部分，对经济制度属性和经济发展方式具有决定性影响。实践证明，以公有制为主体、多种所有制经济共同发展，按劳分配为主体、多种分配方式并存，社会主义市场经济体制为基本内涵的社会主义基本经济制度，是与我国社会主义初级阶段的社会生产力发展水平相适应的，是实现全体人民共同富裕的制度保障。首先，要在所有制上坚持公有制为主体、多种所有制经济共同发展，充分激发人民群众勤劳致富、创新致富的热情，从制度上保障"人人尽力"。其次，要在分配制度上坚持按劳分配为主体、多种分配方式并存，为实现共同富裕构建起初次分配、再分配、三次分配协调配套的基础性制度安排。一方面，要充分认识到按劳分配为主体是实现共同富裕的基本要求和重要保证，逐步提高劳动报酬在初次分配中的比重；另一方面，要发挥好再分配和三次分配的调节作用，兼顾效率与公平，最大限度激发微观主体活力，推动形成中间大、两头小的橄榄形分配结构，促进社会公平正义，推动全体人民朝着共同富裕方向稳步前进。最后，不断健全与完善社会主义市场经济体制，在肯定市场对资源配置的决定性作用的同时强调发挥好政府的宏观调控作用，增强区域之间发展的平衡性，强化行业之间发展的协调性，不断缩小地区差距、城乡差距、收入差距，扎实推动共同富裕。

3. "尽力而为量力而行"，提出了促进共同富裕的政策策略原则

政策和策略是实现党的领导、促进党和国家事业不断开辟新境界的重要途径。实现全体人民共同富裕，也需要以一系列科学的政策和策略来推动。"尽力而为量力而行"正是以习近平同志为核心的党中央，以马克思主义为指导、立足新发展阶段、着眼我国社会主要矛盾变化、根据共同富裕的科学内涵和目标任务而提出的制定促进共同富裕政策策略的重要原则。一方面，要"尽力而为"，根据现有条件把能做的事情尽量做起来，特别是在解决人民群众最关心最直接最现实的利益问题上

必须拿出更大的力度、更实的举措，不断积小胜为大胜，不断朝着全体人民共同富裕的目标前进；另一方面，在"尽力而为"的基础上还要注意"量力而行"，不制定脱离实际、超越阶段、好高骛远的发展目标，不作兑现不了的承诺，不搞过头保障，坚决防止落入"福利主义"养懒汉的陷阱。

4. "坚持循序渐进"，确立了促进共同富裕的世界观方法论原则

全面、系统地看，促进共同富裕是一项复杂的系统工程，涉及政治、经济、文化、民生、生态等方方面面的问题，牵一发而动全身，既需要从政策制定、资源配置、改革导向、绩效评价等方面系统性整体性推进，又需要我们一件接着一件办，一年接着一年干，这是一项长期而艰巨的任务，必须坚持循序渐进，久久为功，在促进共同富裕的征途中接续奋斗；联系、发展地看，促进共同富裕是一个在动态中向前发展的过程，不可能一蹴而就，也不可能齐头并进，需要坚持循序渐进，充分估计促进共同富裕的长期性、艰巨性、复杂性，分阶段促进共同富裕，使促进共同富裕与经济发展阶段相适应、与现代化建设进程相协调，因地制宜探索促进共同富裕的有效路径，不断形成促进共同富裕的阶段性标志性成果，并及时总结经验，逐步推开。

（二）以高质量发展推进共同富裕

习近平总书记在中央财经委员会第十次会议上强调，"要坚持以人民为中心的发展思想，在高质量发展中促进共同富裕"。这是对高质量发展与共同富裕辩证关系的深刻揭示，充分体现了以习近平同志为核心的党中央对促进共同富裕的务实谋划和科学部署，为推动我国高质量发展、实现全体人民共同富裕指明了前进方向和现实路径，重点采取以下五大战略措施。

1. 提高发展的平衡性、协调性、包容性

提高发展的平衡性协调性包容性具有深邃的战略考量、深刻的理论逻辑和深远的实践意义。首先，从发展理念的演进逻辑上看，提高发展的平衡性协调性包容性势在必行。进入新发展阶段，需要完整准确全面贯彻新发展理念，将高质量发展作为经济领域改革发展的重大目标牵引，形成与新发展理念目标要求更加契合的经济社会发展方式是大势所趋。因而，实现更加平衡、更加充分、更加协调、更加安全、更可持续的发展成为落实新发展理念、实现高质量发展的重要内在要素。其次，从社会主要矛盾的转化看，提高发展的平衡性协调性包容性是主攻方向。进入新时代，人民群众对环保、法治、公平等方面的诉求和期盼更加迫切。正所谓民之所盼，施政所向，解决发展的不平衡不充分问题成为主攻方向。最后，从社会主义现代化的

视角看，提高发展的平衡性协调性包容性是题中之义。社会主义现代化是"五位一体"的全面现代化，更是人的全面发展的现代化。因此，坚持问题导向，注重解决发展过程中不平衡的问题，收入分配、贫富差距过大的问题，人的精神层面的诉求和激励问题等，让整个经济持续健康发展，社会持续全面进步，人的现代化迈出坚实步伐，是建成富强民主文明和谐美丽的社会主义现代化强国的题中应有之义。

提高发展平衡性，必须统筹兼顾经济社会等各个方面的发展要求，实现中国式现代化建设"五位一体"总体布局中各个构成要素的良性互动。提高发展平衡性，核心在于正确处理好政府与市场、经济与社会、物质文明与精神文明、经济发展与国防建设、统筹发展与安全等各方面的重大关系，大力改革体制、变革动能、调整比例、优化结构、补齐短板，把转型升级和全面提质放到更加突出的位置，推动经济社会发展实现速度、结构、质量、效益相统一，在平衡发展中拓宽空间、延展领域。

提高发展协调性，必须更加注重城乡、区域、阶层、行业等的发展差距，着力"提低、扩中、限高"，运用好初次分配、再分配、三次分配在促进协调发展方面的政策功能，加强对高收入的规范和调节，依法保护合法收入，合理调节过高收入，鼓励高收入人群和企业更多回报社会。清理规范不合理收入，整顿收入分配秩序，坚决取缔非法收入。促进基本公共服务均等化，改善农村人居环境，全面推进乡村振兴。全面梳理发展短板弱项，补齐短板、建强弱项，推动城乡一体化融合发展、区域协调发展、畅通阶层上升通道，使协调发展成为建设全面现代化的内生动力。

提高发展包容性，重点是把增进人民福祉、促进人的全面发展作为发展的出发点和落脚点，发展全过程人民民主，维护全社会公平正义，保障人民平等参与、平等发展权利。加大住房、医疗、教育、社保等民生领域改革发展力度，关注快递员、外卖小哥、卡车司机等灵活就业人员社会保障和合法权益，兜牢社会基本民生底线。更加注重人的全面发展和人的现代化，将满足人民精神文化需求同激励教育人民有机结合起来，全方位、全周期增进人民福祉。增强发展动力，重在交心润心，重在凝心铸魂，增进人民团结，凝聚促进共同富裕、建设社会主义现代化强国的磅礴力量。

2. 着力扩大中等收入群体规模，加强对高收入的规范和调节

促进共同富裕，既要做大做好"蛋糕"，更要切好分好"蛋糕"。目前，虽然"蛋糕"做大了，但分配还不够合理，地区、城乡、行业和收入等差距仍然较大。共同富裕是全体人民的富裕，在高质量发展中必须兼顾效率和公平。对此，中央明确要求加快构建初次分配、再分配、三次分配协调配套的基础性制度，逐步形成中

间大、两头小的橄榄形分配结构。初次分配主要由市场决定，侧重效率和贡献，考虑到多数人的收入来自劳动所得，需要逐步扩大劳动报酬占比；再分配是政府运用税收等调节手段进行的分配，侧重社会公平，逐步缩小收入差距；三次分配是通过高收入人群和企业自愿投入民间捐赠等方式的分配，侧重道德义务和社会责任，引导和鼓励先富带后富、帮后富。这种分配制度兼顾了效率和公平，强调共同富裕不是整齐划一的平均主义，鼓励勤劳致富、合法致富、共同致富。

首先，在经济发展过程中不断提高居民收入水平，持续改善收入分配，促进全体人民共同富裕。在劳动生产率不断提高的基础上，要提高劳动者的工资水平。劳动力是一种以人为载体的特殊生产要素，因此，工资水平不仅仅依靠劳动力市场上的供求关系决定，还要发挥最低工资、集体协商、劳动合同等劳动力市场制度的作用。劳动力市场的初次分配机制也不足以缩小现存的收入差距，还需要完善再分配机制、加大再分配政策力度，利用税收、社保、转移支付等手段，合理调节收入。根据国际经验，高收入国家的基尼系数显著低于中等收入国家，主要是通过再分配手段调节实现的。在"十四五"末和到 2035 年，我国人均 GDP 将分别达到现行的高收入国家标准和中等发达国家水平，因此，应该逐步加大利用再分配手段缩小居民收入差距的政策实施力度。

其次，提高基本公共服务保障水平和均等化程度，突出再分配机制的中国特色。尽力而为和量力而行的统一，最好地诠释了随着经济发展水平而不断提高基本公共服务水平的中国方案。这里主要强调以下几个重要和紧迫的基本公共服务领域。一是通过提高公共就业服务水平和效率，提高劳动年龄人口的劳动参与率和就业率，达到扩大中等收入群体的目标。二是提高各种社会保险制度的保障水平和覆盖率，通过社会政策托底来保障和改善民生，在稳定劳动者和居民的基本民生和预期的前提下，营造创造性破坏的竞争环境，提高劳动生产率和全要素生产率，促进高质量发展。三是通过教育深化和均等化，使新一代劳动者具备符合时代要求的就业和创业能力，并能够不断更新技能适应新科技革命和产业结构调整的需要，更充分和更高质量地参与劳动力市场，阻断贫困代际传递，扩大中等收入群体规模。

最后，精准扶助重点人群，有针对性地解决困难群体的实际问题，持续培育新成长的中等收入群体。在实现农村贫困人口全部脱贫之后，政策焦点和机制建设应及时转向解决相对贫困问题。一般来说，相对贫困标准是以中位收入水平为基础制定的，因此，建立解决相对贫困的长效机制，有助于尽快把已脱贫的农村人口提升到中等收入水平。加快户籍制度改革，推进以人为核心的新型城镇化，让更多在城镇常住和稳定就业的农民工及其家庭成为中等收入群体的成员。实施积极应对人口老龄化国家战略，通过提高老年群体的劳动参与率和享受社会保障的水平和均等程度，满足他们对医养、康养和照护的需求，最大限度地使老年人享有中等收入水平的生活。

3. 促进基本公共服务均等化

党的十九届五中全会把"全体人民共同富裕迈出坚实步伐"作为 2035 年国民经济和社会发展远景目标之一，其中将基本公共服务均等化作为实现共同富裕的重要内容。中央财经委员会第十次会议也把促进基本公共服务均等化作为扎实推动共同富裕的重要任务。这表明，实现共同富裕是促进基本公共服务均等化的价值目标，促进基本公共服务均等化是实现共同富裕的着力点。

一是健全基本公共服务均等化与实现共同富裕的有机衔接机制。要推动基本公共服务由普惠化解决人人享有的可及性问题，均等化解决人人平等享有的公平性问题，走向优质化解决人人满意享有的高质量问题。以实现共同富裕为价值目标，促进高质量经济发展与高品质公共服务的双轮驱动，加快基本公共服务均等化与实现共同富裕的共生共融。

二是要提升基本公共服务供需的精准性和有效性。要针对基本公共服务需求识别不精准导致供给低效或无效的短板，构建基本公共服务供需无缝衔接的运行机制，解决供需错位、供不应求或供非所求的结构性失衡。要建立基于全生命周期基本公共服务需求反馈机制，精准识别不同区域、人群、年龄对基本公共服务的需求，改"大水漫灌"为"精准滴灌"，确保基本公共服务精准供给、优质有效。

三是要扎实推进基本公共服务的标准化和数字化。要贯彻落实《国家基本公共服务标准（2021 版）》，因地制宜制定本地区基本公共服务具体实施标准。以标准化保障人人享有同等同质的基本公共服务。要借助大数据、区块链、人工智能等推进基本公共服务数字化、智能化改革，促进"城市大脑"与"社区微脑"的互通互联，让人民群众切实感知实现共同富裕的速度与温度。

四是要健全基本公共服务均等化与共同富裕实现程度的监测体系。针对推进基本公共服务均等化与共同富裕实现程度测度难、政策诊断反馈滞后等问题，构建基本公共服务均等化与共同富裕实现程度的动态监测体系，及时反馈推进基本公共服务均等化与实现共同富裕进程中的政策目标达成度、政策执行有效度、政策感知满意度等，适时监测我国基本公共服务均等化与实现共同富裕进程中的结构性短板弱项，实现精密智控、精细质控。

4. 促进人民精神生活共同富裕

随着我国经济社会发展和人民生活水平提高，人民对精神文化生活的新期待越来越高，丰富的精神文化生活已经成为衡量人民幸福指数的重要尺度和提高人民生活质量的关键因素。共同富裕既要"富口袋"，也要"富脑袋"；既要家家"仓廪实衣食足"，实现物质生活水平提高；也要人人"知礼节明荣辱"，实现精神文化生活丰富，促进人的全面发展和社会全面进步。

首先，要加强思想政治引领，用党的创新理论武装头脑、教育人民。思想就是力量。一个民族要走在时代前列，就一刻不能没有理论思维，一刻不能没有理论武装。当前，全面建设社会主义现代化国家新征程顺利开启，然而在前进道路上仍面临许多风险和挑战。实现共同富裕是一个长远目标，需要一个过程，不可能一蹴而就，具有长期性、艰巨性和复杂性，需要同心同德、艰苦奋斗。党的百年历史充分证明，越是事业发展，越要高举旗帜；越是攻坚克难，越要凝心聚力；越是风高浪急，越要导航定向。习近平新时代中国特色社会主义思想是新时代中国共产党的思想旗帜，是国家政治生活和社会生活的根本指针。持续在学懂弄通做实上下功夫，引导广大党员干部群众深刻感悟其中蕴含坚持真理、坚守大道的浩然正气，心系苍生、不负人民的真挚情怀，坚忍不拔、自强不息的意志品格，进一步增强政治认同、思想认同、情感认同，从中找寻精神坐标、汲取精神力量。理论只要能说服人，就能掌握群众。大力发掘多元化、多样化、多层次学习载体，用好"学习强国"学习平台、新时代文明实践中心（所、站）、县级融媒体中心，着力打通理论到达群众"最后一公里"。聚焦轻快化、融合化，结合文化主题活动、文艺创作活动、休闲娱乐活动，把党的创新理论融入喜闻乐见的群众性文化活动中，推动党的创新理论往深里走、往实里走、往心里走。充分发挥新媒体便捷灵活的优势，突出"小、实、活、精"特点，打造图文并茂、形式丰富的线上课堂，实现便捷学、自主学、随时学，让党的创新理论教育更好地融入百姓生活，真正用以武装头脑、指导实践、推动工作。

其次，要大力培育和践行社会主义核心价值观，提高公民道德素养和社会文明程度。促进人民精神生活共同富裕，需要提升文明素养、弘扬时代新风、涵养道德情操、培育心灵家园、丰富精神生活，把全社会意志和力量凝聚起来。社会主义核心价值观凝结着全体人民共同的价值追求，是凝聚民心、汇聚民力的强大力量。坚持以社会主义核心价值观为引领，加强爱国主义、集体主义、社会主义教育，丰富人民精神世界，增强人民精神力量，引导人民树立正确的世界观、历史观、民族观、文化观、宗教观，铸牢中华民族共同体意识。深入实施公民道德建设工程，大力弘扬中华传统美德，推进社会公德、职业道德、家庭美德、个人品德建设，注重家庭、家教、家风建设。深化群众性精神文明创建活动，加强新时代文明实践中心（所、站）建设，推进诚信建设和志愿服务制度化。通过教育引导、舆论宣传、文化熏陶、实践养成、制度保障等，将国家的价值目标、社会的价值取向、公民的价值准则，有机融入公民道德建设各方面、全过程，使社会主义核心价值观内化为人们的精神追求，外化为人们的自觉行动，努力推动形成适应新时代要求的思想观念、精神面貌、文明风尚、行为规范，创造积极向上、文明健康的高品质生活。

再次，要提升公共文化服务水平，满足人民精神文化生活新期待。在高质量发展中推动共同富裕，文化是重要支点；满足人民日益增长的美好生活需要，优质的公共文化服务是重要组成部分。以构建覆盖城乡、便捷高效、保基本、促公平的现代公共文化服务体系为目标，以基本公共文化服务标准化均等化建设和提升公共文化服务效能为着力点，提升公共文化服务水平，让人民享有更加充实、更为丰富、更高质量的精神文化生活。加强推进公共文化服务标准化、均等化，坚持政府主导、社会参与、重心下移、共建共享，完善公共文化服务体系，扩大和提高基本公共文化服务的覆盖面和适用性。充分发挥城市公共文化服务功能作用，利用公共图书馆、博物馆、文化馆、科技馆、青少年宫等开展丰富多彩、贴近民生的文化惠民活动，提高人民群众精神文化获得感、幸福感。合理规划建设基层公共文化设施，以乡村振兴为契机，补齐县、乡、村公共文化设施短板，实现公共文化设施标准化、基本公共文化服务均等化的目标。加快推进公共文化数字建设，坚持共建共享的原则，实现资源融通，突破公共文化设施的时空限制，实现公共文化服务走上云端、落入指尖，解决公共文化供给不平衡问题。深化文化体制改革，加强文化市场体系建设，激发各类文化主体活力，扩大优质文化产品供给，发展积极健康的网络文化，更好地贴近群众、服务群众，为人民提供更多高质量精神文化产品。

最后，要加强促进共同富裕舆论引导，营造勤劳奋斗的良好氛围。共同富裕不是少数人的富裕，也不是整齐划一的平均主义。要加强舆论引导，澄清各种模糊认识，准确把握促进共同富裕的基本精神和内在要求，防止急于求成和畏难情绪。要深入宣传习近平总书记关于共同富裕的重要论述，深入宣传促进共同富裕的重大意义、重大原则、目标要求、政策举措，把思想和行动统一到党中央决策部署上来。广泛开展"以劳动创造幸福"为主题的宣传教育，大力弘扬劳模精神、劳动精神、工匠精神，树立以辛勤劳动为荣、以好逸恶劳为耻的劳动观，人人参与，人人尽力，摒弃"等靠要"思想，避免"内卷""躺平"，坚决防止落入"福利主义"养懒汉的陷阱。加强法治宣传教育，鼓励勤劳致富、创新致富、合法致富，合理调节过高收入，整顿收入分配秩序，维护社会主义市场经济秩序，防止投机取巧，靠偏门致富。深入解读共同富裕的长期性艰巨性复杂性，按照经济社会发展规律循序渐进，脚踏实地、久久为功，不吊高胃口、不搞"过头事"，不盲目攀比，尽力而为、量力而行。积极宣传各地扎实推进共同富裕的好经验好做法好成效，大力宣传人民群众的伟大奋斗和火热生活，深入宣传基层涌现的先进典型和感人事迹，为促进共同富裕提供良好舆论环境。

5. 促进农民农村共同富裕

要实现共同富裕，全面推进乡村振兴、促进农民农村共同富裕是必不可少的一环，全民要共富，乡村须振兴。

全面实施乡村振兴战略要守住不发生规模性返贫的底线。脱贫地区、脱贫群众虽然已经实现脱贫，但发展基础还较弱，巩固成果防止返贫任务仍然很重。党中央决定，对摆脱贫困的县，从脱贫之日起设立 5 年过渡期，过渡期内保持主要帮扶政策总体稳定，就是要扶上马、送一程，防止出现规模性返贫。健全防止返贫动态监测和帮扶机制，对易返贫致贫人口早发现、早干预、早帮扶。对有劳动能力的，坚持开发式帮扶方针，通过发展产业、促进就业，帮助他们用自己的双手勤劳致富；对没有劳动能力的，做好兜底保障。易地搬迁也要进一步强化后续扶持，确保搬迁群众稳得住、有就业、逐步能致富。同时，对于国家乡村振兴重点帮扶县以及各省确定的重点帮扶县，从财政、金融、基础设施、公共服务等方面给予集中支持，切实巩固脱贫攻坚成果。

乡村振兴，关键在人。乡村全面振兴，既需要善经营的"农创客"、懂技术的"田秀才"，也需要会种田的"土专家"、爱农村的"新农人"。未来，需要让各类人才会聚乡村，为乡村振兴添翼赋能。要想盘活乡村振兴"人才池"，既要切实发挥本土人才建设家园、投身发展的"主力军"作用，抓好家庭农场经营者、农民合作社带头人培育，又要"筑巢引凤"，通过制定人才、财税等优惠政策，营造良好的创业环境，为各类人才搭建干事创业的平台，激励他们在农村广阔天地大展才华、大有作为。要利用当下换届之年契机，选优配强"领头雁"，建强配优村级党组织，同时继续发挥好驻村第一书记和驻村工作队的作用，"里应外合"形成强大合力，为乡村振兴事业蓬勃发展提供人才保障。

产业兴旺是乡村振兴的重要基础，是解决农村一切问题的前提。要把握好城乡发展格局变化机遇，综合当地经济、文化、生态等资源禀赋，充分挖掘和拓展乡村产业新功能、新价值，制定出一条符合实情、具有特色的发展路线，走出乡村振兴的特色之路。要不断强化县域统筹、推进镇域产业聚集、促进镇村联动发展，从而推动城乡要素自由流通，实现科学合理布局，优化乡村产业结构。要发挥好农民的"主人翁"作用，优先发展一批可以惠及全村居民的产业，加快推广"订单收购 +

分红""农民入股＋保底收益＋按股分红"等多种利益联结方式，推动产业发展由"输血式"向"造血式"转变。

征途漫漫，惟有奋斗。共同富裕是中华民族千百年来的梦想和追求，站在"两个一百年"奋斗目标的历史交汇点上，只要按照党中央擘画的现代化蓝图，脚踏实地，久久为功，豪迈前行，就一定能朝着全体人民共同富裕的目标不断迈进。

拓展阅读

建设共同富裕示范区为何选浙江
谭 衷

《中共中央 国务院关于支持浙江高质量发展建设共同富裕示范区的意见》2021年6月10日发布，该意见是党中央把促进全体人民共同富裕摆在更加重要位置作出的重大决策，充分体现了党中央对解决我国发展不平衡不充分问题的坚定决心，为浙江高质量发展促进共同富裕提供强大动力和根本遵循。那么，为什么选择浙江作为示范区？

首先，浙江省情具备开展示范区建设的代表性。浙江面积、人口具有一定规模，有"七山一水二分田"，有2个副省级城市、9个地级市和53个县（市），既有城市也有农村，农村户籍人口占一半。

其次，浙江具备开展示范区建设的基础和优势。一是富裕程度较高。2020年浙江生产总值为6.46万亿元，人均生产总值超过10万元。居民人均可支配收入是全国平均水平的1.63倍。城乡居民收入分别连续20年和36年居全国各省份第一位。二是发展均衡性较好。城乡居民收入倍差为1.96，远低于全国，最高与最低地市居民收入倍差为1.67，所有设区市居民收入都超过全国平均水平。三是改革创新意识较为浓烈。浙江较强的改革和创新意识便于大胆探索和及时总结示范区建设的成功经验和制度模式。

最后，浙江开展示范区建设的空间和潜力较大。浙江在优化支撑共同富裕的经济结构，完善城乡融合、区域协调的体制机制，实现包容性增长的有效路径方面，还有较大探索空间。如何正确处理好稳定扩大就业与技术进步的关系，有效破解用地不足、资源约束等矛盾，形成先富帮后富、建立有效提高低收入群体收入的长效机制，反垄断和防止资本无序扩张，浙江既迫切也有条件进一步探索创新。

支持浙江示范区，有利于通过实践进一步丰富共同富裕思想内涵。建设共同富裕示范区，是贯彻落实习近平新时代中国特色社会主义思想的具体实践，将为党的创新理论特别是共同富裕的思想内涵提供丰富理论素材和生动实践例证。有利于探索破解新时代社会主要矛盾的有效途径。建设共同富裕示范区，有针对性地解决人民群众最关心最直接最现实的利益问题，在高质量发展进程中不断满足人民群众对美好生活的新期待，将为破解新时代社会主要矛盾探索出一条成功路径。有利于为全国推动共同富裕提供省域范例。通过开展示范区建设，及时形成可复制推广的经验做法，能为其他地区分梯次推进、逐步实现全体人民共同富裕作出示范。有利于打造新时代全面展示中国特色社会主义制度优越性的重要窗口。浙江多年来一以贯之践行"八八战略"，持续深化改革开放，在市场经济、现代法治、富民惠民、绿色发展等方面成果显著。通过打造共同富裕区域性示范，将助力推动中国特色社会主义制度优势转化为治理效能、发展优势，形成为全球治理贡献中国智慧的重要窗口。

（资料来源：《半月谈》2021 年第 12 期）

思考题

1. 为什么要推进共同富裕？
2. 中国共产党百年征程中是如何推进共同富裕的？
3. 新阶段，推进共同富裕的路径是什么？

活动与探究

当前，全球收入不平等问题突出，一些国家贫富分化，中产阶层塌陷，导致社会撕裂、政治极化、民粹主义泛滥，教训十分深刻。同时，必须清醒认识到，我国发展不平衡不充分问题仍然突出，城乡区域发展和收入分配差距较大。新一轮科技革命和产业变革有力推动了经济发展，也给就业和收入分配带来深刻影响，包括一些负面影响，需要有效应对和解决。请你为国家如何推进共同富裕献计献策，写一篇 800 字左右的小论文。

参考文献

1. 顾海良：《共同富裕是社会主义的本质要求》，《红旗文稿》2021 年第 20 期。

2. 杨明伟：《百年奋斗史中的摆脱贫困迈向共同富裕》，《红旗文稿》2021 年第 6 期。

3. 赵纪萍：《牢牢把握促进共同富裕的基本原则》，《光明日报》2021 年 10 月 27 日。

4. 陆鹏：《着力提高发展的平衡性协调性包容性》，《学习时报》2021 年 9 月 17 日。

5. 《蔡昉：实现共同富裕必须努力扩大中等收入群体》，《山东经济战略研究》2020 年第 12 期。

6. 姜晓萍：《基本公共服务均等化是实现共同富裕的着力点》，《光明日报》2021 年 10 月 7 日。

7. 黄深思：《促进人民精神生活共同富裕》，宣讲家网，http：//www. 71. cn/2021/1101/1147733. shtml，2021 年 11 月 1 日。

8. 宋阳：《在全面推进乡村振兴中实现共同富裕》，宣讲家网，http：//www. 71. cn/2021/1021/1146621. shtml，2021 年 10 月 21 日。

专题五　让开放的春风温暖世界

 要点提示

1. 历届中国国际进口博览会概述
2. 开放是当代中国的鲜明标识
3. 推动人类走向更加美好的未来

  2021 年 11 月 5～10 日，第四届中国国际进口博览会在上海举行，国家主席习近平以视频方式出席第四届中国国际进口博览会开幕式并发表题为《让开放的春风温暖世界》的主旨演讲。在世界百年变局和世纪疫情交织，单边主义、保护主义抬头，经济全球化遭遇逆流的时代背景下，习近平主席在演讲中深刻分析经济全球化发展大势，总结中国加入世贸组织 20 载取得的成绩，以"三个不会变"诠释了中国与世界共享机遇、互利共赢的胸怀与担当，表明中国扩大开放的坚定决心，用"四个坚定不移"阐明中国扩大开放行动方案，强调逆水行舟，不进则退，呼吁各国共建开放型世界经济，让开放的春风温暖世界！

一　历届中国国际进口博览会概述

  中国国际进口博览会，简称"进口博览会""进博会"等，由中华人民共和国商务部和上海市人民政府主办，中国国际进口博览局、国家会展中心（上海）承办。举办中国国际进口博览会由国家主席习近平亲自谋划、亲自提出、亲自部署、亲自推动，是中国着眼推进新一轮高水平对外开放作出的一项重大决策，是中国主动向世界开放市场的重大举措。前三届进博会的成功举办，让展品变商品、让展商变投资商，交流创意和理念，联通中国和世界，成为国际采购、投资促进、人文交流、开放合作的四大平台，成为全球共享的国际公共产品。

（一）首届中国国际进口博览会

2018 年 11 月 5 日，首届中国国际进口博览会在上海开幕。首届中国国际进口博览会主题口号是"新时代，共享未来"，秉承"一带一路"建设共商、共建、共享的原则和精神，彰显了进口博览会将打造全球包容、开放合作、互惠发展的新型国际公共平台，让世界共享"新时代"中国发展成果，为建设开放型世界经济、推动经济全球化朝着更加开放、包容、普惠、平衡、共赢的方向发展贡献中国力量。

进口博览会的标识由中间的地球、外侧的浅蓝色圆环、进口博览会中英文名称和英文缩写（CIIE）等部分组成。图标中间为地球，寓意进口博览会的广泛性、多样性和包容性，代表我们致力于将进口博览会打造成为世界各国展示国家形象、开展国际贸易的开放型合作平台；地球上的绿色中国，体现了"绿水青山就是金山银山"的绿色发展理念，表示进口博览会紧紧围绕创新、协调、绿色、开放、共享的新理念，着力打造一流绿色展会；图标外侧为浅蓝色圆环，体现了中国海纳百川的自信与豪迈，寓意着与世界各国紧密的团结合作，彰显了我们支持经济全球化的实际行动。图标中进口博览会的英文简称"CIIE"中间两个字母"II"形似一扇打开的大门，寓意进口博览会是世界连通中国之门、国际经贸合作之门、世界人民友谊之门；字体颜色选取中国红，象征中国热情好客，欢迎世界宾朋。

进口博览会的吉祥物主体形象为大熊猫"进宝"。吉祥物围着一条绣着进口博览会标识的蓝黄色围巾。其中，黄色代表"丝绸之路经济带"，蓝色代表"21 世纪海上丝绸之路"，黄蓝色调体现了进口博览会与"一带一路"倡议的紧密联系。吉祥物手中所持的四叶草，既代表了进口博览会的举办地国家会展中心（上海）主体建筑的造型，又具有幸福幸运的象征意义。吉祥物取名为"进宝"，既有"进口博览会之宝"的含义，也是"进博"的谐音，还暗含着"招财进宝"的吉祥寓意。

国家主席习近平出席开幕式并发表题为《共建创新包容的开放型世界经济》的主旨演讲，指出，回顾历史，开放合作是增强国际经贸活力的重要动力；立足当今，开放合作是推动世界经济稳定复苏的现实要求；放眼未来，开放合作是促进人类社会不断进步的时代要求。各国都应该积极推动开放合作，实现共同发展，开创人类更加美好的未来。中国推动更高水平开放的脚步不会停滞，推动建设开放型世界经济的脚步不会停滞，推动构建人类命运共同体的脚步不会停滞。面对世界经济格局的深刻变化，为了共同建设一个更加美好的世界，各国都应该拿出更大勇气，积极推动开放合作，实现共同发展。应该坚持开放融通，拓展互利合作空间；坚持创新引领，加快新旧动能转换；坚持包容普惠，推动各国共同发展。[1] 首届进博会不是一般性的会展。具体体现在：一是主题不一般，中国国际进口博览会是世界上第一个以进口为主题的国家级展会，是国际贸易发展史上的一大创举。二是内容不一般，集外交、展览、论坛于一体，既洽谈合作又交流思想，既能得实惠又能观未来，经济合作和人文交流相互配合、相得益彰。三是形式不一般，坚持开放合作办展，世贸组织、联合国贸发会议、联合国工发组织等国际组织担任合作单位，参展方与中国一道共同打造开放多元的博览会。四是作用不一般，服务经济社会发展全局，服务对外开放战略，服务"一带一路"建设。既让世界分享中国庞大市场机遇，也为各国相互合作搭建公共平台，为经济全球化提供了一个国际公共产品。

首届中国国际进口博览会亮点纷呈，充分利用科技手段，见识酷炫新特技术，各国展馆特色鲜明，创新产品大受青睐，共吸引了 172 个国家、地区和国际组织参会，3600 多家企业参展，超过 40 万名境内外采购商到会洽谈采购，展览总面积达 30 万平方米。截至 2018 年 11 月 10 日中午 12 时，累计进场人数达 80 万人。交易采购成果丰硕，按一年计，累计意向成交 578.3 亿美元。在 578.3 亿美元意向成交额中，智能及高端装备展区成交额最高，为 164.6 亿美元；其次是食品及农产品展区，成交 126.8 亿美元；汽车展区成交 119.9 亿美元；医疗器械及医药保健展区成交 57.6 亿美元；消费电子及家电展区成交 43.3 亿美元；服装服饰及日用消费品展区成交 33.7 亿美元；服务贸易展区成交 32.4 亿美元。此外，与"一带一路"沿线国家累计意向成交 47.2 亿美元。[2]

（二）第二届中国国际进口博览会

第二届中国国际进口博览会于 2019 年 11 月 5～10 日举办。6 天的展期中，论坛会议思想汇聚，展览交易务实高效，配套活动丰富多彩，服务保障专业便捷，整个展会精彩纷呈，盛况空前，呈现突出特点：一是展会规格高，国内外影响广泛；二是论坛内容丰富，创新引领作用增强；三是现场服务质量更优，全方位提升参展参会体验。

国家主席习近平出席开幕式并发表题为《开放合作 命运与共》的主旨演讲，强调各国要以更加开放的心态和举措，共建开放合作、开放创新、开放共享的世界经济，重申中国开放的大门只会越开越大，中国坚持以开放促改革、促发展、促创

---

[1] 习近平：《共建创新包容的开放型世界经济——在首届中国国际进口博览会开幕式上的主旨演讲》，人民出版社，2018。

[2] 《578.3 亿美元！首届进博会交易采购成果丰硕》，中国新闻网，https://www.chinanews.com.cn/cj/2018/11-11/8674037.shtml，2018 年 11 月 11 日。

新，持续推进更高水平的对外开放，为推动经济全球化向前发展注入强大信心和澎湃动力。在第二届中国国际进口博览会上，习近平主席提出推动建设开放型世界经济的三点倡议：共建开放合作、开放创新、开放共享的世界经济，以及未来持续推进更高水平对外开放的五大举措——继续扩大市场开放，继续完善开放格局，继续优化营商环境，继续深化多双边合作，继续推进共建"一带一路"，明确指出，面向未来，中国将坚持新发展理念，继续实施创新驱动发展战略，着力培育和壮大新动能，不断推动转方式、调结构、增动力，推动经济高质量发展，为世界经济增长带来新的更多机遇①，展现了中国持续推进更高水平对外开放的决心与担当。

第二届进博会国家展参展国分布广泛，各国展台特色鲜明，活动丰富多彩，促进了各国间的沟通交流，中国馆彰显中国特色，以新中国成立70周年为主题，展示中国新发展理念和高质量发展成就。此届进博会延续"新时代，共享未来"的主题，共有181个国家、地区和国际组织参会，3800多家企业参展，超过50万名境内外专业采购商到会洽谈采购，展览面积达36万平方米。截至2019年11月10日中午12时，累计进场超过91万人次。第二届进博会交易采购成果丰硕，按一年计，累计意向成交711.3亿美元，比首届增长23%。不仅签约额创新高，采购商的"购物车"里还出现了航空发动机、第四代达芬奇机器人、自动装备等一大批高精尖产品，科技装备和服务业采购明显提升。经贸合作成果丰硕，与首届相比，企业商业展规模、质量、布展水平均实现了新突破。据初步统计，全球或中国大陆首发新产品、新技术或服务391件，高于首届。与此同时，第二届进博会期间，共举办380多场配套活动。② 进博会正逐步成为各行业新产品、新技术发布和交易采购的首选平台。

（三）第三届中国国际进口博览会

2020年11月4日，第三届中国国际进口博览会开幕式在上海举行。受新冠肺炎疫情影响，世界经济陷入衰退，经济全球化遭遇逆流，国际贸易和投资大幅萎缩，许多国际合作项目按下了"暂停键"，世界比任何时候都需要跨越阻隔、增进沟通和深化合作。在此情形下，第三届中国国际进口博览会召开，全力搭建国际采购、投资促进、人文交流、开放合作"四大平台"并发挥其作用，为全球经济复苏注入活力。第三届进博会呈现五大亮点：一是"首发首展"新品达400多项；二是首次

---

① 习近平：《开放合作 命运与共——在第二届中国国际进口博览会开幕式上的主旨演讲》，人民出版社，2019。

② 《711.3亿美元！第二届进博会经贸合作成果丰硕》，中国日报网，http://language.chinadaily.com.cn/a/201911/11/WS5dc8d452a310cf3e35576977.html，2019年11月11日。

设置公共卫生防疫专区；三是"数智化"生产生活奔涌而来；四是展品变商品，展商变投资商；五是联通国内外市场，助力"双循环"发展。

国家主席习近平以视频方式发表主旨演讲，回顾进博会走过的不平凡历程，着眼应对挑战、共克时艰，提出推进合作的中国倡议，宣示扩大开放的中国举措，体现了中国同世界分享市场机遇、推动世界经济复苏的真诚愿望，为世界经济复苏和发展注入强大正能量。突如其来的疫情，考验应对挑战的智慧与担当。面对世界经济何去何从的时代之问，习近平主席强调，共同应对风险挑战，共同加强合作沟通，共同扩大对外开放。新冠肺炎疫情使世界经济不稳定不确定因素增多，但中国扩大开放的步伐仍在加快，各国走向开放、走向合作的大势没有改变，鲜明提出三个"共同开放"的重大主张——推进合作共赢的共同开放，推进合作共担的共同开放，推进合作共治的共同开放。这是应对疫情影响的现实要求，也是实现长远发展的必由之路。中国将秉持开放、合作、团结、共赢的信念，坚定不移全面扩大开放，更有效率地实现内外市场联通、要素资源共享，让中国市场成为世界的市场、共享的市场、大家的市场，推动世界经济复苏。① 除了开放合作的态度和立场始终未变，中国行动也坚定有力。建设开放新高地，促进外贸创新发展，持续优化营商环境，深化双边、多边、区域合作这四方面举措，也正是前两届演讲中都坚定强调的。习近平主席的主旨演讲在关键时刻展现了一个负责任大国的历史担当，也为全球经济复苏注入了强大的信心。

第三届中国国际进口博览会是疫情防控常态化条件下中国举办的一场规模最大、参展国别最多、线上线下结合的国际经贸盛会。展会总展览面积近 36 万平方米，比上届扩大近 3 万平方米，近 40 万名专业观众注册报名，累计进场近 61.2 万人次。在全球新冠肺炎疫情仍在持续蔓延的背景下，第三届进博会各方合作意向热度不减，按一年计，累计意向成交 726.2 亿美元，比上届增长 2.1%。成绩令人振奋，数字彰显信心，三年经贸合作"成绩单"步步高升，实现"越办越好"。此届进博会展示新产品、新技术、新服务 411 项，世界 500 强及行业龙头企业连续参展比例近 80%。在各大展区中，食品及农产品展区参展企业数量最多，有 1264 家企业参展；消费品展区展览面积超 9 万平方米，为面积最大的展区；医疗器械及医药保健展区新产品新技术首发数量最多，总数超过 120 件。② 首次设立的公共卫生防疫专区集约化展示国际先进公共卫生防疫产品、技术和服务，面积多次扩容。

---

① 习近平：《在第三届中国国际进口博览会开幕式上的主旨演讲》，人民出版社，2020。
② 《726.2 亿美元！第三届进博会经贸合作成果再创新高》，中国国际进口博览会官网，https://www.cie.org/zbh/bqxwbd/20201111/24603.html，2020 年 11 月 11 日。

三届进博会，每一届进博会开幕式上，习近平主席发表的格局宏大、意义深远的主旨演讲均呈现"变"与"不变"的深远意蕴。

首先，可喜的"变"——进博会"成绩单"更加亮眼。经过三年发展，进博会正成为更加广阔的对外开放平台，也正成为世界观察中国开放更加清晰的窗口，越来越受到来自世界的"好评"。同时，进博会让展品变商品、让展商变投资商，交流创意和理念，联通中国和世界，成为全球共享的国际公共产品。这是中国不断扩大开放所带来的可喜变化。

其次，世界之"变"——特殊时期的新挑战和新机遇。当今世界正在经历百年未有之大变局。突如其来的新冠肺炎疫情给各国带来严重冲击，也给世界经济带来重创，为这个大变局增添了更多不稳定不确定因素。同时，中国也进入新发展阶段，并将构建以国内大循环为主体、国内国际双循环相互促进的新发展格局。变化的国际、国内形势决定了进博会既面临新的挑战，也面临新的机遇。

最后，"不变"的是初心——中国始终如一扩大开放、推进合作。"开放""合作"这两个关键词贯穿了习近平主席三届进博会的主旨演讲。无论世界局势如何纷繁复杂，中国始终如一地保持着"乱云飞渡仍从容"的战略定力，始终如一地扩大开放、推进合作。此外，从首届进博会开始，不断推进的开放合作具体举措，也展示了中国同世界分享市场机遇、推动世界经济发展的不变初心。

二 开放是当代中国的鲜明标识

（一）第四届中国国际进口博览会

2021年11月5~10日，第四届中国国际进口博览会在上海举行。在疫情笼罩、经济全球化逆流中，2021年的进博会再次成为中国坚定不移维护真正的多边主义、坚定不移同世界共享市场机遇、坚定不移推动高水平开放、坚定不移维护世界共同利益的集中诠释，为与各国共建开放型世界经济汇聚起融融暖意与澎湃伟力。

首先，第四届进博会成果丰硕。按一年计，本届进博会累计意向成交707.2亿美元。受疫情等因素影响，比上届略降2.6%。国家展运用虚拟现实、三维建模等新技术手段首次在线上举办，吸引了大量海内外网友关注、互动，经初步统计，累计访问量超过5800万次，为促进各国交往、开创线上国家展示新模式作出有益尝试。同时，第四届进博会"朋友圈"进一步扩大，企业商业展共有来自127个国家和地区的2900多家企业参展，展览面积达到36.6万平方米，再创历史新高，展示新产品、新技术、新服务422项。其中，世界500强及行业龙头企业数量达281家，其中近 40 家为首次亮相的"新朋友"，更有 120 多家是连续四届参展的"老朋友"①，中外企业合作更加顺畅。同时，面对严峻复杂的疫情形势，本届进博会城市服务保障实现了安全有序、快捷便利、温馨周到的目标，疫情防控实现零感染、零发生、零事故。

其次，第四届进博会亮点应接不暇，合作共赢浪潮涌动。第一，多个新产品首发首展，多项新产品、新技术、新服务亮相。新品发布专区，小到红啤梨、清炸油，大到重型卡车、节能液压站，60 多家参展企业集中发布 100 多件新产品、前沿技术及创新服务，超过一半的产品为全球首发，不少产品甚至专为中国市场定制化生产。第二，顶级企业"回头客"多。世界 500 强和行业龙头企业参展回头率超 80%，数量超过上届。② 全球三大拍卖行、三大时尚高端消费品集团、四大粮商、十大汽车集团、十大工业电气企业、十大医疗器械企业、十大化妆品企业等悉数参展。第三，特色产品令人瞩目。企业展中不发达国家的参展商，将当地独具特色的棉花、咖啡等产品带到中国，借助进博会走向全球市场。同时，展会期间，配套活动丰富，举办政策解读、对接签约、投资促进等配套现场活动，充分发挥促进展会成交、双向投资、产业合作等积极作用。

值得注意的是，本届进博会企业展六大展区同样精彩纷呈。其中，食品及农产品展区参展企业国别更多，多家企业带来的全球美食，让消费者体验到"舌尖上的进博会"；汽车展区汇集了全球十大汽车集团，全面展示世界汽车工业的最新发展成果和未来愿景；技术装备展区设置集成电路、数字工业、能源低碳及环保技术等专区，专区总面积超过 3 万平方米；消费品展区展览面积超过 9 万平方米，是面积最大的展区，全球十大化妆品品牌、世界三大时尚高端消费品巨头首次集体亮相，体育用品及赛事专区突出展示冰雪元素；医疗器械及医药保健展区首发新产品、新技术数量达 135 项，继续位居六大展区之首；服务贸易展区聚焦数字化应用推广，为服贸产业打造新场景、创造新业态，全新亮相的文化旅游板块引起广泛关注。进博会人文交流亮点多，共展示非遗项目 261 项，其中世界级 7 项、国家级 142 项。104 个"中华老字号"品牌亮相。③

最后，第四届进博会洽谈签约效果好。大型贸易投资对接会专业性突出，围绕五大投资推介主题，聚焦六大产业领域，开设"一带一路"等专区，完善线上洽谈

---

① 《第四届进博会累计意向成交 707.2 亿美元》，新华网，http://www.news.cn/world/2021 – 11/10/c_1128052026. htm，2021 年 11 月 10 日。

② 《进博会效应持续释放"双循环"加速惠及全球》，人民网，http://finance.people.com.cn/n1/2021/1110/c1004 –32278929. html，2021 年 11 月 10 日。

③ 《第四届进博会闭幕 丰硕成果彰显中国经济引力》，《经济参考报》2011 年 11 月 11 日。

服务，强化交易撮合对接，助推"展商变投资商"。线上线下共有来自 55 个国家的 640 家展商、766 家采购商参会，达成合作意向 273 项。同时举办 17 场投资推介会和 80 场集中签约活动。① 从展品种类来看，进博会已成为全球高精特新产品"大秀场"。数字化手术平台、新能源汽车地面智能充电系统等一大批"黑科技"集中首秀，法国美食、塞尔维亚啤酒、秘鲁羊驼毛玩具等各种消费品同台竞技……展品变成爆款商品，开放、共享、凝聚共识，此届进博会签约成交额屡创新高，助力贸易采购精准对接，各方合作意向强烈、交易成果丰硕。

（二）乘开放春风，创美好明天

第四届中国国际进口博览会的举办，恰逢一个特殊时间节点：20 年前的 11 月 10 日，在卡塔尔首都多哈，世界贸易组织（WTO）第四届部长级会议通过了中国加入 WTO 的决定。自此，中国对外开放开启了崭新篇章。2021 年，是"十四五"开局之年，也是中国加入世贸组织 20 周年。11 月 4 日，习近平主席以视频方式出席第四届中国国际进口博览会开幕式，并发表题为《让开放的春风温暖世界》的主旨演讲。习近平主席总结中国加入世界贸易组织 20 年来取得的成绩，强调加入世界贸易组织以来，中国不断扩大开放，充分展现了开放自信的大国气度，充分彰显了计利天下的大国担当。

1．"开放"，当代中国的鲜明标识

开放的中国，把握机遇、迎接挑战。一方面，加入世界贸易组织，是中国对外开放和世界经济全球化进程中具有里程碑意义的大事。2001 年 11 月 10 日，在卡塔尔多哈举行的世界贸易组织第四届部长级会议通过了中国加入世界贸易组织的法律文件，中国成为世界贸易组织新成员。20 年来，中国全面履行入世承诺，中国关税总水平由 15.3% 降至 7.4%，低于 9.8% 的入世承诺；中国中央政府清理法律法规 2300 多件，地方政府清理 19 万多件，激发了市场和社会活力。② 另一方面，中国不断扩大开放，激活了中国发展的澎湃春潮。改革开放以来，我们统筹国内国际两个大局，坚持对外开放的基本国策，实行积极主动的开放政策，形成全方位、多层次、宽领域的全面开放新格局，为经济建设和发展创造了良好国际环境、开拓了广阔发展空间。改革开放创造了世界罕见的经济快速发展奇迹和社会长期稳定奇迹。中国

---

① 《第四届进博会即将闭幕，展期带来了这些亮点！》，中国国际进口博览会官网，https://www.ciie.org/zbh/bqgffb/20211110/30630.html，2021 年 11 月 10 日。

② 习近平：《让开放的春风温暖世界——在第四届中国国际进口博览会开幕式上的主旨演讲》，人民出版社，2021，第 2～3 页。

已经成为世界第二大经济体、第一大工业国、第一大货物贸易国、第一大外汇储备国。中国人民生活从短缺走向富裕，从贫困走向全面小康。中国对外开放实践证明，开放带来进步，开放激发活力，开放促进发展。中国加入世界贸易组织的 20 年中，经济总量从世界第六位上升到第二位，货物贸易从世界第六位上升到第一位，服务贸易从世界第十一位上升到第二位，利用外资稳居发展中国家首位，对外直接投资从世界第二十六位上升到第一位。这些成就表明，开放推动了中国的发展，同时激活并拉动了世界经济的发展。正如习近平主席在主旨演讲中强调的，加入世界贸易组织 20 年来中国的发展进步，是中国人民在中国共产党坚强领导下埋头苦干、顽强奋斗取得的，也是中国主动加强国际合作、践行互利共赢的结果。

开放的中国，主动担责、造福世界。中国的发展离不开世界，世界的繁荣也需要中国。中国在对外开放中展现大国担当，从引进来到走出去，从加入世界贸易组织到共建"一带一路"，为应对亚洲金融危机和国际金融危机作出重大贡献，成为世界经济增长的主要稳定器和动力源，有力促进了人类和平与发展的崇高事业。特别是新冠肺炎疫情发生以来，中国向国际社会提供了约 3500 亿只口罩、超过 40 亿件防护服、超过 60 亿人份检测试剂、超过 16 亿剂疫苗，积极推动国际抗疫合作，支持向发展中国家豁免疫苗知识产权，用实际行动践行承诺、展现担当。① 面对世界经济不稳定性不确定性明显增强，单边主义、保护主义蔓延，中国始终站在历史正确的一边，对外开放非但没有止步，还推出了一系列扩大开放的政策措施，包括全面实施外商投资法及其实施条例、进一步缩减外商投资准入负面清单、稳步推动金融市场准入、深化服务贸易创新发展试点等，为推动世界经济实现更高质量、更有韧性的发展注入强大正能量。

开放是发展进步的必由之路。要在更加开放的条件下实现更高质量的发展。中国正在加快形成以国内大循环为主体、国内国际双循环相互促进的新发展格局，这不仅是中国自身发展需要，还将更好造福各国人民。在新发展格局下，中国市场潜力将充分被激发，开放的大门将进一步敞开，对外合作将不断深化。面向未来，中国开放的大门只会越开越大，永远不会关上。在开放中扩大共同利益，在合作中实现机遇共享，中国将始终是全球共同开放的重要推动者、世界经济增长的稳定动力源、各国拓展商机的活力大市场、全球治理改革的积极贡献者。

2."不会变"，让开放的春风温暖世界

世界百年变局和世纪疫情交织，世界进入动荡变革期，不稳定性不确定性显著

---

① 习近平：《让开放的春风温暖世界——在第四届中国国际进口博览会开幕式上的主旨演讲》，人民出版社，2021，第 3 页。

上升。人类社会面临的治理赤字、信任赤字、发展赤字、和平赤字有增无减，实现普遍安全、促进共同发展依然任重道远。世界又站在历史的十字路口。在此时代背景下，习近平强调，逆水行舟，不进则退。一个国家、一个民族要振兴，就必须在历史前进的逻辑中前进、在时代发展的潮流中发展。面对挑战，中国扩大高水平开放的决心不会变，同世界分享发展机遇的决心不会变，推动经济全球化朝着更加开放、包容、普惠、平衡、共赢方向发展的决心不会变。三个"不会变"，为充满不确定性的世界注入确定性，诠释了中国与世界共享机遇、互利共赢的胸怀与担当，宣示了坚定不移扩大开放的"中国决心"。

首先，中国扩大高水平开放的决心不会变。四届进博会，"开放"是一以贯之的关键词。在 2018 年首届进博会上，习近平主席宣布了中国扩大对外开放的五方面举措——激发进口潜力、持续放宽市场准入、营造国际一流营商环境、打造对外开放新高地、推动多边和双边合作深入发展。同时对上海提出了三点开放要求——增设中国上海自由贸易试验区的新片区、在上海证券交易所设立科创板并试点注册制、支持长江三角洲区域一体化发展并将其上升为国家战略。在第二届进博会开幕式上，习近平主席提出了继续扩大市场开放、继续完善开放格局、继续优化营商环境、继续深化多双边合作、继续推进共建"一带一路"五方面持续推进更高水平对外开放的举措。在第三届进博会上，习近平主席提出了建设开放新高地，促进外贸创新发展，持续优化营商环境，深化双边、多边、区域合作四方面的开放举措。迄今为止，这些开放措施都稳步推进、落地生根，成为中国高水平开放的生动注脚。现今，大力发展更高层次的开放型经济，推动形成全面开放新格局，更加主动开放，是当代中国对外开放的鲜明姿态。尤其是第三届进博会以来，海南自由贸易港跨境服务贸易负面清单已经出台，自由贸易试验区改革创新不断推进，外资准入持续放宽，营商环境继续改善，《中欧投资协定》谈判业已完成，《区域全面经济伙伴关系协定》国内核准率先完成。这些充分说明，作为中国对外开放的重要平台，进博会已经成为外界观察中国开放的一扇窗口。

其次，中国同世界分享发展机遇的决心不会变。改革开放以来，尤其是中国加入世界贸易组织以来，中国经济与世界经济和国际体系深度连接。中国市场也已经成为世界的市场、共享的市场、共赢的市场。进博会提供了共享中国发展机遇的快车道，中国乐于其他国家搭乘快速发展的中国列车，分享中国发展红利。进博会客商云集就是最好的例证。通过进博会这一独特的国际公共产品的持续有效供给，让我们看到，中国与世界各国一道在共享中国发展机遇的同时共谋发展、互惠互利、实现共赢的更多机会。

最后，中国推动经济全球化朝着更加开放、包容、普惠、平衡、共赢方向发展的决心不会变。当前，世界百年变局和世纪疫情交织，单边主义、保护主义抬头，经济全球化遭遇逆流。但是，经济全球化仍是不可逆转的时代潮流，合作共赢是唯一正道。马克思主义政治经济学认为，人类最终要从民族历史走向世界历史。从历史大视野看，人类的生产活动本质上是基于社会分工和交换实现的社会交往活动。随着社会交往的深化与拓展，各民族国家之间将实现从封闭到开放、从分散到合作、从落后到富强的历史性转变，民族的闭关自守将会被各民族的相互联系与相互依赖所代替，推动人类社会进入经济全球化时代。经济全球化的发展让各民族国家的利益相互交融、唇齿相依，日益成为一个命运共同体，追求繁荣发展与幸福是人类共同愿景。尽管会出现一些回头浪，尽管会遇到很多险滩暗礁，但大江大河奔腾向前的势头是谁也阻挡不了的。我们要坚持"拉手"而不是"松手"，坚持"拆墙"而不是"筑墙"，共同维护以《联合国宪章》宗旨和原则为基础的国际秩序，坚持多边贸易体制的核心价值和基本原则，促进贸易和投资自由化便利化，完善全球经济治理规则，推动建设开放型世界经济。

3. "坚定不移"，阐明中国扩大开放行动方案

举办国际进口博览会，是中国扩大高水平开放、同世界分享发展机遇的实招之一。言必信、行必果。在第四届进博会上，习近平主席提出四个"坚定不移"的中国举措：第一，中国将坚定不移维护真正的多边主义；第二，中国将坚定不移同世界共享市场机遇；第三，中国将坚定不移推动高水平开放；第四，中国将坚定不移维护世界共同利益。四个"坚定不移"彰显了中国重信守诺、进一步扩大高水平开放、为开创美好未来凝聚合力的坚定决心，体现了中国作为世界和平建设者、全球发展贡献者、国际秩序维护者、公共产品提供者，将始终站在历史正确的一边，站在人类进步的一边，继续以中国的新发展为世界提供新机遇，推动构建人类命运共同体的责任与担当，宣示了中国顺应经济全球化大势，携手世界各国推动人类走向更美好未来的信心和行动。

大道至简，实干为要。习近平主席在主旨演讲中宣布了一系列务实举措。中国支持世界贸易组织改革朝着正确方向发展，支持多边贸易体制包容性发展，支持发展中成员合法权益，将以积极开放态度参与数字经济、贸易和环境、产业补贴、国有企业等议题谈判，维护多边贸易体制国际规则制定的主渠道地位，维护全球产业链、供应链稳定；中国将更加注重扩大进口，促进贸易平衡发展，增设进口贸易促进创新示范区，优化跨境电商零售进口商品清单，推进边民互市贸易进口商品落地加工，增加自周边国家进口，推进内外贸一体化，加快建设国际消费中心城市，发

展"丝路电商"，构建现代物流体系，提升跨境物流能力；中国将进一步缩减外资准入负面清单，有序扩大电信、医疗等服务业领域开放，修订扩大《鼓励外商投资产业目录》，出台自由贸易试验区跨境服务贸易负面清单，深度参与绿色低碳、数字经济等国际合作，积极推进加入《全面与进步跨太平洋伙伴关系协定》《数字经济伙伴关系协定》；中国将积极参与联合国、世界贸易组织、二十国集团、亚太经合组织、上海合作组织等机制合作，推动加强贸易和投资、数字经济、绿色低碳等领域议题探讨，支持疫苗等关键医疗物资在全球范围内公平分配和贸易畅通，推动高质量共建"一带一路"，积极参与应对气候变化、维护全球粮食安全和能源安全，在南南合作框架内继续向其他发展中国家提供更多援助。[①] 稳步推进这些举措落地见效，必将为各国带来更多新机遇，为世界经济注入更多新动能，推动世界经济实现更高质量、更有韧性的发展。

拥抱世界，才能拥抱明天；携手共进，才能行稳致远。对外开放是中国的基本国策，任何时候都不会动摇，追求幸福生活是各国人民共同愿望，各国一起发展才是真发展，包容普惠、互利共赢才是越走越宽的人间正道。从"三个不会变"的铿锵有力，到"四个坚定不移"的笃定自信，来自第四届进博会的中国强音，为步履蹒跚的世界经济带来了温暖和希望，让各国人民共享经济全球化和世界经济增长成果。

三　推动人类走向更加美好的未来

当今世界正处于百年未有之大变局，全球政治经济进入大发展大变革大调整的新阶段。作为新时代中国构建开放型经济体制的重要战略选择，中国国际进口博览会在此背景下应运而生。一方面，进入新时代的中国有必要通过进一步向世界开放市场，宣示中国在改革开放的基础上进一步扩大开放的决心；另一方面，也是以实际行动向世界宣示中国坚定地维护多边主义和自由贸易的信心，彰显中国在世界格局发生深度变化的战略机遇期下应有的战略定力。而进博会的成功举办将为中国形成更高水平对外开放新格局，引领更高质量发展提供更加积极有利的新环境、新支撑和新动力，也必然会为世界各国共同发展，特别是为新兴市场国家创新转型发展提供新平台、新契机，还可以为推动建设开放型世界经济、推动经济全球化深入发展、构建新一轮国际投资贸易规则、完善全球经济治理体系提供中国方案，贡献中

---

① 习近平：《让开放的春风温暖世界——在第四届中国国际进口博览会开幕式上的主旨演讲》，人民出版社，2021，第6页。

国智慧。在第四届中国国际进口博览会开幕式上，习近平主席在主旨演讲中铿锵有力地向全世界再次呼吁：我们要把握经济全球化发展大势，支持世界各国扩大开放，反对单边主义、保护主义，推动人类走向更加美好的未来。① 新冠肺炎疫情阴霾未散，世界经济复苏前路坎坷，习近平主席的讲话为全球经贸合作以及疫后世界经济复苏注入了强劲的信心，是守望相助、休戚与共的命运共同体精神的最好诠释，为推动人类走向更加美好的未来注入强大动力。

（一）中国国际进口博览会意义重大

1. 战略意义

中国国际进口博览会的举办是国际贸易发展史上一大创举，有利于扩大进口、促进对外贸易平衡发展，有利于改善供给结构、引导国内企业走创新驱动发展之路，有利于帮助发展中国家参与经济全球化、推动开放型世界经济发展，具有重要的战略意义。

首先，国家方面。中国国际进口博览会是继"一带一路"倡议、亚投行之后，国际合作的又一个重要支撑，是世界各国展示国家发展成就、开展国际贸易的开放型合作平台，是推进"一带一路"建设、推动经济全球化的国际公共产品，是践行新发展理念、推动新一轮高水平对外开放的标志性工程。

其次，经济发展方面。中国已经进入高质量发展阶段，高质量发展的主要内涵，就是从总量扩张向结构优化转变，从"有没有"向"好不好"转变。主动扩大进口，是经济转向高质量发展的客观需要，有助于满足居民不断增长的高品质消费需求。扩大进口的重点领域是我国处于相对弱势的核心技术和关键设备、优质居民消费品、国内短缺的油气能源及战略矿产资源、土地密集型农产品。同时，引入国际竞争，在一定程度上能够促进国内产业结构转型升级。国际进口博览会的举办，表明中国主动开放市场的决心，彰显了中国进一步扩大开放、促进全球贸易、合作发展的信念。

最后，国际合作方面。中国国际进口博览会是开放型的合作平台，是国际公共产品，充分反映出世界贸易各参与方的利益诉求，将助推经济全球化朝着更加开放、包容、普惠、平衡、共赢的方向发展。进博会不仅提供货物和服务交易，也承载国家形象的展示、全球性重大问题探讨等多重功能，是一个国际合作的综合性载体平台。博会的国家展、企业展、论坛三大支柱，相互补充，相互呼应，互相促进。同

---

① 习近平：《让开放的春风温暖世界——在第四届中国国际进口博览会开幕式上的主旨演讲》，人民出版社，2021，第2页。

时，进博会也是我国推动构建人类命运共同体的中国方案的具体体现。中国通过扩大进口，在为发展中国家提供实实在在的出口市场、发展机会和就业机会的同时，将帮助广大发展中国家参与并融入全球化进程，帮助它们参与全球价值链，加强利益融合，共同为构建人类命运共同体作出重要贡献。此外，在个别国家贸易保护主义抬头的背景下，国际贸易中心、联合国工业发展组织和世界贸易组织等国际组织的参与，中国坚持推动贸易自由化的举措，对于国际贸易的稳定和发展也具有重要意义。①

2. 现实意义

中国国际进口博览会是一场以国家为东道主的重大展会，是国家行为，是国际事件。举办进博会是中国政府坚定支持贸易自由化和经济全球化，主动向世界开放市场的重大举措。从取得的成果来看，进博会更有效率地实现了国内外市场联通、要素资源共享，让中国市场成为世界的市场、共享的市场、大家的市场，促进了世界各国合作，提升全球贸易和经济的增长，推动建设开放型世界经济。

第一，推进全球化的发展，为世界经济复苏注入信心和动力。进博会的举办高举全球化的大旗，坚持贸易自由化、投资便利化的国际公认经济贸易原则。进博会坚持注重三个结合，一是进博会以进口为主，但同样可以带动出口；二是进博会以货物贸易为主，但同样应该带动技术贸易和服务贸易的交易；三是进博会不仅是贸易相关的交易，也同样可以成为促进投资发展的平台。这体现了中国支持多边贸易体制、推动发展自由贸易的一贯立场，是中国推动建设开放型世界经济、支持经济全球化的实际行动。同时，进博会不是中国的"独角戏"，而是全球的"大合唱"。中国秉持开放、合作、团结、共赢的信念，坚定不移全面扩大开放，让中国市场成为世界的市场、共享的市场，为国际社会注入更多正能量。在全球遭受疫情严重冲击的背景下，第四届进博会的丰硕成果彰显中国经济引力，中国仍是全球最具潜力的大市场，这对世界经济、各国企业而言是巨大的机遇。

第二，有力地推动了五个发展战略和一个倡议。进博会不仅是上海的，也是国家的，更是世界的，因而，要主动服务于国家重大发展战略和国际倡议。进博会的举办极大推动了自贸区战略的发展，有力推动了京津冀协同发展战略、长江经济带发展战略尤其是长江三角洲一体化高质量发展战略、粤港澳大湾区战略、黄河流域生态保护和高质量发展战略以及"一带一路"倡议。中国与"一带一路"国家形成利益共同体、命运共同体、责任共同体需要一个载体，需要一个平台进行对接。进

---

① 何树全：《中国国际进口博览会的战略意义》，光明网，https://guancha.gmw.cn/2018－11/08/content _31930150. htm，2018 年 11 月 8 日。

博会就是这样的平台。中国的发展需要全球资源的优化配置，而进博会为配置资源创造条件。与此同时，"一带一路"国家需要通过进博会为它们提供更多机会。自首届进博会举办以来，"一带一路"国家的参展热情有增无减。进博会增加参与共建"一带一路"国家对我国的出口产品，改善这些国家与我国的贸易状况，将从一定程度上增强这些国家对进一步推进共建"一带一路"走深走实的信心和积极性。

第三，全力推动国家的高质量发展。进博会有着崇高追求，从经济发展而言，是高质量发展；从人民生活而言，是高品质生活。进博会作为供给侧结构性改革的重要推动力，始终将解放生产力、提升竞争力作为抓手，这也是高质量发展的核心所在。进博会投射出中国经济从高速增长到高质量发展的发展逻辑。进博会有利于在巩固已有成果、增强供给侧和需求侧两端共同发力的基础上，为提升全要素劳动生产率、畅通国内大循环作出新的努力，为推动高质量发展提供新的动力。

进博会的主要作用之一，在于借助会展服务的全局性先导性，发挥国家级平台的战略作用，逐一解决相关问题，扩大进口、促进消费，树立消费信心，为发展集聚新动能。一是引领消费本土化。进博会采购商背后，是中国庞大的消费人群和购买能力。通过扩大进口，让消费者在家门口就可以享受世界一流的商品和服务，不但降低了消费成本，而且发展了消费能力。二是引领供给侧改革。把世界一流品牌引入国内市场，对我们的企业将形成严峻挑战。企业面对生存危机，不得不直面竞争，以创新研发实现品牌突破。与此同时，进博会带来大幅度、多轮次减税降费利好，实实在在为企业让利，促使广大企业以创新谋突破，走向世界一流，满足中国市场的需要。三是引领消费升级。把世界一流的商品和服务引入国内市场，创造条件就近消费、便利消费、舒心消费，将打开消费眼界、转变消费偏好、培养消费习惯，促成传统消费实现转型升级。四是引领平衡发展。通过扩大进口市场，逐步解决进出口、引投资、内外贸平衡，乃至区域发展、各国发展的平衡问题，在开放型世界经济的构建过程中，不断形成特色优势，实现高质量发展，形成规则制度型开放和商品服务型开放齐头并进的新开放格局。在此过程中，中国将逐步成长为世界市场的价格发现者、标准制定者、规则维护者和制度设计的参与者。① 总之，进博会举办以来，在服务人民美好生活、推动供给侧结构性改革的同时，也在逐步培育中国消费市场，活跃国际贸易，积极应对逆全球化挑战，不但为自由贸易、多边体制和全球化作出了重大贡献，而且为实施扩大内需战略、推进供给侧改革、加快形成新发展格局提供了有力支撑。

---

① 《进博会溢出效应不断显现 对话上海会展研究院执行院长、上海大学教授张敏》，中央纪委国家监委网站，https://www.ccdi.gov.cn/yaowen/202111/t20211116_254473.html，2021年11月16日。

第四，进博会四大平台溢出效应愈发外溢，为共建开放型世界经济与人类命运共同体汇聚起磅礴之力。国际采购方面，"买全球、惠全球"，让世界共享中国大市场。从高端装备、机械设备到进口汽车，交易团们的"购物车"装得满满当当。"买买买"的背后，是助创新、促转型、拓市场、优供给、谋合作的深层次成果。中国人口超过14亿，是全球最具潜力的大市场，这必将为世界创造更多需求，带来更多机遇。同时，通过进博会把全球顶尖产品、服务和价值引进中国，也有利于促进国内消费结构升级转型。投资促进方面，参展商变投资商，进博会让中国不仅是世界市场"要塞"，还是世界生产与研发"重镇"。中国门店、中国工厂、中国创新中心……以进博会为窗口，越来越多的全球企业加速深耕中国，在中国设立研发中心，为中国市场定制研发。通过进博会，把全球产业链、价值链的各种理念、发展动向向全中国乃至全世界集中展示，将推动国内产业结构升级与全球价值链攀升，同时也助推全球产业链、创新链和价值链融合发展。人文交流方面，进博会越来越成为人心相通、增进互信的桥梁与纽带，多元、多样的文化与艺术在这个优质平台大放异彩。以文促商、以商兴文、文商结合、相得益彰，这是被一再证明的办好盛事的成功经验。开放合作方面，进博会凝结与放大了"以开放促合作、以合作谋发展"的广泛共识。海南自由贸易港跨境服务贸易负面清单已经出台，自由贸易试验区改革创新不断推进，外资准入持续放宽，营商环境继续改善，《区域全面经济伙伴关系协定》国内核准率先完成……四年来，进博会已成为中国宣布扩大开放举措的重要场合，也见证了中国高水平对外开放举措接续落实的高光时刻。进博会的四大平台，在持续激活创新合作的源泉，推动科技和经济深度融合的同时，也让各国文化各美其美，各国民众美美与共。

第五，开放成为进博会重要的标志与符号，从而抵御各种乱流、寒流、逆流。进博会之所以得到各国响应和理解支持，关键在于它面对一个急剧转型、利益分化的世界，尤其是面对单边主义、保护主义、霸凌主义挑战和去全球化逆流，主动向世界开放中国市场，用实际行动维护自由贸易、多边主义和全球化，明确提出开放合作、开放创新、开放发展的中国方案。进博会的"公共属性"和"公共价值"不仅限于经济和贸易层面，它所承载的是开放、包容、共享的价值观，它一次次唱响对于开放世界的憧憬，得到亿万人共鸣。不管遇到什么风险、什么灾难、什么逆流，人类社会总是要前进的，而进博会不仅能让中国变得更好，也能带动世界走向更好的未来。

此外，四届进博会客观上推动了跨国公司在中国发展。上海是外商投资的热土，对跨国公司具有较强的吸引力。举办进博会，一方面，有助于吸引更多跨国公司总部聚集于上海及周边，推动跨国公司升级总部功能；另一方面，世界 500 强及行业龙头企业对中国市场有着很大的兴趣和期待，普遍希望深入了解中国政策走向、市场热点和重点。进博会提供了一个很好的平台，对跨国公司在中国市场发展以及对世界市场的开拓都非常有帮助。

总之，人类命运休戚与共，世界经济发展面临的难题，没有哪一个国家能独自解决。各国要坚持共商共建共享的全球治理观，共同完善全球经济治理。举办中国国际进口博览会，体现了中国支持多边贸易体制、推动发展自由贸易的一贯立场，是中国推动建设开放型世界经济、支持经济全球化的实际行动。透过进博会带动的开放合作热潮，国际社会更加清晰地看到，中国正以实际行动坚定不移地维护真正的多边主义、维护世界共同利益，不断为完善全球经济治理、共建开放型世界经济注入动力。

（二）坚持开放合作，共创美好未来

国际进口博览会是通向中国广阔市场的"金色大门"。如今，这扇"金色大门"越开越大。全球企业在此展示新产品、结识新伙伴、开拓新市场，不断为全球创造新机遇。可以看到，进博会得到了世界的积极响应。自 2018 年以来，进博会年年办，既有国家展，也有企业商业展，各国参展踊跃，展览面积持续扩大，世界 500强和行业龙头企业齐齐云集，"全球首发、中国首展"的新产品、新技术、新服务琳琅满目。经过四年发展，进博会国际化、专业化、市场化水平不断凸显，展会保障扎实，面对众多进口产品商检的考验，开设展品通关"专用通道""专用窗口"和进口冷链展品"专用冷库"，探索实施展品入境"无纸化通关"，交通出行、餐饮服务等配套设施也一应俱全，成为全世界经济贸易领域最大的盛会之一。同时，进博会注重交流交融，向世界释放积极信号：经济全球化是大势所趋、人心所向，在人类面对前所未有的疫情挑战、面对深度经济衰退的危机时，一个开放的中国正与各国人民同心同向，一如既往地为全球的可持续发展汇聚力量，始终不渝地做开放型世界经济的建设者、贡献者和维护者。

中国的发展离不开世界，世界的繁荣也需要中国，在中国特色社会主义现代化建设过程中，我们需要更好地利用世界机遇，并同世界共享中国发展的重要成果，在分工合作、互利共赢中，实现共同发展。进博会越办越好，说明经济全球化是不可阻挡的发展大势。但我们不能回避经济全球化带来的挑战，必须直面贫富差距、发展鸿沟等重大问题，处理好政府和市场、公平和效率、增长和分配、技术和就业的关系，使发展既平衡又充分，发展成果公平惠及不同国家、不同阶层、不同人群。

多边主义的要义是国际上的事由大家共同商量着办，世界前途命运由各国共同掌握。在国际上搞"小圈子""新冷战"，排斥、威胁、恐吓他人，动不动就搞脱钩、断供、制裁，人为造成相互隔离甚至隔绝，只能把世界推向分裂甚至对抗。中国作为负责任大国，不搞单边主义，不搞拉帮结派，不搞以自我利益为优先的小圈子，而是顺应和平发展合作共赢的历史趋势，秉持共商共建共享原则，坚持真正的多边主义，倡导平等协商和开创共赢共享的未来，推动构建更加公平合理的全球治理体系，维护以联合国为核心的国际体系，维护以国际法为基础的国际秩序，维护以世界贸易组织为核心的多边贸易体制，积极弘扬和平、发展、公平、正义、民主、自由的全人类共同价值。我们要秉持人类命运共同体理念，坚守和平、发展、公平、正义、民主、自由的全人类共同价值，摆脱意识形态偏见，旗帜鲜明反对单边主义、保护主义，最大限度增强合作机制、理念、政策的开放性和包容性，共同维护世界和平稳定。习近平主席在第四届进博会上的主旨讲话中提出的"四个坚持"也阐释了中国所维护的真正多边主义内涵，体现出与世界各国一起开创共赢共享未来的责任意识，向世界展示了大国模样和大国担当，再一次展现出中国是用实际行动践行承诺的。

回顾历史，开放合作是增强国际经贸活力的重要动力；立足当今，开放合作是推动世界经济稳定复苏的现实要求；放眼未来，开放合作是促进人类社会不断进步的时代要求。一个持续开放的中国更加振奋了世界，一个开放的世界也更加有利于国际社会的和谐互动与密切交流合作。世界各国携起手来，同舟共济、共克时艰，在开放中创造机遇、在合作中破解难题，就一定能实现世界永续和平发展，推动人类走向更加美好的未来。

拓展阅读

乘开放春风　享发展机遇
——写在第四届中国国际进口博览会闭幕之际

东海之滨，黄浦江畔。新老朋友再聚，开放春风拂面。

"中国愿同各国一道，共建开放型世界经济，让开放的春风温暖世界！"2021年11月4日，习近平主席在第四届中国国际进口博览会开幕式上的主旨演讲铿锵有力、暖人心怀。按一年计，累计意向成交707.2亿美元——11月10日，第四届进博会在国家会展中心（上海）圆满落下帷幕，所取得的这一成绩，在疫情等因素影响的背景下更显难能可贵、分量十足。

2021年是中国加入世界贸易组织20周年。无论是加入世界贸易组织还是举办进博会，中国始终在历史前进的逻辑中前进、在时代发展的潮流中发展，不断扩大开放，既发展了自己，也造福了世界。

中国国际进口博览会，这一由习近平主席亲自谋划、亲自提出、亲自部署、亲自设计、亲自推动的全球贸易盛会，正激荡起中国和世界共同发展的澎湃动能。

打造开放平台"进博效应"越来越凸显

习近平主席指出，"进博会让展品变商品、让展商变投资商，交流创意和理念，联通中国和世界，成为国际采购、投资促进、人文交流、开放合作的四大平台，成为全球共享的国际公共产品。"

汇五洲佳品，聚四海宾朋。中国市场成为世界的市场、共享的市场、大家的市场。

国际采购热火朝天。"我们的签约金额比去年更多。"11 月 6 日，中国建筑三局安装公司签下 3500 万美元的采购单，公司副总经理莫世扬说，这些产品将助力建筑更节能、运维更智能。进博会上大单不断，各国朋友满载而归。

投资促进机遇不断。本届进博会上，乐高集团发布了 7 款全新玩具产品。"中国是乐高的重要市场，我们对中国的发展前景充满信心。"乐高集团首席执行官倪志伟说。进博会已成为重要的投资促进平台，在本届进博会贸易投资对接会上，1000 多家中外企业达成超 200 项合作意向。

人文交流活动丰富。张大千的国画作品《味江》、意大利画家莫迪利安尼的《门前的阿特丽斯·哈斯丁》、莫奈的《小艾莉的海角》……本届进博会首次设立文旅版块。一场场论坛成功举办，来自各国的政府官员、企业家、专家学者相约进博会，凝聚发展共识。

开放合作互利共赢。本届进博会上，中国中化与来自 16 个国家和地区的 29 家合作伙伴签订合作协议，签约数量创新高。"我们进一步拓展了合作领域，强化了产业链协同，带动更多海外合作伙伴携手共进、互利共赢。"中国中化董事长宁高宁说。

作为世界上第一个以进口为主题的国家级展会，进博会已连续举办 4 届。4 年来，大量全球新产品、新技术、新服务在进博会上首发，"进博效应"越来越凸显。

——中国机遇更好共享。

本届进博会刚开幕，沃尔沃集团就与中国多家企业举行了 5 场签约仪式，总签约金额超 3.7 亿元。"进博会是跨国企业共享中国机遇的重要窗口。"沃尔沃（中国）投资有限公司总裁马军说。

中国有 14 亿多人口和 4 亿以上中等收入群体，每年进口商品和服务约 2.5 万亿美元，市场规模巨大。中国将更加注重扩大进口，促进贸易平衡发展。各国企业携全球"好物"亮相进博会，看重的正是中国这个全球最具潜力的大市场。

——美好生活更加多彩。

日本芳珂展台首发多种"美容果冻"、松下展台推出具有除菌祛味等功能的诺安活水技术……通过进博会，越来越多的境外优质消费品来到中国，添彩中国消费者的美好生活。

连续4年参加进博会的家乐福，今年签约企业涉及进口牛奶、粮油等多领域的公司，采购金额超过3500万美元。家乐福相关负责人说，将连接更多全球供应链，更好服务中国消费者日益增长的品质生活需求。

——转型升级更添动力。

11月7日，能链集团与通标标准技术服务有限公司签署战略合作协议。"合作将助力能源行业尤其是能源零售终端的高质量发展，进一步加速中国能源零售行业的数字化发展，推动能源行业结构调整与转型升级。"能链联合创始人、执行总裁孙玮临说。

本届进博会的技术装备展区展览面积达6万平方米，汇聚了超过35个国家和地区的近300家具有全球影响力的智能制造技术和高端装备企业。这些高端技术装备进入中国市场，将持续推动中国产业转型升级和经济高质量发展。

坚定开放决心　在合作中互利共赢

"加入世界贸易组织以来，中国不断扩大开放，激活了中国发展的澎湃春潮，也激活了世界经济的一池春水。"习近平主席在第四届进博会开幕式上的主旨演讲展现了开放自信的大国气度，彰显了计利天下的大国担当。

加入世界贸易组织和举办进博会，这两个在中国改革开放进程中的重要事件，不仅成为参展商和采购商热议的高频词，也让世界更加清晰地看到中国坚定不移扩大开放的决心。

一个个展台展品琳琅满目、人潮奔流涌动，一批批采购商组团赴会，洽谈签约密集开展、成交额屡创新高……行走在各大展区，感受中国加入世界贸易组织20年的成效，只见开放的春风暖意融融，共赢的和音激越澎湃。

——中国深化改革、全面开放，释放实实在在的红利。

1亿欧元！本届进博会上，法国贝勒集团与中国一家企业签下采购大单。"中国开放的大门越开越大，特别是疫情防控期间的税收减免政策，为企业恢复发展提供了充足支持。"贝勒集团新兴地区高级副总裁高邦说。

关税总水平由15.3%降至7.4%，低于9.8%的入世承诺；中国中央政府清理法律法规 2300 多件，地方政府清理 19 万多件……20 年来，中国全面履行入世承诺，不断扩大开放，激发了更大的市场活力。

——中国把握机遇、迎接挑战，激活自身发展的澎湃春潮。

本届进博会上，上海来伊份公司马不停蹄、收获满满，先后签订近 2 亿元的采购订单。"进口食品通关时间越来越短，让消费者品尝到更多全球新鲜'好物'，也给企业发展带来新动力。"来伊份公司供应链系统总裁张丽华说，从踏着"入世"节点到借着"进博"东风，企业将更好把握"买全球、卖全球"的发展机遇。

加入世界贸易组织 20 年来，中国经济总量从世界第六位上升到第二位，货物贸易从世界第六位上升到第一位，服务贸易从世界第十一位上升到第二位，利用外资稳居发展中国家首位，对外直接投资从世界第二十六位上升到第一位。进博会上，拓市场、促转型、助创新、谋合作，国内企业用满满的"购物车"为自身发展积蓄动能。

——中国主动担责、造福世界，激活世界经济的一池春水。

一展汇天下，进博会既帮助跨国企业扩大"世界朋友圈"，也助力中小企业嵌入"全球产业链"。本届进博会首次设立了集成电路专区，作为入驻参展商之一，贺利氏展位面积比上一届扩大了 20%。"贺利氏已与客户及合作伙伴签署总金额超过 3 亿元的协议。"贺利氏相关负责人艾周平说。

一花独放不是春，百花齐放春满园。中国是经济全球化的受益者，也是全球经济持续发展的贡献者。加入世界贸易组织 20 年来，中国对全球经济增长的年均贡献率接近 30%。举办进博会，再次让各国看到中国同世界共享市场机遇的决心，充分彰显了一个负责任大国的担当。

提高开放水平　助力经济高质量发展

习近平总书记要求，"准确把握新发展阶段，深入贯彻新发展理念，加快构建新发展格局，推动'十四五'时期高质量发展，确保全面建设社会主义现代化国家开好局、起好步。"

进博会是中国扩大高水平开放、同世界分享发展机遇的平台，也是折射中国经济高质量发展的一面镜子。"十四五"开局之年举办的进博会上，处处能感受到中国立足新发展阶段、贯彻新发展理念、构建新发展格局、推动高质量发展的坚实步伐。

——新发展阶段带来更大机遇。

首次参加进博会的芬兰哈士奇制冷科技公司，一口气发布了三个系列新品，其中两个是针对中国市场全球首发。"中国消费需求转向个性化、品质化，企业不断创新产品才能赢得青睐。"短短几天就积累了 10 多家重要客户，公司相关负责人刘亚雪激动不已。

进入新发展阶段，中国将为世界创造更多需求、带来更多机遇。本届进博会上，420 多项新产品、新技术、新服务亮相，越来越多优质商品和服务、尖端技术、创新资源汇聚中国，共享中国大市场机遇。

——新发展理念更加深入人心。

一件件"明星产品"，一个个"明星展区"，创新、协调、绿色、开放、共享的新发展理念深入人心。"创新是引领发展的第一动力。"连续 4 年参加进博会的微软相关负责人侯阳表示，近年来，微软通过与中国产业合作伙伴携手创新，让越来越多的技术、产品和服务在中国落地生根。

绿色低碳成为本届进博会一大看点。在新品发布会上，埃森哲全球首发了《中国能源企业低碳转型白皮书：创新技术解锁可持续新价值》。埃森哲相关负责人郑子霆认为，中国能源企业利用低碳化的数字智能解决方案，可以更有效地进行产品组合和运营过程的管理、优化，实现可持续发展。

在进博会各场馆，绿色能源、绿色智能家电等新产品、新技术、新服务随处可见。国机集团与罗尔斯罗伊斯动力系统有限公司签署框架采购协议，双方将加大在天然气、生物质气等领域合作。"国机集团将借助进博会平台，为推动中国绿色低碳发展作出更大贡献。"国机集团董事长张晓仑说。

——新发展格局共同携手构建。

通过提供高质量的产品和服务，推动畅通国内大循环。本届进博会上，盒马、恒天然、南航三方签署了战略合作协议。恒天然首发的最新款进口安佳鲜牛乳，通过航空物流，当天就能在盒马上架销售。盒马商品品牌中心总经理肖路说，借助进博会平台，从"全球买货"到"全球定制"，可以更好满足中国居民个性化、多样化的消费需求，助力畅通国内大循环。

新发展格局是更加开放的国内国际双循环，众多外资企业通过进博会"窗口"参与构建新发展格局。本届进博会，参展世界 500 强和行业龙头企业"回头率"超过 80%。

唱响开放强音　共建开放型世界经济

"中国扩大高水平开放的决心不会变，同世界分享发展机遇的决心不会变，推动经济全球化朝着更加开放、包容、普惠、平衡、共赢方向发展的决心不会变。"习近平主席在第四届进博会开幕式上的主旨演讲，展现了中国与世界共享机遇、互利共赢的胸怀与担当。

疫情阴霾之下，第四届进博会在确保防疫安全前提下如期举行。入口处，工作人员有条不紊地检查参展人员的核酸检测、疫苗接种和健康码等情况；场馆内，名叫"小叶子"的志愿者们注重每一个细节，提供引导、现场翻译、提醒观众做好个人防护。顶着疫情压力，中国举办了一届成功、精彩、富有成效的进博会，体现了坚定不移推动高水平开放的决心。

四届进博会的体验可能有所不同，但同样传递着推动建设开放型世界经济的"中国主张"。从"经济全球化是不可逆转的历史大势"到"共同把经济全球化动力搞得越大越好、阻力搞得越小越好"，从"各国走向开放、走向合作的大势没有改变"到"让开放的春风温暖世界"……习近平主席在四届进博会开幕式上的主旨演讲，为推动建设开放型世界经济、推动构建人类命运共同体凝聚起广泛的共识与合力。

透过进博会这个窗口，世界不仅看到了"中国主张"不断落地生根的生动画卷，也一次次聆听中国不断扩大开放、携手各国建设开放型世界经济的时代强音。

——中国将坚定不移维护真正的多边主义。

本届进博会上，中国对维护真正的多边主义提出了相关主张，向世界传递出维护全球产业链、供应链稳定的决心。西班牙前首相萨帕特罗表示，中国坚持真正的多边主义，在应对气候变化、促进国际贸易、深化全球合作等议题上展现了卓越的领导力。

"经济全球化的潮流浩浩荡荡、不可阻挡，中国坚定不移维护真正的多边主义，企业发展也将从中受益。"首次参展的合斯康新能源相关负责人李伍兹说。带着世界领先的储氢瓶及供氢系统技术，合斯康新能源对进博会和中国市场充满期待。"对于企业来说，进博会是个绝佳的展示平台；对于世界来说，进博会是中国维护全球产业链、供应链稳定的重要力量。"

——中国将坚定不移同世界共享市场机遇。

各国参展企业争相搭乘中国发展的快车。3M相关负责人徐继伟感叹："聪明的企业，绝不会错过中国市场的巨大机遇。"新西兰纽仕兰乳业全球研发总经理胡尔克说，来到进博会，目睹现场盛况，更能真切感受到中国为世界经济注入的强大动力。

四度相约进博，年年都有新意。在三星展台，入口处的3D裸眼大屏以逼真震撼的视觉效果，吸引了不少观众前来打卡留影。"参加进博会，让我们感触最深的是中国推动高水平开放、同世界共享发展机遇的决心和魄力。"中国三星副总裁张剑说。

——中国将坚定不移推动高水平开放。

进一步缩减外资准入负面清单，有序扩大电信、医疗等服务业领域开放，将修订扩大《鼓励外商投资产业目录》……欧莱雅北亚区总裁费博瑞认为，中国扩大开放历来说到做到，未来也一定会继续推动高水平开放。

"作为最早进入中国的跨国公司之一，我们见证了中国经济历经改革开放、不断发展并取得非凡成就的伟大进程，也坚信中国将继续推动高水平开放"，BP 集团全球首席执行官陆博纳说，"中国的未来潜力无限，我们很自豪能够和中国合作伙伴一起前行。"

——中国将坚定不移维护世界共同利益。

在世界贸易组织总干事伊维拉看来，中国在全球贸易中扮演重要角色，中国的支持和贡献对世界贸易组织改革发展至关重要。着眼长远，重振全球多边贸易体制，将造福世界各国人民。联合国贸易和发展会议秘书长蕾韦卡·格林斯潘说，加入世界贸易组织为中国经济发展带来巨大红利，中国履行入世承诺不仅助推国际多边经贸机制建设，也造福全球经济发展，这样的结果令人赞叹。

第四届进博会现场，有这样一个细节值得关注：刚刚开幕 3 天，就有 50 家以上企业和机构集体签约下一届进博会。这是进博会磁力的缩影，也是中国开放魅力的写照。

不断扩大对外开放、支持经济全球化的中国，一定会在建设更高水平开放型经济新体制的同时，以自身开放推动世界共同开放，为全球经济发展贡献更大力量。

让我们一起期待，开放的春风温暖世界！

（资料来源：《人民日报》2021 年 11 月 11 日）

📖 **思考题**

1. 中国为何要举办国际进口博览会？
2. 第四届中国国际进口博览会取得哪些丰硕成果？
3. 中国国际进口博览会意义何在？

活动与探究

创新是引领发展的第一动力。只有敢于创新、勇于变革，才能突破世界经济发展瓶颈。中国高度重视科技创新，致力于推动全球科技创新协作。第四届进博会继续敞开大门，为各方创新成果提供优质展示平台，在互学互鉴、共赢共享中促进共同发展。随着中国开放的大门越开越大，中国同世界经济的联系将更加紧密，进博会也将为各方创新发展合作创造新机遇，开拓新路径。请同学们以"共享机遇，推动创新发展"为主题，围绕四届进博会展开交流讨论。

参考文献

1. 上海研究院项目组编《中国国际进口博览会发展报告（No.1）》，社会科学文献出版社，2019。

2. 范黎波：《推动开放合作 共享美好未来》，《光明日报》2018 年 11 月 9 日。

3. 《坚定不移维护世界共同利益》，《人民日报》2021 年 11 月 11 日。

4. 《让开放的春风温暖世界——论习近平主席在第四届中国国际进口博览会开幕式上主旨演讲》，《人民日报》2021 年 11 月 11 日。

5. 金观平：《进博会成为通向中国市场的金色大门》，《经济日报》2021 年 11 月 11 日。

6. 徐晶卉：《每次落幕，是进博会新"溢出效应"的开始》，《文汇报》2021 年 11 月 18 日。

7. 《同舟共济向未来——写在第四届中国国际进口博览会收官之际》，新华网，http://www.news.cn/world/2021－11/10/c_1128052021.htm，2021 年 11 月 10 日。

8. 《进博会越办越好说明了什么》，新华网，http://sh.news.cn/2021－11/16/c_1310313404.htm，2021 年 11 月 16 日。

专题六 百年大变局中书写外交新篇章

📖 **要点提示**

1. 中美关系：重回正轨，需久久为功
2. 中欧关系：稳固双边，放眼全球
3. 中俄关系：共赴新航程，共谱新诗篇

世界正处在深渊的边缘，面临前所未有的威胁与分裂。新冠肺炎疫情加剧不平等，气候危机正冲击着地球，《巴黎协定》的窗口正在关闭，一种新的"流行病"——不信任正在蔓延，地缘局势动荡危及世界和平。[①] 世界百年变局与世纪疫情叠加交织，在习近平外交思想指引下，中国特色大国外交在"十四五"开局之年迎难而上、开拓进取，坚守弘扬多边主义，团结各方携手抗疫，助力世界经济复苏，为捍卫国家利益、维护全球稳定、促进共同发展作出新的贡献。党的十九届六中全会在总结党的十八大以来的工作时指出："经过持续努力，中国特色大国外交全面推进，构建人类命运共同体成为引领时代潮流和人类前进方向的鲜明旗帜，我国外交在世界大变局中开创新局、在世界乱局中化危为机，我国国际影响力、感召力、塑造力显著提升。"[②]

一 中美关系：重回正轨，需久久为功

2021 年是中美"乒乓外交"50 周年。在冷战高峰的历史背景下，中美两国老一辈领导人以非凡的战略智慧、远见和勇气，超越意识形态分歧，重启中美关系大

---

① 《第 76 届联合国大会一般性辩论开幕》，新华网，http://www.news.cn/2021-09/22/c_1127886712. htm，2021 年 9 月 22 日。

② 《中共中央关于党的百年奋斗重大成就和历史经验的决议》，新华网，http://www.news.cn/politics/ 2021-11/16/c_ 1128069706. htm，2021 年 11 月 16 日。

门。50 年来，中美化干戈为玉帛，利益交融日益紧密，人文交流和友好往来不断加深，给两国人民带来巨大福祉。中美关系的发展改变了国际战略格局走向，加速了冷战终结，推动了全球化进程，给亚太地区带来了空前发展机遇，极大促进了世界和平与繁荣。如今，国际社会面临许多共同难题，全球性挑战层出不穷，中美应该展现大格局、肩负大担当，坚持向前看、往前走，拿出战略胆识和政治魄力，推动中美关系尽快回到稳定发展的正确轨道。

（一）把舵引航——引领中美巨轮共同前行

2021 年 11 月 16 日上午，中国国家主席习近平同美国总统拜登举行视频会晤。双方就事关中美关系发展的战略性、全局性、根本性问题以及共同关心的重要问题进行了充分、深入的沟通和交流。会晤期间，习近平主席阐明新时期中美正确的相处之道，两国元首就中美关系重要性、反对打"新冷战"等达成重要原则共识。会晤增进了双方相互了解，增加了国际社会对中美关系的正面预期，向中美两国和世界发出了强有力信号。作为当今最重要的双边关系之一，中美关系已经超越双边范畴，在当前这样一个关键时刻，两国元首的把舵引航，不仅对中美关系发展至关重要，对世界也有着积极影响。

1. 中美元首视频会晤主要内容

这次会晤的主要内容可以概括为"3421"，也就是习近平主席就发展中美关系提出了"三点原则"和"四个方面的优先事项"，两国领导人达成了"两个原则共识"，习近平主席就"一个重要问题"深入做了美方工作。①

第一，"三点原则"。习近平主席在会晤中指明了新时期中美相处之道，即三点原则：一是相互尊重。尊重彼此社会制度和发展道路，尊重对方核心利益和重大关切，尊重各自发展权利，平等相待，管控分歧，求同存异。二是和平共处。中美发生冲突将是人类浩劫，不冲突不对抗是双方必须坚守的底线。三是合作共赢。中美利益深度交融。地球足够大，容得下中美各自和共同发展。要坚持互利互惠，不玩零和博弈，不搞你输我赢。

第二，"四个方面的优先事项"。习近平主席在会晤中表示，中美当前要着力推动四个方面的优先事项：一是展现大国担当，引领国际社会合作应对突出挑战，包括气变和全球公共卫生、能源、产业链供应链安全等等。中美合作也许不是万能的，但没有中美合作是万万不能的。中方提出的全球性倡议对美国都开放，希望美方也

---

① 《习近平同美国总统拜登举行视频会晤》，新华网，http://www.news.cn/politics/leaders/2021 - 11/16/c_1128068890.htm，2021 年 11 月 16 日。

能如此。二是本着平等互利精神，推进各层级各领域交往，为中美关系注入更多正能量。两国元首通过会晤、通信、通电话等多种方式保持密切联系，为中美关系指明方向、注入动力。中美在经济、能源、两军、执法、教育、科技、网络、环保、地方等诸多领域都有着广泛共同利益，应该互通有无、取长补短，做大合作的"蛋糕"。中美可以利用两国外交安全、经贸财金、气候变化团队的对话渠道和机制，推动务实合作，解决具体问题。三是以建设性方式管控分歧和敏感问题，防止中美关系脱轨失控。中美存在分歧很自然，关键是要建设性管控，避免激化和扩大化。中方维护自身主权、安全、发展利益坚定不移，美方务必要谨慎处理好相关问题。四是加强在重大国际和地区热点问题上的协调与合作，为世界提供更多公共产品。天下并不太平，中美应该同国际社会一道，共同捍卫世界和平，促进全球发展，维护公正合理的国际秩序。

第三，"两个原则共识"。一是两国元首都强调中美关系的极端重要性。习近平主席表示，中美关系不仅对两国十分紧要，而且已经超出了两国范畴，对世界也十分紧要，只能搞好，不能搞砸。推动中美各自发展，维护和平稳定的国际环境，都需要一个健康稳定的中美关系。双方应该加强沟通与合作，既办好各自国内的事情，又承担起应尽的国际责任，引领中美关系积极向前发展，共同推进人类和平与发展的崇高事业。这是造福两国人民的需要，也是国际社会的期待。拜登总统表示，中美关系不仅事关两国，也攸关世界，我们不仅应对两国负责，也应该为世界负责。赞同中美关系不能搞砸，美方的目标绝不是改变中国的体制，双方应该相互尊重，和平共处。当务之急是双方就中美关系中广泛的实质议题进行坦诚对话，确保竞争是健康的，不会导致冲突对抗。

二是两国元首都表示反对打"新冷战"。中方一贯反对任何形式的"新冷战"，拜登总统也明确表示美方不寻求"新冷战"。实际上，各国包括美国盟友，都不愿意再走冷战老路，也不愿意在中美间选边站队。习近平主席在会晤中指出，搞意识形态划线、阵营分割、集团对抗，结局必然是世界遭殃，要求美方把不打"新冷战"表态落到实处。希望美方在亚太地区发挥建设性、有利于团结的作用。

第四，"一个重要问题"。一个重要问题是台湾问题。台湾问题始终是中美关系中最重要、最敏感的问题，也是两国元首每次交往必谈的问题。习近平主席在此次会晤中明确指出，台海局势面临新一轮紧张，原因是台湾当局一再企图"倚美谋独"，而美方一些人有意搞"以台制华"。这一趋势十分危险，是在玩火，而玩火者必自焚。一个中国原则和中美三个联合公报是中美关系的政治基础，强调中国实现完全统一是全体中华儿女的共同愿望，我们愿以最大诚意、尽最大努力争取和平统一的前景，但是如果"台独"分裂势力挑衅逼迫，甚至突破红线，我们将不得不采取断然措施。在这个关系中国主权和领土完整的问题上，中国没有妥协的空间。拜登总统在会晤中再次重申，美方坚持一个中国政策，不支持"台独"。

2. 中美元首视频会晤为中美关系发展指明方向

中美关系史上两国元首首次视频会晤，是中美关系和国际关系中的一件大事。双方就事关中美关系发展的战略性、全局性、根本性问题以及共同关心的重要问题进行了充分、深入的沟通和交流。两国元首都强调中美关系的重要性，都反对打"新冷战"，都认为中美不应该冲突对抗。百年变局与世纪疫情交织，世界站在历史的十字路口，中美关系也处在十字路口。关键时刻，两国元首为中美关系把舵引航，为今后一个时期中美关系发展指明了方向、注入了动力，是造福两国人民的需要，也符合国际社会的期待。

这次坦率、建设性、实质性和富有成效的中美元首视频会晤，增进了双方相互了解，增加了国际社会对中美关系的正面预期，向中美两国和世界发出了强有力信号。下一步，美方应同中方一道，坚持相向而行，以实际行动落实两国元首会晤共识，保持对话沟通，加强互利合作，负责任地管控分歧，推动中美关系重回健康稳定发展的正确轨道，造福中美两国人民和世界各国人民。

（二）推动中美关系重回正轨

中美关系的本质是互利共赢而非零和博弈。历史和现实一再表明，中美两国合则两利，斗则俱伤，合作是中美唯一正确的选择。当前，中美发展都处在关键阶段，人类的"地球村"也面临诸多挑战。中美应该相互尊重、和平共处、合作共赢。几十年来，正是许许多多超越分歧的共同利益，推动着中美关系不断向前发展。美中贸易全国委员会最新发布的报告显示，2020年，尽管面临新冠肺炎疫情引发的全球经济衰退和中美关系紧张局势，美国多数地区对华商品出口实现增长，对华出口使美国许多行业受益并为美国创造大量就业机会。2021年11月10日中美发布的《中美关于在21世纪20年代强化气候行动的格拉斯哥联合宣言》，是双方维护共同利益的具体体现，彰显了中美在复杂条件下展开合作的智慧和能力。在第四届进博会上，参展美企数再创新高，充分表明了美方一些政客所谓"脱钩""对抗"的做法不得人心。面向未来，中美在气候变化、疫情防控、经济复苏等领域有着广阔的合作空间。

中美能否处理好彼此关系，攸关世界前途命运，是两国必须回答好的世纪之问。中美关系不是一道是否搞好的选择题，而是一道如何搞好的必答题。

第一，把握中美关系发展正确方向，既要端起历史望远镜回顾过去，也要登高望远、展望未来。2021 年 2 月 11 日的两国元首除夕通话和 9 月 10 日两国元首再次通话时，习近平主席分别谈到"过去半个多世纪""1971 年双边关系'破冰'以来"的历史。在此次视频会晤中，习近平主席强调，过去 50 年，国际关系中一个最重要的事件就是中美关系恢复和发展，造福了两国和世界。未来 50 年，国际关系中最重要的事情是中美必须找到正确的相处之道。历史是公正的，一个政治家的所作所为，无论是非功过，历史都要记上一笔。拜登总统表示："我赞同习近平主席所讲，历史是公正的，美中关系只能搞好，不能搞砸。"① 两国领导人此次会晤显示，历史责任感应是引领中美关系向前发展的重要基础。

第二，把握中美关系发展正确方向，应该展现大格局、肩负大担当，坚持向前看、往前走，拿出战略胆识和政治魄力。习近平主席深刻总结中美关系发展经验和教训，强调新时期中美相处应该坚持相互尊重、和平共处、合作共赢三点原则。2021 年以来，从安克雷奇、天津到苏黎世、罗马，中美多次互动。中方始终强调，相互尊重、平等相待是中美关系健康稳定发展的重要前提。中美和平共处，是包括中美两国在内的国际社会的共同利益所在。不冲突不对抗是双方必须坚守的底线。合作才能共赢，是两国利益深度交融这一客观现实的必然要求。地球足够大，容得下中美各自和共同发展。双方要坚持互利互惠，不玩零和博弈，不搞你输我赢。

第三，推动中美关系重回健康稳定发展的正确轨道，必须聚焦行动，坚持相向而行。习近平主席指出，中美应该着力推动四个方面的优先事项：一是展现大国的担当，引领国际社会合作应对突出挑战；二是本着平等互利精神，推进各层级各领域交往，为中美关系注入更多正能量；三是以建设性方式管控分歧和敏感问题，防止中美关系脱轨失控；四是加强在重大国际和地区热点问题上的协调和合作，为世界提供更多公共产品。这四个方面的优先事项，是中美两国既办好各自国内的事、又承担起应尽的国际责任所必须着眼的行动方向。双方在这些方面拿出政治决断、向前迈出步子，将给中美两国人民和世界各国人民带来实实在在的利益。

第四，推动中美关系重回健康稳定发展的正确轨道，尊重对方核心利益和重大关切是管控分歧的应有之义。习近平主席明确指出，台湾问题的真正现状和一个中国的核心内容是：世界上只有一个中国，台湾是中国的一部分，中华人民共和国政府是代表中国的唯一合法政府。美方应当将支持一个中国的承诺落实到行动中，明

---

① 《习近平同美国总统拜登举行视频会晤》，新华网，http://www.news.cn/politics/leaders/2021 – 11/16/c_1128068890.htm，2021 年 11 月 16 日。

确、坚定地反对任何"台独"行径，不再向"台独"势力发出错误信号。

第五，双方要排除干扰、聚焦合作。无论在双边层面，还是在应对气候变化等全球性问题上，中美双方都可以从点滴做起，从易到难，积少成多，寻求改善关系的切入点及合作面。同时，双方要共同努力扫清合作障碍。希望美方认识到新冠肺炎病毒才是美国的敌人，在病毒溯源问题上尊重科学，停止搞政治操弄。2021年1月3日开幕的美国国会刚过去半年多，美国就提出了260多项涉华消极议案。"2021年美国创新和竞争法案""老鹰法案"等法案，其中许多内容是基于对中国真实情况的不了解、误解和虚假信息以及对中美共同利益的低估。如果成法，将严重绑架中美关系，也势必严重损害美自身利益。

第六，让经贸合作成为中美关系的润滑剂和稳定器。中国同美国和世界紧密融合，是世界第二大经济体、第一大货物贸易国、第一大外资流入国，是120多个国家和地区的最大贸易伙伴。中国从来不搞侵略扩张，从来不输出自己的政治制度和发展模式，坚定不移走和平发展、开放发展、合作发展、共同发展道路，积极推动构建人类命运共同体。中美两国经济结构深层互补，彼此利益深度交融。

无论是应对眼下全球性产业链、供应链紊乱带来的挑战，还是推动疫后全球经济复苏，都需要中美同舟共济、协调合作。中国一如既往欢迎美国企业加大对华投资，将持续扩大开放，不断营造市场化、法治化、国际化的营商环境。希望美方也为两国企业合作消除限制和障碍，为中国企业提供公平、公正的投资环境。

第七，创新是破解中美关系难题的"金钥匙"。冷战思维与零和游戏违背世界潮流和人民意愿，只会激化矛盾分歧，导致冲突对抗。中国人从来不信什么"修昔底德陷阱"，我们要用实际行动走出一条和平发展的大国复兴之路。同时，我们呼吁美国也要坚持和平发展，摒弃错误思维，同中方一道找到一条相互尊重、合作共赢的和平共处之道。过去几年，中美关系经历了很大变化，再也回不到过去。我们必须面对现实，面向未来，打破思维定式，创新中美互动的新机制、新方法、新领域。中美作为创新大国和世界头两大经济体，创新合作是一座亟待开发的"富矿"。中方将继续扩大开放，促进中美科技、经贸合作。美方也要为两国合作创造条件，而不是制造障碍。

处在中美关系何去何从的关键关口，我们既不能错失历史机遇，更不能犯历史性错误，而是应正视现实、认清大势、回归理性，本着对历史、对两国人民、对世界负责的态度，把握中美关系的正确发展方向。中美之间决不应走向误解误判和冲突对抗，必须寻求不同政治制度、不同文化、不同发展阶段的两个大国相互尊重、和平共处之道。

二 中欧关系：稳固双边，放眼全球

（一）用最大公约数牢牢把稳中欧关系前进航向

2021 年 7 月 5 日，中国国家主席习近平在北京同法国总统马克龙、德国总理默克尔举行视频峰会。这既是时隔两个多月之后三国领导人再次对话，也是庆祝中国共产党成立 100 周年大会之后习近平主席首次出席国际多边外交活动。

1. 频频对话，彰显中欧关系重要性

2020 年以来，习近平主席先后 6 次与法国总统马克龙通电话，5 次与德国总理默克尔通电话，保持密切沟通。除了在 G20 领导人应对新冠肺炎特别峰会、领导人气候峰会等多边外交场合"隔空相见"之外，三国领导人分别在 2020 年 12 月 30 日、2021 年 4 月 16 日举行视频会晤或峰会，谈的都是涉及中欧关系发展方向、中欧人民乃至全世界人民福祉的大事。

习近平主席曾经指出，中欧作为世界两大力量、两大市场、两大文明，主张什么、反对什么、合作什么，具有世界意义。[①] 当前，人类面临许多共同挑战，正站在新的十字路口。2020 年 9 月，在同德国欧盟领导人共同举行会晤时，习近平主席强调，越是面对这样的形势，越要牢牢把握相互支持、团结合作的大方向，越要坚定不移推动中欧全面战略伙伴关系健康稳定发展。

从 2021 年 4 月在中法德领导人视频峰会上强调"要从战略高度牢牢把握中欧关系发展大方向和主基调"，到此次峰会指出"牢牢把稳中欧关系前进航向"，习近平主席高度重视中欧关系发展方向的重要性。把稳中欧关系方向盘，也得到了法国总统马克龙、德国总理默克尔的高度认同。中欧之间的频频对话正体现了高度政治互信和密切战略沟通。

2. 中欧合作，达成这些重要共识

习近平指出，当前，全球疫情形势依然严峻，经济复苏前景不明。世界比以往任何时候都更需要相互尊重、精诚合作，而不是猜忌对立、零和博弈。希望中欧扩大共识和合作，为妥善应对全球性挑战发挥重要作用。[②]

第一，坚持正确相互认知。100 年来，中国共产党团结带领中国人民开辟了一

---

① 《习近平会见欧洲理事会主席米歇尔和欧盟委员会主席冯德莱恩》，新华网，http：//www. xinhuanet. com/politics/leaders/2020 – 06/23/c_ 1126147361. htm，2020 年 6 月 23 日。

② 《习近平同法国德国领导人举行视频峰会》，"学习强国"学习平台，https：//www. xuexi. cn/lgpage/detail/index. html？ id ＝18274039736620232979&amp；item_ id ＝18274039736620232979，2021 年 7 月 5 日。

条符合中国国情并得到人民普遍拥护的发展道路。中方坚守和平、发展、公平、正义、民主、自由的全人类共同价值。中欧本着相互尊重、求同存异原则开展合作，双方全面战略伙伴关系汇聚了彼此之间最大公约数。我们要秉持这一精神，正确看待相互差异，理性处理彼此分歧，牢牢把稳中欧关系前进航向。

第二，扩大互利共赢合作。中方愿同欧方尽早举行第二十三次中欧领导人会晤，办好战略、经贸、人文、数字、气候领域高级别对话，推进中欧清单产品互认互保，为双方百姓日常生活带来更多实惠。在新冠肺炎疫情防控情况下，不断优化人员往来快捷通道。中国扩大开放的步伐坚定不移，希望欧方按照市场原则为中国企业提供公正、透明、非歧视的营商环境。

第三，维护真正的多边主义。要维护以联合国为核心的国际体系和以《联合国宪章》为基础的国际关系基本准则，国际上的事需要大家心平气和商量着办，并共同引导世界贸易组织改革朝正确方向发展，相互支持办好北京冬奥会和巴黎夏季奥运会。

第四，坚持构建总体稳定、均衡发展的大国关系。中国最希望的是发展好自己，而不是取代别人。中方提出共建"一带一路"倡议是要创造更多共同发展的机遇。中方愿同各方加强对话合作，同时坚决捍卫自身主权、安全、发展利益。希望欧方在国际事务中发挥更多积极作用，真正体现战略自主，共同维护好世界和平稳定与发展繁荣。

三国领导人还就非洲议题交换意见。习近平指出，非洲是发展中国家最集中、抗击新冠肺炎疫情和实现经济复苏任务最艰巨的地区，更是发展潜力最大的大陆。中方已经并正在向 40 多个非洲国家及非盟委员会提供疫苗，积极支持非洲提升疫苗本地化生产能力。中方已同 19 个非洲国家签署缓债协议或达成缓债共识，并建设性参与"非洲绿色长城"等可持续发展计划。希望欧方加大对非洲的支持和帮助力度，向有急需的非洲国家提供更多疫苗，帮助非洲应对好债务压力，早日实现非洲经济复苏和绿色低碳发展。欢迎法国、德国加入中非共同发起的"支持非洲发展伙伴倡议"，开展三方、四方或多方合作。

（二）中欧合作不断发展

中欧建交 40 多年来，双边关系经历过一些波折，但对话与合作是中欧关系的主基调。中欧之间有着广泛的共同利益，双方合作大于竞争。中欧两大文明可以对话交流，不是制度性对手。现今，中国正在加快构建"双循环"新发展格局，正在努力形成更高水平的开放型经济新体制。"十四五"规划和 2035 年远景目标带来的发展机遇和空间，对于欧洲企业有着巨大的吸引力，中国企业也希望加快到法德进行投资。2021 年《政府工作报告》勾画出中欧关系的发展的方向和前景。面对百年未有之大变局，中欧关系将不断发展与深化，对世界政治经济格局产生积极而深远的影响。

第一，民生福祉为中欧关系发展注入强大动力。随着中国经济增长模式的转型，中国正大力推进新型城镇化和医疗、卫生、养老等领域的改革，在经济增长的同时更加关注社会发展和环境保护问题。2021 年《政府工作报告》再次强调推进新型城镇化、卫生健康体系建设和绿色发展等关乎民生的问题。随着中国城市化进程的加快和服务贸易领域的开放，中国的新型城镇化将为欧洲国家相关企业创造更多的投资机会。而德国、英国、法国等欧洲国家在医疗卫生和养老产业方面拥有丰富的经验和鲜明的特色，中欧在医疗养老方面的合作前景广阔。同时，中欧在绿色发展领域合作前景广阔。中欧在应对气候变化领域长期保持友好合作，都致力于打造高质量的绿色低碳发展模式。双方在能源转型、碳排放交易体系、科研创新、绿色金融等领域具有很强的合作互补性，在气候治理、促进绿色发展等方面拥有巨大合作潜力。

第二，中欧贸易合作再上新台阶。中欧是世界两大独立自主力量和全面战略伙伴，双方合作优势互补、互利共赢，为双方人民带来实实在在的好处。2020 年中国跃居欧盟第一大贸易伙伴，2021 年前三季度中欧双边贸易额达 5993 亿美元，同比增长 30.4%。2021 年前 10 月中欧班列开行列数和运量已超 2020 年总量。① 种种数据表明，在疫情蔓延、供应链中断、国际贸易持续萎靡的"逆风"下，中欧经贸关系展现了强劲的韧性和活力，实现中欧两大市场、两方资源的更好联通、更大效益，将为世界经济注入更多正能量。

第三，加快构建中欧投资合作制度保障。中欧贸易合作更趋深化，迎来新契机。2021 年新年钟声敲响前夕，中欧合作传来佳音。2020 年 12 月 30 日，中欧领导人共同宣布如期完成《中欧投资协定》谈判。这份来之不易的协定对中欧经贸合作具有里程碑意义，为欧洲和世界开展对华合作提供了更多机遇。《中欧投资协定》能够确保更多的欧洲企业进入中国市场，这将为中国加快构建以国内大循环为主体、国内国际双循环相互促进的新发展格局提供支持。尽管中国在很多方面已经十分先进，可以在诸多领域实现自给自足，但是来自海外特别是欧盟的投资仍可以助力提升中国社会和民众的整体福利。同时，中国企业赴欧投资也有了法律和制度上的保障。《中欧投资协定》的制度性红利——中欧间商品、技术、服务、资本、人员流动的稳定增长将逐渐显现。中国和欧盟将通过这一协定成为更加紧密的经济伙伴，寻求更多的合作渠道。在《中欧投资协定》推动下，中国政府可以进一步向外国开放关

---

① 《王文涛部长会见中国欧盟商会主席伍德克一行》，商务部新闻办公室，http://wangwentao.mofcom.gov.cn/article/activities/202110/20211003209622.shtml，2021 年 10 月 20 日。

键的经济行业，并采取更加透明、公平和非歧视性的规则。欧洲的商业领袖们会更加看好中国的投资前景，并在金融服务、电动汽车和电信等领域加大投资。

第四，为全球治理注入新动能。中国与欧盟同为全球治理改革的积极倡导者，在全球治理方面存在诸多共同立场。欧盟在全球气候变化、国际纠纷解决机制、环境保护、产品标准、汽车排放标准等领域的规则制定中发挥着重要影响，是全球最大的制度供给者。从全球治理层面看，中欧在气候变化、打击恐怖主义、维护能源和粮食安全、推进国际金融体系改革和全球治理等全球性事务及地区热点问题上的协调与合作有利于增加各自在全球治理中的话语权，有利于促进世界的和平、稳定与发展。中国国务院副总理韩正和欧盟委员会执行副主席弗兰斯·蒂默曼斯于2021年9月27日举行第二次高层对话，双方重申中欧环境与气候高层对话将继续作为加强环境与应对气候变化双边合作行动的重要平台；达成了关于气候治理的相关结论，强调将共同努力，确保《联合国气候变化框架公约》作为全球应对气候变化的主要政府间谈判平台取得成功。同时，作为全球贸易体系的重要成员，中国和欧盟是全球自由贸易的积极倡导者，将在全球贸易规则制定中加强合作，反对任何形式的贸易保护主义，共同维护多边主义和自由贸易体制，共同建设开放型世界经济，共同应对人类社会发展面临的旧问题和新挑战，为不确定性日益突出的世界注入稳定性。

（三）正确处理中欧关系意义重大

2020年以来，肆虐全球的新冠肺炎疫情阻碍了中欧领导人之间面对面的会晤，但高层交往并没有因此停滞，视频与电话外交使双方沟通交流更为频密，凸显在当前复杂的国际形势下，中欧双方对于协作应对全球挑战的共同期待。疫情期间，中欧一直在不断释放继续强化合作的讯息，欧洲对华认知发生了明显改变，对华政策亦随之调整，中欧关系在后疫情时代已进入新阶段。对于这一现实，我们应保持理性客观的态度，明确互利共赢仍是主基调，以务实合作夯实双方联系纽带，促使中欧关系保持积极正向的发展轨道。

一是稳固双边。虽然近些年欧盟对中国疑虑、防范的一面有所上升，但欧方也承认，没有中国的参与，许多全球性问题无法解决。中欧应从全球视野看待合作，为推动全人类可持续发展贡献力量。回到中欧双边，增强互信、扩大互利共赢是当务之急。前段时间，中欧关系发展遇到了一些困难，主要是围绕制度和价值观等问题的分歧妨碍了务实合作。再加上中美博弈的外溢效应，对中欧关系也产生了一些负面影响。尽管如此，稳定和推动双边关系持续发展一直是双方领导人的政治共识。实现互利共赢，首先要拆除认知上的藩篱。坦率讲，包括法德在内的不少欧盟国家对中国发展抱有偏见，特别是近年来有意突出中国"制度性对手"的定位，人为扩大了中欧之间的分歧面，亦将中国捍卫自身利益、展现"四个自信"之举视为"用权力的语言说话"，这是对中国发展的重大误解。从政治层面看，中方始终支持欧洲一体化进程。同样，中国的政治制度和发展道路也理应获得欧方的尊重和理解。中国最希望的是发展好自己，而不是取代别人——这是中方对自己发展道路和发展目的的清晰阐释。读懂这些信息，有利于欧方减少对中国发展的误解和误判，增强中欧政治互信。

二是夯实中欧务实合作的基础。世界比以往任何时候都更需要相互尊重、精诚合作，而不是猜忌对立、零和博弈。对于当前的中欧而言，疫情挫伤了彼此互信，双方比任何时候都更需要克服障碍增加沟通交流，正确看待相互差异。有幸的是，欧洲绝大多数政要明确表示不会寻求与中国"脱钩"，默克尔也曾公开表示，欧洲的对华政策与美国"并不一致"。如果欧方能够坚持客观、务实的精神与中方推动对话与合作，而不是一味对华说教、施压，相信中欧关系将会继续结出硕果。

中欧之间并无直接的地缘政治冲突，拥有推进务实合作的坚实基础和广阔空间。当前，中欧之间许多重要的合作议程亟待推进：2020年底完成谈判的《中欧投资协定》，还在等待欧方启动审批程序；疫苗在全球的公平生产与分配、中欧人员和贸易跨境往来等，均有待双方加强协调配合；"后撤军时代"的阿富汗安全局势不容乐观，中欧可共商促进稳定之策……总之，期待中欧能始终把握相互支持、团结合作的大方向，坚定不移为中欧人民乃至世界人民福祉作出贡献。

三是要合理管控中欧之间的摩擦。欧洲与中国发展阶段不同，价值理念不同，经贸上与中国的竞争亦越来越明显，同时欧洲仍是美国的重要盟友，无疑会在某种程度上参照中美关系的变化来调整对华政策，或为规避风险，或为自身利益最大化。但中欧之间并不是零和或是负和关系，对于双方存在的这样或那样的分歧，其中既有观念的问题，也有利益的因素，中欧都应该客观认识。2020年9月14日，习近平主席在中德欧领导人视频会晤时就强调："世界上没有放之四海而皆准的人权发展道路，人权保障没有最好，只有更好。中方不接受人权'教师爷'，反对搞'双重标准'。"各国首先应该做好自己的事情。中国同欧洲应本着相互尊重的原则加强交流，共同进步。这恰恰反映了我们对处理中欧之间分歧的基本态度，那就是保持良好的沟通协调，求同存异，既可避免彼此出现战略误判，又有助于增进互信、进一步深化合作。①

---

① 《习近平同德国欧盟领导人共同举行会晤》，《人民日报》2020年9月15日。

三　中俄关系：共赴新航程，共谱新诗篇

21 世纪以来的新一轮全球转型中，中国和俄罗斯发挥了关键作用，但也经历了大国博弈的风霜雨雪考验。20 多年来，几乎每一任美国总统上台，都有类似的"美俄关系重启"进程，而所谓"重启"的背景之一，就是在不同程度上企图推进"联俄制华"。一直到拜登当选，美国合围中国的战略图谋逐渐明朗化，中美俄三边互动关系的走向又一次成为舆论的焦点。中俄经过艰难的实践和反思，越来越趋于奉行基于主权、抵制霸权、遵循国情、兼收并蓄的内外治理原则，实现了不同程度的深刻自我改革；历史性选择既不同于西方"民主—专制"两分法式的排他性意识形态，又努力尝试把市场、民主等共同价值结合于本国实践；既不主张不合时宜地彻底推倒既存国际秩序，又主张对之进行完善和改革。无论是观念取向，还是实际治理能力，中俄比西方呈现更符合实际、更具远见的发展趋势。这是中俄合作难以被离间的根本性思想与理念基础。

（一）特殊时间节点的"云会晤"，重申"新时代的全面战略协作伙伴关系"

2021 年 6 月 28 日下午，习近平主席同普京总统举行视频会晤。在世界进入动荡变革期、人类发展遭遇多重危机背景下，中俄新时代全面战略协作伙伴关系如何发展？中俄元首作出了坚定的回答。

1.《中俄睦邻友好合作条约》延期

这次视频会晤的时间节点非常特殊。2021 年 7 月 1 日，中国共产党迎来百年华诞。近年来，两国元首互相支持对方办大事、办喜事。中国共产党百年华诞是全球瞩目的盛事。在这次会晤中，习主席还感谢俄各界通过多种方式对中国共产党百年华诞表示祝贺和支持。

当天视频会晤的一项最重要成果是两国元首宣布发表《中俄睦邻友好合作条约签署 20 周年联合声明》（以下简称《联合声明》），正式决定《中俄睦邻友好合作条约》（以下简称《条约》）延期。2001 年 7 月 16 日，《条约》在莫斯科签署。《条约》将两国不结盟、不对抗、不针对第三方的新型国家关系和世代友好的理念用法律形式固定下来，为两国关系在 21 世纪长远发展奠定了坚实法律基础。《条约》第二十五条规定："本条约有效期为二十年。如果在本条约期满一年前缔约任何一方均未以书面形式通知缔约另一方要求终止本条约，则本条约将自动延长五年，并依此法顺延。"本次会晤当天发表的《联合声明》明确表示："条约内容不仅没有过

时，反而增添了新的内涵，继续为中俄关系发展提供有力支撑。中俄元首高度评价条约的历史和现实价值，并同意根据条约第二十五条对其予以延期。"在当天的会晤中，两国元首都对《条约》延期给予高度评价。习近平主席指出，相信在《条约》精神指引下，无论前进道路上还需要爬多少坡、过多少坎，中俄两国都将继续凝心聚力、笃定前行。普京总统表示，《条约》延期"将为俄中关系长远发展奠定更加牢固的基础"。

2.《条约》是中俄双边关系发展的历史结晶

1949 年 10 月 1 日中华人民共和国成立后，中国共产党带领中国人民走上社会主义道路。中国社会主义道路的选择与俄国革命有着密切联系，"十月革命一声炮响，给我们送来了马克思列宁主义"。①

1949 年以来，中俄（苏）关系经历了复杂历程。新中国成立后，中苏签署了《中苏友好同盟互助条约》，苏联对中国社会主义建设事业给予了巨大帮助，发挥了重要作用。但是，中苏双方在一些涉及国家主权以及意识形态的问题上出现严重分歧，最终导致关系破裂。20 世纪 80 年代初，双方开始改善双边关系，并于 1989 年实现双边关系正常化，"结束过去，开辟未来"成为双方处理复杂历史问题的基本立场。

苏联解体后，中俄顺利实现了从中苏关系向中俄关系的平稳过渡，并在和平共处五项原则基础上建立新型国家关系。中俄双边关系 1994 年提升为"建设性伙伴关系"，1996 年上升为"面向 21 世纪的战略协作伙伴关系"。从此，战略协作伙伴关系成为当代中俄关系的定位，也成为中俄新型国家关系的正式表述。2001 年，中俄双方在全面总结两国发展经验和成果基础上签署了《条约》，确定双边关系是彼此尊重的战略伙伴关系，尊重各自的发展道路选择，尊重文明多样性，尊重各自的核心利益。

签署《条约》是致力于建立长期、稳定的国家关系。《条约》是中俄关系历史和人民智慧的结晶。习近平主席曾经指出："《中俄睦邻友好合作条约》作为我们两国关系中的一个创举，在国际上产生了积极效应。我们有理由相信，随着国际形势深刻复杂变化，《中俄睦邻友好合作条约》的示范效应和强大生命力还将进一步显现。"②

3.《条约》显著增加了政治互信

根据《条约》第十条的规定，中俄两国建立了有效的多层级国家间互动机制，两国领导人的会晤在此发挥了关键作用。疫情期间，两国元首继续保持密切的远程

① 《毛泽东选集》第四卷，人民出版社，1991，第 1471 页。
② 《习近平谈治国理政》第二卷，外文出版社，2017，第 469 页。

对话。2020 年，他们进行了 5 次电话会谈。双方就双边关系问题、抗击新冠肺炎疫情以及庆祝伟大卫国战争胜利 75 周年进行了讨论。2021 年 6 月 28 日，俄罗斯总统和中国国家主席举行视频会晤，详细讨论了《条约》这一"重大的"纪念日。

两国政府首脑的定期会晤机制与最高级别的对话相辅相成。在该机制框架内，由两国副总理领导的 5 个政府间委员会以及数十个部门间分委会和工作组正在成功运作。俄罗斯联邦总统办公厅与中国共产党中央委员会办公厅建立了独一无二的协作关系。双方正在系统性地进行议会间交流，并就战略安全及法制、安全和司法领域的合作举行磋商。两国的地方间联系以及政治党派和社会组织的沟通也越来越密切。

4.《条约》坚决维护核心利益，推进务实合作

2021 年 6 月 28 日签署的《联合声明》指出："世界越是动荡，中俄就越有必要加强战略协作。"

维护核心利益。在当天的视频会晤中，习近平主席表示，今天的中俄关系成熟、稳定、坚固，经得起任何国际风云变幻考验。双方在涉及彼此核心利益问题上相互坚定支持，战略协作富有成效，有力维护了两国共同利益。普京总统则表示，俄方愿同中方继续深化战略互信，密切战略协作。新冠肺炎疫情发生以来，中俄元首多次通电话。"坚定支持"是重要关键词。习近平主席表示，中方坚定支持俄罗斯为实现国家长治久安采取的重要举措。普京总统表示，俄方坚定支持中方在香港特别行政区维护国家安全的努力。

推进务实合作。2021 年 5 月 19 日，习近平主席在北京通过视频连线，同普京总统共同见证两国核能合作项目——田湾核电站和徐大堡核电站开工仪式。习近平主席当时表示，能源合作一直是两国务实合作中分量最重、成果最多、范围最广的领域，核能是其战略性优先合作方向。在本次会晤签署的联合声明中，双方商定落实务实合作的多项任务，其中就包括增强具有战略性和综合性的能源合作。

5.《条约》强调中俄维护世界和平的责任担当

当今世界正经历百年未有之大变局，中俄两国以实际行动践行了人类命运共同体理念，睦邻友好关系远超双边关系。

中俄视彼此为优先合作伙伴，俄罗斯需要繁荣稳定的中国，中国需要强大成功的俄罗斯。中俄是联合国安理会常任理事国，对维护世界公正与和平承担着历史责任；中俄均是新兴经济体，与大多数新兴经济体和发展中国家一样呼吁并致力于建立公平公正的世界政治和经济秩序；中俄都是负责任大国，深知当今世界经受不起全球范围内的冲突，希望与美国以及其他国家通过对话解决双边和多边关系中的问

题。因此，中俄主张维护以联合国为核心的国际体系和以国际法为基础的国际秩序，反对搞"小圈子"，反对政治对抗；主张继续推进全球化，反对贸易保护主义和动辄实施制裁的霸凌主义；主张尊重《不扩散核武器条约》原则，实现不扩散核武器、核裁军与和平利用核能领域平等合作的和谐统一；反对外层空间军事化，反对外空军备竞赛，尤其反对将外空演变为军事冲突疆域。

《条约》确立的世代友好理念和新型国际关系原则是国际关系一大创举，为迈入新世纪的中俄关系长期健康稳定发展奠定了坚实法律基础，为两国开展各领域友好合作确立了基本原则。如今的中俄关系百炼成金，坚如磐石，成为互信程度最高、协作水平最高、战略价值最高的一组大国、邻国关系。

（二）中俄战略协作成效显著

俄罗斯总统普京和中国国家主席习近平重申两国关系是"新时代的全面战略协作伙伴关系"。"俄罗斯和中国背靠背捍卫自己的主权利益"，中俄对未来世界秩序发展拥有相似的诉求，新时代中俄合作是睦邻友好和相互协作的典范。20年来，俄中关系发展的外部环境发生了明显变化。在此期间，两国都积极参与经济全球化，寻求与世界各主要经济体加强合作，但这并未削弱俄中关系的重要性。签署《条约》之时，俄中已准备好拓展合作，在国际舞台上密切协作，相互支持和配合。过去几年，这种合作变得更为深入。通过合作，双方积累了互信，增进了相互理解，巩固了两国人民之间的友谊。俄中合作为两国发展创造了有利条件，两国睦邻友好符合两国和两国人民的根本利益。

1. 不断加强贸易、投资和经济合作

20年来，尽管世界发生了多次重大金融危机，但中俄贸易额增长了10倍多，贸易结构也发生了质的改变，新兴产业在贸易结构中的比重不断上升。两国不仅在太空探索、核能、航空工业和信息技术等传统领域加强合作，还在规范数字空间等新兴领域开展合作，这将使中俄能够在不久的将来创建安全和独立的信息系统，如类似于环球银行金融电信协会（SWIFT）的支付系统。中俄已经在很大程度上把双边贸易支付转换为本国货币，这一过程将继续进行。

2. 在文化和体育方面，不断深化合作

近年来，两国在文化和体育方面的合作覆盖面广泛、规模巨大，一如既往地为巩固俄中新时代全面战略协作伙伴关系的社会基础作出贡献。两国教育交流的规模显著扩大，2019年达到了10万人次。双方成功运作了位于深圳的联合大学，创建了10多个双边高校联合会。两国旅游互访人数显著增加：2019年，有180万中国公民造访了俄国，同时，230 万俄罗斯人前往中国旅行。① 一年一度的文化和电影节、博物馆展会和国际艺术团体的巡演，使两国的文化活动丰富多彩。双方在媒体和体育运动界的联系也越来越多。2008 年北京奥运会和 2014 年索契冬奥会为中俄两国加强体育领域合作提供了良好契机，2022 年北京冬奥会是双方加强体育合作、交流举办冬奥会经验的绝佳平台。过去几年，两国双向游客流量显著增加，电影、电视、音乐会等艺术和教育领域的大量合作项目将两国人文合作推向了新的高度。

3. 加强地方省市的区域间合作

两国在俄罗斯远东地区和中国东北部省份的协调发展方面开展的合作尤为重要。推动俄罗斯远东地区的加速发展和加大对亚太地区市场的投入，已成为近 10 年来俄罗斯国家政策的优先方向。俄罗斯需要利用现有的互动平台，努力将自身经济融入亚太地区，包括发展重要的交通运输基础设施，在税收制度中创造优惠条件，刺激人口增长以及将国家资源向经济部门倾斜，推动远东地区生态农业建设。

4. 俄罗斯积极响应"一带一路"倡议

俄罗斯正在开发北海航线项目，并对新西伯利亚铁路进行现代化改造。自 2015 年以来，中俄两国一致通过决议，共同推动"一带一路"倡议和欧亚经济联盟的对接。两国专家将这一过程称为"一体化整合"。与西方国家不同，中俄两国的合作是非排他性的，即对所有愿意接受相关原则的国家保持开放。这一进程不仅意味着要建立新的交通运输走廊，还意味着两国将会协调几乎所有部门的发展计划。

5. 中俄形成了符合两国根本利益和人民愿望的新型国家关系模式

中俄在促进世界多极化发展、确保国际和地区安全与稳定方面发挥了重要作用。世界上越来越多的国家支持中俄两国对现代世界秩序的共同看法。它们高度评价中俄两国为构建公平的多极化国际秩序所作出的努力，认识到这些理念符合加强国际和平与安全以及落实联合国 2030 年可持续发展议程的目标，有助于逐步实现全人类的发展和繁荣。国际社会高度赞赏中国提出的构建人类命运共同体理念，俄罗斯呼吁将第二次世界大战的胜利确认为人类的世界遗产，以加强国际社会的团结，共同应对全球性挑战。

6. 中俄两国也致力于推动地区层面的合作，并推动建立了一些卓有成效的地区合作平台

2021 年是上海合作组织成立 20 周年。经过 20 多年的发展，上海合作组织得到了越来越多国家的认可和支持。包括中俄在内的金砖国家合作机制也成为重要的多边组织平台，金砖峰会也越来越务实，新开发银行已经在上海开始运作，与亚投行

---

① 谢尔盖·拉夫罗夫：《根基越牢 成就越高——庆祝〈俄中睦邻友好合作条约〉签署二十周年》，《人民日报》2021 年 7 月 16 日。

一起被广大发展中国家视为世界银行的替代方案。这些新兴地区组织的一个重要特征就在于其具有较高的开放性，这从根本上区分了以中俄为代表的国家所倡导的世界新秩序与西方排他性的旧模式。然而，以中俄为代表的新兴市场国家的目标不是战胜西方，而是开展公平互利合作，这个目标本身决定了未来世界秩序的发展方向。

总之，冷战后西方通过不断的全球扩张，建立了霸权主义世界秩序，以中俄为代表的新兴市场国家给西方的强权秩序带来冲击，并由此招致美国等西方势力的遏制。但遏制是一把"双刃剑"，全球多极化趋势已经不可避免，美国的强权政治也必将走向崩溃。中俄面临着共同的霸权主义威胁，中俄新时代全面战略协作伙伴关系为新型大国关系树立了榜样，为构建更加公平、稳定和繁荣的世界新秩序提供了支撑。

拓展阅读

中华人民共和国和俄罗斯联邦关于《中俄睦邻友好合作条约》
签署20周年的联合声明（节选）

中华人民共和国和俄罗斯联邦（以下称"双方"），在《中华人民共和国和俄罗斯联邦睦邻友好合作条约》（2001年7月16日签署）缔结20周年之际，为进一步弘扬条约精神，落实条约内容，推动新时代全面战略协作伙伴关系高水平发展，声明如下：

一

条约将中俄关系发展的历史经验与公认的国际法准则有机结合，成为21世纪中俄全面战略协作伙伴关系长期稳定发展的纲领性和基础性文件。

在条约指导下，中俄构建起符合两国根本利益和两国人民愿望，在推进多极化国际秩序、维护国际和地区和平稳定方面发挥重要作用的新型国际关系模式。20年来，中俄合作快速全面发展表明，条约成功经受住了国际形势空前演变的考验。

当前，世纪疫情加剧全球性博弈。条约内容不仅没有过时，反而增添了新的内涵，继续为中俄关系发展提供有力支撑。中俄元首高度评价条约的历史和现实价值，并同意根据条约第二十五条对其予以延期。

二

中俄关系业已达到历史最高水平，其特质是成熟、富有建设性与可持续性，以促进两国发展繁荣和人民福祉为宗旨，树立了国与国和谐共处与互利合作的典范。

俄罗斯需要繁荣稳定的中国，中国需要强大成功的俄罗斯。中俄视彼此为优先合作伙伴，将根据条约进一步深化在政治、安全、军事、经贸、人文、国际等各个领域的协调与合作。两国以守望相助、深度融通、开拓创新、普惠共赢为方向，继续发展新时代全面战略协作伙伴关系。

中俄关系建立在平等相待、高度互信、恪守国际法、维护彼此核心利益、支持彼此捍卫主权和领土完整的原则基础之上。中俄关系不是类似冷战时期的军事政治同盟，而是超越该种国家关系模式、不谋求权宜之计、不带意识形态色彩、全面考虑彼此利益、互不干涉内政、具有独立价值、不针对第三国的新型国际关系。

中俄彻底解决了历史遗留的边界问题，互不存在领土要求。双方决心将共同边界打造成永久和平和世代友好的纽带，并将此作为两国关系的基石。

三

根据条约第十条，双方将继续保持密切高层交往，这是推动两国关系全面向前发展的最重要途径。

元首外交对推动双边战略协作发挥着核心引领作用，双方将继续开展元首互访、在多边场合会晤以及其他形式交往。双方将继续完善两国总理定期会晤、各副总理级政府间合作委员会和各类地方合作机制对扩大双边务实和人文合作的重要协调作用。继续开展两国最高立法机构领导人交往，议会合作委员会交流对话以及专门委员会、工作委员会、友好小组之间的对口交流。继续通过中共中央办公厅和俄罗斯联邦总统办公厅直接对话，围绕两国元首交往、元首商定事项落实中的相关问题进行协调、对接。继续通过战略安全磋商和执法安全合作机制会议，在保障全球、地区、国家安全和应对传统与非传统威胁挑战方面保持积极协调配合。

四

中俄基于条约第七条所述原则，秉持全面战略协作伙伴精神，开展不针对第三国的军事及军技合作。双方恪守就边境地区相互裁减军事力量和加强军事领域信任达成的共识，并在上海合作组织和东盟防长扩大会等多边框架下开展富有成效的合作，维护地区和全球安全。

双方愿进一步深化两军合作，开展两军领导定期会晤，扩大联合演训数量和规模，加强两国战区和军兵种交流，完善军事合作的法律基础，拓展军事教育领域合作。

五

中俄经济合作符合两国根本利益，有助于增进两国人民福祉。双方积极评价近年来两国务实合作成果，愿根据条约第十六条和第十七条稳步扩大合作规模，确保合作真正具有战略性，愿本着互利原则优先考虑彼此利益，根据本国法律和各自承担的国际义务有针对性地创造良好合作环境。

为此，双方商定落实以下任务：

——提高双边贸易额，包括开展长期投资合作并为经营主体实施投资项目提供支持、营造稳定营商环境、强化反垄断和竞争政策领域合作、发掘新的经济增长点。

——增强具有战略性和综合性的能源合作。履行现有合作协议并就碳氢化合物供应和加工、和平利用核能以及能源领域其他合作达成新的重要共识。

——深化财金领域互信协作，支持在双边贸易、投资和信贷等领域扩大本币计价结算，促进经营主体间结算渠道畅通，鼓励两国投资者和发行机构进入对方资本市场。

——加强工业、信息通信、航天航空领域合作。

——加强科技创新领域合作。支持双方在基础科学、高新技术领域互利合作，促进人才双向流动，拓展创新合作。

——有效保护知识产权。

——推动两国农业领域合作迈上新台阶，推动相互农产品市场准入，推进农业生产领域的投资合作。

——在后疫情时期加快恢复交通运输，深化该领域合作。在平等互利的基础上解决跨境和过境运输问题，推动中俄运输便利化发展。新建和改造两国边境口岸和跨境交通基础设施，深化包括通关便利化在内的海关合作，保障国际贸易透明和安全。加强界河领域合作。

——在互利和尊重沿线国家利益基础上就利用北方海航道加强协作，推动北极可持续发展。

——深化两国地方交往。

六

双方重申落实中俄两国元首关于并行不悖、协调发展"一带一路"倡议和"大欧亚伙伴关系"的共识。双方指出，"一带一路"建设与欧亚经济联盟对接对于确保整个欧亚地区经济持续稳定增长、加强区域经济一体化，维护地区和平与发展具有重要意义。

七

人文交流对加深两国人民相互了解、传承睦邻友好传统发挥着重要作用，双方将继续对人文领域的广泛交流给予高度重视。

为此，双方商定落实以下任务：

——拓展两国教育、高校间和学术交流，鼓励在华俄文教学和在俄中文教学。

——深化文化交流合作，提升文化中心、友好协会及社会组织作用。加强两国艺术团体、剧院、博物馆及其他文化机构间合作。就宗教古建筑等历史文化遗产的保护、修复与利用开展对话。高度重视军事纪念设施问题，巩固该领域合作的法律基础。

——视疫情形势发展，推动两国旅游业安全、健康、有序恢复和协调发展，提升旅游服务水平。

——深化两国档案领域合作。

——在互信互利基础上推进医药卫生领域合作。拓展为两国人民建立防疫保障方面的合作，尤其是传染病预警与应对、药物、诊断试剂和疫苗研发等领域合作。

——加强体育运动领域互利合作。在国际上反对将体育问题政治化。支持中国举办北京 2022 年冬奥会和冬残奥会。

——推动生态环境各领域合作，就污染防治、跨界环境灾害应急联络、合理利用和保护跨界水体水质、保护生物多样性、建立跨界保护区、固废管理等问题开展合作。在联合国、金砖国家和上海合作组织等框架内扩大环保和应对气候变化交流与合作。

——加强媒体政策沟通，推动电视节目互播，扩大纸质媒体、电子媒体和新媒体合作。

——继续落实两国古典及现代文学作品互译、发行等出版领域合作项目。

——推动两国智库机构开展广泛、深入交流对话和合作研究。

——加强中俄青少年友好交流，支持开展青年企业家交流。

八

世界正经历动荡变革期，不稳定性不确定性显著上升。人类在国际事务中面临的治理赤字、信任赤字、发展赤字、和平赤字有增无减，实现普遍安全、促进可持续发展依然任重道远。个别国家鼓吹大国竞争对抗，信奉零和博弈，国际关系中的强权因素抬头。一些国家以意识形态划线，粗暴干涉主权国家内政，动辄实施单边制裁，动摇包括军控领域在内的国际关系体系法律基础，带来种种消极影响。国际冲突和问题的解决进程更趋复杂。恐怖主义、极端主义和分裂主义威胁上升，在中俄邻国和周边地区表现得尤为突出。

中俄两国均认为必须构建更加公正民主的国际秩序，为此双方需加强对外政策协调，在国际舞台捍卫共同利益，维护国际和地区力量平衡。世界越是动荡，中俄就越有必要加强战略协作。

双方将继续践行真正的多边主义，共同维护以联合国为核心的国际体系和以国际法为基础的国际秩序，坚持平等互利、不干涉主权国家内政及和平解决争端原则，反对与国际法原则及联合国宪章背道而驰的单边强制性措施。双方反对通过"搞小圈子"偷换普遍认同的、符合国际法的安排和机制，反对以未达成共识的替代方案解决国际问题，反对在多边机构中搞政治对抗。

二〇二一年六月二十八日

（资料来源：中国政府网，http://www.gov.cn/xinwen/2021-06/28/content_ 5621323.htm，2021年6月28日，有删减）

思考题

1. 中美关系复杂的根本原因是什么？
2. 中美元首视频会晤，向世界释放了什么信号？
3. 大国博弈时代，中欧关系走向何方？
4. 中俄关系经得起国际风云变幻考验的根源是什么？

活动与探究

2021年6月15日，外交部发言人赵立坚在主持记者会时指出，我们高度赞赏普京总统对中俄关系所作的积极表态。的确，中俄团结如山，友谊牢不可破。中俄两国关系经受住了国际风云变幻考验，树立了新型大国关系的典范。两国在涉及彼此核心利益问题上坚定相互支持，政治互信和战略协作水平持续巩固和提升。2021年前5个月，双边经贸额大幅上升23.6%，为艰难复苏的世界经济注入强劲动力和信心。双方共同抵制"政治病毒"，维护二战胜利成果和国际公平正义，坚决捍卫真正的多边主义和国际公平正义，成为动荡世界中的重要稳定力量。可以说，中俄新时代全面战略协作伙伴关系是全方位的，也是全天候的。中俄合作上不封顶，下接地气。我们对双边关系发展充满信心。请同学们以"中俄关系在世界关系中的重要地位"为主题写一篇800字论文，下节课上交。

参考文献

1. 钟声：《元首视频会晤为中美关系把舵引航》，《人民日报》2021年11月18日。

2. 《中美元首会晤为两国关系发展指明方向、注入动力——外交部副部长谢锋接受媒体采访问答全文》，新华网，http://m. news. cn/2021 - 11/16/c_ 1128070793. htm，2021 年 11 月 16 日。

3. 《习近平同法国德国领导人举行视频峰会》，"学习强国"学习平台，https://www. xuexi. cn/lg-page/detail/index. html？id = 18274039736620232979&amp；item_ id = 18274039736620232979，2021 年 7 月 5 日。

4. 李罡：《中欧关系发展前景广阔》，今日中国网，http://www. chinatoday. com. cn/zw2018/rdzt/2021lh/dbwysy/202103/t20210309_ 800239417. html，2021 年 3 月 9 日。

5. 《习近平同俄罗斯总统普京举行视频会晤　两国元首宣布〈中俄睦邻友好合作条约〉延期》，新华网，http://www. xinhuanet. com/2021 - 06/28/c_ 1127606503. htm，2021 年 6 月 28 日。

6. 谢尔盖·拉夫罗夫：《根基越牢 成就越高——庆祝〈俄中睦邻友好合作条约〉签署二十周年》，《人民日报》2021 年 7 月 16 日。

专题七　朝着构建人类命运共同体方向不断迈进

📖 要点提示

1. 以大国担当助力全球抗疫
2. 以人与自然生命共同体为愿景贡献中国治理方案
3. 以人类和平与发展为目标深化同联合国合作

习近平总书记在庆祝中国共产党成立100周年大会上指出："以史为鉴、开创未来，必须不断推动构建人类命运共同体。"① 面对世界百年未有之大变局，着眼中华民族伟大复兴战略全局，中国共产党将继续高举和平、发展、合作、共赢旗帜，奉行独立自主的和平外交政策，坚守与弘扬和平、发展、公平、正义、民主、自由的全人类共同价值，推动人类社会朝着构建人类命运共同体的方向不断前行。

一　以大国担当助力全球抗疫

当前，世纪疫情与百年变局交织叠加，国际格局发生深刻调整，世界进入动荡变革期，全球治理面临新的课题与挑战。人类又一次站在十字路口，世界将更多目光投向中国，聚焦中国共产党领导下的中国如何携手各国共同应对疫情挑战，共建美好世界。新冠肺炎疫情发生以来，中国始终秉持人类命运共同体理念，积极推动国际抗疫合作，为全球抗疫贡献中国智慧和中国力量。世界看到了一个大国的勇毅担当和一个大党的深厚情怀：中国计的是天下之利，中国共产党谋的是世界大同。2021年11月11日，习近平在亚太经合组织工商领导人峰会上的主旨演讲中为世界

---

① 习近平：《在庆祝中国共产党成立100周年大会上的讲话》，人民出版社，2021，第16页。

抗疫指明方向："我们要支持彼此抗疫努力，在检测手段、治疗药物以及疫苗研发、生产、互认等领域加强合作，切实形成抗疫合力。要把疫苗作为全球公共产品的共识落到实处，促进其公平合理分配，确保在发展中国家的可及性和可负担性，共同弥合'免疫鸿沟'。"①

（一）中国疫苗"入世"，助力构建全球抗疫防线

当前，世界拥有了疫苗等应对新冠疫情的新工具，但同时也面临病毒变异等新挑战。变异病毒传染性更强，如果不加强控制以减缓其传播，将对当前已承压的医疗系统产生更大影响。世界卫生组织总干事谭德塞 2021 年 5 月 7 日宣布，中国国药集团北京生物制品研究所的新冠疫苗获得世卫组织紧急使用认证。这是第一款发展中国家研制的疫苗获得世卫组织紧急使用认证，也是全球第六款获得紧急使用认证的疫苗。这是中国最早获准紧急使用、国内供应和接种量最大的疫苗之一，也是全球范围内获批使用最广泛的疫苗之一。6 月 1 日，科兴疫苗正式通过世卫紧急使用认证，这是被纳入世卫组织紧急使用清单的第二款中国新冠疫苗。两款来自中国的新冠疫苗有望缓解当前全球疫苗分配不公，尤其是中低收入国家无疫苗可用的困境。中国以实际行动促进疫苗公平分配，推进国际抗疫合作，尽己所能为其他国家特别是发展中国家获取疫苗提供帮助，体现出负责任大国担当，赢得国际社会积极评价。

1. 中国疫苗接连"入世"意义非凡

中国疫苗"入世"，靠的是实打实的效果、实打实的数据支撑，中国疫苗通过了安全性、有效性和质量验证。世卫组织负责获得药品和卫生产品的助理总干事玛丽安热拉·西芒说，国药疫苗预防新冠症状和住院的效力为 79%，世卫组织最新决定有助于寻求保护卫生工作者和高危人群的国家加速获得新冠疫苗。她指出，该疫苗不仅具有易于储存的特点，同时也是第一种携带疫苗瓶监测器的疫苗，疫苗瓶上的小标签会因疫苗受热而改变颜色，便于卫生工作者判断疫苗是否安全可用。②

中国疫苗获得世卫组织紧急使用认证，让世界各国有了更多选择，增强了疫苗可及性和可负担性。世卫组织多次敦促一些发达国家停止超量采购疫苗和限制出口疫苗做法，以免给病毒带来新的传播和变异机会。联合国秘书长古特雷斯也多次批评一些发达国家囤积疫苗以及与疫苗供应商私下达成交易等行为。发达国家抢购囤积疫苗，一些发展中国家却"一剂难求"，填补疫苗"分配鸿沟"迫在眉睫，世界

---

① 《习近平在亚太经合组织工商领导人峰会上的主旨演讲》，新华网，http://www.news.cn/politics/leaders/2021－11/11/c_ 1128052464. htm，2021 年 11 月 11 日。

② 《中国疫苗"入世"意义非凡》，《经济参考报》2021 年 5 月 12 日。

需要中国疫苗在全球"战疫"中发挥更显著的作用。获得世卫组织认证后，中国疫苗可以更好践行疫苗是公共产品的理念，加速扩大全球疫苗覆盖面，为世界尽早控制新冠疫情提供一种有力武器和选择方案。

中国疫苗获得世卫组织紧急使用认证，极大提振了广大发展中国家加强研发能力、解决本国和全球重大健康问题的信心，同时加强了国际社会对"中国研发""中国制造"的认知。成功的疫苗研发需要高技术含量，同时也是高研发投入的结果。多个国家的元首和政府首脑带头接种中国疫苗，就是用实际行动为中国疫苗投下"信任票"。当前国际社会最重要的任务仍然是抗击新冠疫情，中国将继续为消除"免疫鸿沟"不断努力，继续支持一切有利于发展中国家及时、公平获取疫苗的行动。

2. 重信守诺，中国疫苗援助全球

一段时间以来，中国对其他国家的疫苗援助和出口，被某些西方政客和媒体定义成"疫苗外交"。这些抹黑中国的言论，还是熟悉的味道：把中国援助全球抗疫的行动扭曲为扩大政治影响力的"阴谋"，与将病毒溯源这一科学问题政治化的做法如出一辙。

事实胜于雄辩。2021年2月，中国正式加入世卫组织的"新冠肺炎疫苗实施计划"（COVAX），承诺向实施计划提供1000万剂疫苗，主要用于发展中国家急需。截至7月9日，中国已向全球100多个国家和国际组织提供了5亿剂新冠疫苗和原液，相当于当前全球新冠疫苗总产量的1/6。7月12日，全球疫苗免疫联盟（GAVI）发布新闻公告，宣布已同中国国药集团和科兴公司分别签署了预购协议，这意味着国药疫苗和科兴疫苗进入COVAX疫苗库，并可从7月开始向COVAX供应疫苗以用于发展中国家的疫情防控。

中国疫苗怎么样？用了才知道。中国疫苗在越来越多发展中国家收获认可和欢迎。超过100个国家批准使用中国疫苗，30多位外国领导人带头接种中国疫苗。"中国疫苗为当地焦灼的抗疫战场带来希望的甘霖""中国捐赠的疫苗犹如隧道尽头的光芒""中国疫苗为当地早日实现群体免疫作出积极贡献"……发展中国家领导人和民众的不吝赞赏，是对中国疫苗安全性、有效性最好的肯定。

中国言行一致，美西方国家却是"口惠而实不至"。2021年5月，美国承诺将在6月底前向海外提供8000万剂新冠疫苗。当时，美国已生产逾3.33亿剂疫苗，却只出口了约300万剂。据美联社报道，截至6月30日，美国已发运的疫苗仅有2400万剂，连承诺总数的1/3都不到。占世界人口16%的富国获取了全球60%的疫苗，某些发达国家的定购量已超过本国人口的2~3倍。与此同时，许多发展中国家却面临严重疫苗短缺，不少国家甚至一剂难求。"免疫鸿沟"在南北国家间扩大，"疫苗民族主义"正威胁全球抗疫。美西方国家一边囤积疫苗，在疫苗分配方面大行"本国优先"原则；一边对中国积极开展疫苗合作竭力抹黑，却对发展中国家疫苗紧缺的情况漠不关心。

如今，中国还在为推动疫苗成为全球公共产品不断努力。2021年上半年，同中国签署"一带一路"合作文件的140个国家中，84国提出引进中国疫苗需求，中方已全部作出积极回应并想方设法提供疫苗。在中国政府支持下，中国疫苗企业已经在阿联酋、印度尼西亚、马来西亚、埃及、巴西、土耳其、巴基斯坦、墨西哥等国启动合作生产，产能已超过2亿剂。[①] 2022年1月初，世卫组织总干事高级顾问布鲁斯·艾尔沃德表示，"新冠肺炎疫苗实施计划"已向49个国家和地区送去了超过1.8亿剂中国科兴和国药疫苗，占"新冠肺炎疫苗实施计划"已分发疫苗总量的近20%，是全球范围内提高免疫力和拯救生命的重要组成部分。[②]

（二）加强抗疫合作，共建人类卫生健康共同体

自2020年3月提出"打造人类卫生健康共同体"重大倡议以来，习近平主席多次深刻阐述构建人类卫生健康共同体理念，为全球团结抗疫指引方向，为加强全球公共卫生治理明确思路。习近平主席在2021年5月的全球健康峰会上再次呼吁：让我们携手并肩，坚定不移推进抗疫国际合作，共同推动构建人类卫生健康共同体，共同守护人类健康美好未来！"我们必须战胜疫情，赢得这场事关人类前途命运的重大斗争。"[③] 2021年9月21日，习近平主席出席第七十六届联合国大会一般性辩论并发表重要讲话，分享中国科学抗疫经验，重申要把疫苗作为全球公共产品，呼吁国际社会团结抗疫、共克时艰。习近平主席的重要讲话为团结抗疫指明方向，为全球抗疫注入信心，对推动构建人类卫生健康共同体具有重要意义。

1. 构建人类卫生健康共同体的价值意蕴

中国在人类命运共同体理念基础上，进一步提出构建人类卫生健康命运共同体，在"一带一路"合作框架内，进一步凸显健康丝路、绿色丝路、数字丝路的作用，使相关理念的内涵在抗疫过程中得以丰富和具体化，这是中国为国际社会提供的理

---

① 《中国疫苗援助填补"免疫鸿沟"》，光明网，https://m.gmw.cn/2021－07/17/content_1302411969.htm，2021年7月17日。

② 《世卫组织："新冠肺炎疫苗实施计划"已分发超1.8亿剂中国疫苗》，中央广播电视总台央视新闻，https://news.cctv.com/2022/01/07/ARTIiANopRjp5OlvprmfmbxH220107.shtml，2022年1月7日。

③ 《习近平出席第七十六届联合国大会一般性辩论并发表题为〈坚定信心 共克时艰 共建更加美好的世界〉的重要讲话》，新华网，http://www.xinhuanet.com/politics/leaders/2021－09/22/c_1127887814.htm? ivk_ sa = 1024320u，2021年9月22日。

念性公共产品。中国支持联合国、世卫组织等国际多边组织发挥作用，注重与非盟、上合组织、东盟等区域性组织开展合作，积极推进全球疫苗公平合理分配，也为国际社会提供了制度性公共产品。

中国提出构建人类卫生健康共同体理念，一方面强调各国医疗信息共享及资源公平分配，推动国家间形成均衡、普惠的发展局面，建立互助互惠的互动模式，有利于国际秩序的平稳演进；另一方面也为完善国际协调沟通机制提供了新思路。构建人类卫生健康共同体是惠及大多数国家的理念，体现了中国关注发展中国家利益的外交主张。中国理念蕴藏的中国智慧，解决的不是中国一家的问题，而是针对全球治理中的深层次问题。在国际社会团结抗疫的历程中，中国理念正逐渐成为国际共识，有了清晰的全球治理底色。

2. 构建人类卫生健康共同体的生动实践

君子敏于行。其一，中国作为世界人口第一大国，在短时间内采取强有力措施，迅速控制疫情，本身就是一项了不起的贡献。其二，中国作为全球重要生产大国，在控制疫情后迅速复工复产，为世界提供了必要的各类抗疫物资和新冠疫苗。其三，中国通过多形式多渠道与各方积极分享疫情相关信息和抗疫经验，为各国提供重要参考。其四，在世卫组织遭遇美国"退约""断供"威胁的困难时期，中国坚定支持世卫组织发挥积极作用。

截至 2021 年 5 月，中国已为受疫情影响的发展中国家抗疫及恢复经济社会发展提供了 20 亿美元援助，向 150 多个国家和 13 个国际组织提供了抗疫物资援助，为全球供应了 2800 多亿只口罩、34 亿多件防护服、40 多亿份检测试剂盒，向 80 多个有急需的发展中国家提供疫苗援助，向 43 个国家出口疫苗……中国全面落实二十国集团"暂缓最贫困国家债务偿付倡议"，总额超过 13 亿美元，是二十国集团成员中落实缓债金额最大的国家。[①]

一项项数据背后，是一个个中国与国际社会携手抗疫的动人故事：塞尔维亚总统武契奇亲迎中国援塞医疗专家和防疫物资，深情亲吻五星红旗；意大利民众自发在阳台上奏响《义勇军进行曲》，高喊"感谢中国"；埃塞俄比亚航班机组和广州塔台在广州白云机场上演隔空对话："谢谢中国""中非友谊万岁"……

中国一些具体的抗疫举措，如严格的跨省跨区流动限制、电子化数字化监测、对不同风险级别区域进行划分等，被各国吸收应用，成为全球抗疫逐步取得成效的重要原因之一。中国及时透明公布疫情信息，欢迎并积极配合世卫组织专家来华开

---

① 《中国为全球抗疫作出重大贡献》，《人民日报（海外版）》2021 年 6 月 17 日。

展病毒溯源调查工作，为世界树立典范。中国疫苗作为全球公共产品向世界供应超3.5亿剂，成为全球抗疫的有力武器。中国还向国际社会提供抗疫资金，减免或暂停发展中国家和地区的债务偿还等，为全球抗疫提供了切实助力。

中国的抗疫援助不仅面向发展中国家，也面向欧美发达国家；不但有物资提供，还有可持续的援助方式。中欧班列成为全球抗疫的生命线，在运送大量抗疫物资的同时，还确保了全球供应链产业链的稳定和完整；海外千余个"一带一路"合作项目坚持运行，近10万名中国技术和工程人员坚守岗位，为保障各国民众的民生福祉作出了突出贡献。

事实证明，构建人类卫生健康共同体不仅是战胜疫情的正确道路，也是守护人类健康美好未来的正确蓝图。构建人类卫生健康共同体符合历史发展潮流，是应对共同挑战、建设更加美好世界的人间正道。中国将继续与各国携手抗击疫情，共同促进全球公共卫生事业的发展。

（三）加强科技开放合作，共同应对时代挑战

2021年9月24日，国家主席习近平向2021中关村论坛视频致贺时指出："当前，世界百年未有之大变局加速演进，新冠肺炎疫情影响广泛深远，世界经济复苏面临严峻挑战，世界各国更加需要加强科技开放合作，通过科技创新共同探索解决重要全球性问题的途径和方法，共同应对时代挑战，共同促进人类和平与发展的崇高事业。"①"三个共同"，强调了当今世界加强科技开放合作的重要意义和作用，彰显了中国推动科技开放合作、推动构建人类命运共同体的信心和决心。

科学无国界，创新无止境。科学技术是人类的伟大创造性活动，发展科学技术必须具有全球视野、把握时代脉搏。人类历史上很多科技创新成果是在开放、交流、合作的环境中培育出来的，进而造福世界。今天，面对新冠肺炎疫情影响广泛深远、世界经济陷入低迷期、气候变化等全球性挑战，人类比以往任何时候都更需要加强科技开放合作，携手前行、共克时艰。近年来，习近平在一系列重要讲话中深刻阐明国际科技交流合作的重要意义和现实路径，指出：科技成果应该造福全人类，而不应该成为限制、遏制其他国家发展的手段；没有一个国家可以成为独立的创新中心，或独享创新成果。创新成果应惠及全球，而不应成为埋在山洞里的宝藏；务实推进全球疫情防控和公共卫生领域国际科技合作，开展药物、疫苗、检测等领域的研究合作；聚焦气候变化、人类健康等共性问题，加强同各国科研人员的联合研发；

---

① 《加强科技开放合作　共同应对时代挑战》，求是网，http://www.qstheory.cn/wp/2021 – 09/28/c_1127913319.htm，2021年9月28日。

大力发展数字经济，在人工智能、生物医药、现代能源等领域加强交流合作；中国将以更加开放的思维和举措推进国际科技交流合作，同各国携手打造开放、公平、公正、非歧视的科技发展环境，促进互惠共享。习近平的这些重要论述，为加强科技开放合作贡献了中国智慧，提出了中国方案。

近年来，中国以一系列重大举措推动科技开放合作，主动融入全球创新网络，推动中国科技界和世界各国科学家在基础研究、全球性问题等多个领域开展科技交流合作，切实肩负起构建人类命运共同体的科技创新使命，使科技创新的成果惠及更多的国家和人民。

一是打造全方位、深层次、广领域的科技开放合作格局。加强政府间双边和多边的科技交流合作，与多个国家建立创新对话机制，广泛参与和推动多边机制的科技创新议题磋商和务实合作。目前，中国已经与 161 个国家和地区建立了科技合作关系，签订了 114 个政府间的科技合作协定，参与了涉及科技的 200 多个国际组织和多边机制。

二是积极参与并牵头组织实施国际大科学计划和工程。在国际热核聚变实验堆、平方公里阵列射电望远镜、国际大洋发现等国际大科学计划和大科学工程中，积极承担项目任务，深度参与运行管理。聚焦事关全球可持续发展的重大问题，加快启动由中国牵头的国际大科学计划和大科学工程，支持各国科学家共同开展研究。

三是深入实施"一带一路"科技创新行动计划。中国累计支持 8300 多名各国青年科学家来华工作，培训学员 18 万人次，启动建设 33 家"一带一路"联合实验室，与 8 个国家建立了官方科技园区合作关系，建设 5 个国家级技术转移平台，启动了中非科技创新合作中心，在联合国南南合作框架下，建立了技术转移南南合作中心，基本形成"一带一路"技术转移网络。

面对世纪疫情的挑战，中国认真履行国际义务，积极推动科学数据和信息共享，搭建面向全球的开放科学共享服务平台，为 175 个国家和地区用户提供服务，累计数据下载量超过了 1.6 亿次。向国际社会分享中国的抗疫经验，加强疫苗、药物、检测等方面的国际联合研发合作，助力全球抗疫。

人类只有一个地球，人类也只有一个共同的未来。人类面临的所有全球性问题，任何一国想单打独斗都无法解决，必须开展全球行动、全球应对、全球合作。面向未来，中国将以更加开放的态度加强国际科技交流，积极参与全球创新网络，共同推进基础研究，推动科技成果转化，培育经济发展新动能，加强知识产权保护，营造一流创新生态，塑造科技向善理念，完善全球科技治理，更好增进人类福祉。

二　以人与自然生命共同体为愿景贡献中国治理方案

2021 年 4 月 22 日，习近平主席在出席领导人气候峰会时指出，"国际社会要以前所未有的雄心和行动，勇于担当，勠力同心，共同构建人与自然生命共同体"。①人与自然生命共同体理念是人类命运共同体理念在全球环境治理领域的具体体现，指明了各国应对环境挑战、构建清洁美丽世界的合作之道，提出了全球环境治理的中国方案。

（一）关键一年：为气候变化国际合作贡献中国智慧

2021 年 7 月 16 日，全国碳排放权交易市场上线交易正式启动，受到国内外广泛关注。这是我国利用市场机制控制和减少温室气体排放、推进绿色低碳发展的一项重大制度创新，也是推动实现碳达峰目标与碳中和愿景的重要政策工具。中国的碳市场建设为全球碳市场建设，特别是发展中国家碳市场建设提供了中国智慧和中国方案。

面对气候变化问题，所有国家既是问题的归因者也是受害者，国际合作是解决问题的唯一出路。然而，随着全球气候治理进入深水区，气候变化国际合作中各种深层次矛盾和问题不断呈现，各类风险和挑战不断增多。中国应基于自身的气候治理实践，不断增强参与气候变化国际合作的能力，构建具有中国特色的气候变化国际合作模式，为全球气候治理贡献中国智慧。

1. 气候变化国际合作面临的挑战

气候变化国际合作的首要任务，是通过机制设计解决广泛存在的"搭便车"行为，使所有国家都聚焦聚力于气候变化问题的全球解决。气候变化问题上的"搭便车"行为主要来自两个方面。第一，二氧化碳可以在不到一年的时间内快速混入整个对流层，而且在全球范围内实现浓度的均等化，这一特点导致增加碳排放的收益是国家层面的，但成本是全球层面的；反之，碳减排的成本是由具体国家承担的，减排的收益却是全球各国共享的。这种成本和收益之间的巨大差异，使得空间维度上的"搭便车"行为极为普遍。第二，当前大气中的碳排放并非皆因当代人的活动所导致，这导致碳减排的成本由当代人承担，收益却由未来人获得；反之，增加碳排放的收益由当代人获得，成本却由未来人承担，从而使得时间维度上的"搭便

①　《习近平在"领导人气候峰会"上的讲话》，新华网，http://www.xinhuanet.com/world/2021-04/22/c_1127363132.htm，2021 年 4 月 22 日。

车"行为也极为普遍。

通常，可以由政府来解决"搭便车"这一市场失灵问题。但由于没有全球层面的一致性政府，也没有可以代表当代人和未来人的一致性政府，由此便产生气候变化空间和时间维度上的政府和市场的"双失灵"。国际合作是解决"双失灵"的唯一出路。目前，气候变化国际合作经过30多年发展，形成了以《联合国气候变化框架公约》为基础、以《京都议定书》为框架的"自上而下"的治理模式，和以《巴黎协定》为框架的"自下而上"的治理模式。"自上而下"的治理模式虽然可以解决减排力度问题，但由于全球参与性不足，因此无法切实推动气候变化的国际合作。"自下而上"的治理模式把大部分国家纳入具有法律约束力的治理框架中，治理主体更为多元，约束目标更为宽泛，可以解决全球参与性问题，但在技术层面仍面临诸多挑战，比如，很多发展中国家仍然没有建立规范的温室气体统计核算体系，很难满足全球盘点和透明度需要的技术标准；建立国际碳市场还存在较大分歧。

2. 气候变化国际合作的价值遵循

在资本主义国家自由主义和功利主义价值观的引领下，很多国家对气候变化国际合作的态度往往取决于全球气候治理与该国利益的协同程度。各个国家的经济发展阶段、地理区位、资源禀赋、产业结构、气候适应能力和政治体制的不同，在气候变化国际合作中的利益诉求存在较大差异，发达国家更看重全球领导力、科技输出和产业保护，发展中国家更看重出口贸易、可持续发展、环境保护和气候适应。例如，欧盟是典型的低碳发展模式，始终把培育绿色竞争力和气候外交作为其核心战略；美国是典型的高碳模式，始终把保护本国高碳产业发展和高碳生活模式作为核心战略，先后拒绝签署《京都议定书》、退出《巴黎协定》。此外，在自由主义和功利主义价值观的引领下，资本主义国家尤其是发达国家消费主义盛行，当代人对物质财富的极致追求以及由此伴生的高碳生活模式，牺牲了未来几代人的排放空间。

习近平主席指出："作为全球治理的一个重要领域，应对气候变化的全球努力是一面镜子，给我们思考和探索未来全球治理模式、推动建设人类命运共同体带来宝贵启示。"[①] 气候变化国际合作面临的挑战，根本上是由于缺乏从人类命运共同体的角度审视并加强国际合作的价值观引领。人类命运共同体理念从全人类视角出发，与全人类合作推进气候治理的目标相契合，能够为气候变化国际合作提供价值观指引和理论遵循。气候变化的全球外部性和跨代外部性，使任何国家都不能独善其身、独立应对，全人类合作是气候治理的唯一出路。习近平主席站在人类社会发展高度，

---

① 《习近平在气候变化巴黎大会开幕式上的讲话》，新华网，http://www.xinhuanet.com/world/2015-12/01/c_1117309642.htm，2015年12月1日。

提出构建人类命运共同体理念，主张坚持协商对话、共建共享、合作共赢、交流互鉴、绿色低碳，建设一个持久和平、普遍安全、共同繁荣、开放包容、清洁美丽的世界，反映了世界各国的共同价值追求。

3. 气候变化国际合作的中国经验

中国的气候变化问题和环境问题、可持续发展问题交织在一起，相比于发达国家面临着更大挑战。在目前的能源结构、产业结构、交通运输结构和生活方式没有发生系统性变革的前提下，中国的碳排放形势依然严峻。2020 年 9 月，习近平主席在第七十五届联合国大会一般性辩论上宣布，中国"二氧化碳排放力争于 2030 年前达到峰值，努力争取 2060 年前实现碳中和"[①]。2020 年 12 月，习近平主席在气候雄心峰会上宣布中国进一步提高国家自主贡献目标。根据预测，到 2049 年，即中华人民共和国成立 100 周年之际，中国人均 GDP 将达到 4 万美元左右，2060 年更是要达到 5 万美元左右。这意味着，中国在保持经济和能源消费总量双增长的前提下，高质量完成国家自主贡献目标，实现碳达峰目标与碳中和愿景，需要付出艰苦卓绝的努力。

中国多层面、大范围、强力度的气候治理实践，能够为全球特别是广大发展中国家的气候治理提供具有参考价值的气候治理方案。实践证明，中国为全球气候治理作出了重要贡献，提供了诸多宝贵经验。通过调整产业结构、优化能源结构、提高能源效率和推进碳市场建设等一系列措施，2019 年中国碳强度比 2005 年下降了 48.1%；非化石能源占一次能源消费比重达 15.3%；可再生能源投资连续 5 年超过 1000 亿美元，风电、光伏的装机规模均占全球的 30% 以上；新能源汽车销量占全球新能源汽车销量的 55% 以上；截至 2021 年 6 月，7 个试点碳市场配额累计成交量超过 4.8 亿吨，累计成交额超过 114 亿元人民币。[②]

4. 气候变化国际合作的行动路径

中国作为最大发展中国家，已作出郑重减排承诺，将用全球历史上最短的时间实现从碳达峰到碳中和。中国在应对全球气候变化国际合作中发挥了关键作用。中国在作好自身工作的同时，应从三方面推动国际合作。

一是大力推动各国在联合国框架内平等合作，共同应对气候变化风险，拒绝气候霸权。应对气候变化是建立在科学性基础认知之上的共识。任何国家和地区都必须重视气候变化带来的重大风险，明确认识到应对气候变化、加速减排进程是"我

---

① 《习近平在第七十五届联合国大会一般性辩论上的讲话》，新华网，http://www.xinhuanet.com/politics/leaders/2020-09/22/c_1126527652.htm，2020 年 9 月 22 日。

② 孙永平：《为气候变化国际合作贡献中国智慧》，《光明日报》2021 年 7 月 20 日 。

们自己要干的事"，既不是因为外界压力也不是对他人的追随。应对气候变化能不能合作、在何框架下合作是严肃的政治议题。中国主张在联合国气候公约框架下进行磋商，通过联合国体系促进发达国家与发展中国家平等合作，共同应对，这是中国在气候变化方面合作的主渠道。中国的低碳转型要根据自己的发展进程而定。绿色低碳转型需要国际社会坚持共同但有区别的原则，各方要共同向《巴黎协定》控温目标努力。

二是加强低碳、零碳技术创新，推动国际技术合作。在各国拥有政治共识的基础上，开展国际层面的技术合作意义重大。目前，全球正在探索更好实现碳中和的方案。虽然各国的情况不一样，但依然存在很多共性的东西，比如大力发展非化石能源、可再生能源，推动生产生活方式低碳化转型，这些均建立在大量技术创新的基础之上。中国作为工业大国，尤其需要重视低碳、零碳技术创新。中国在非化石能源发展方面已经走在世界前列，但在用能方面仍有进步空间，如目前以火电为主的电力系统需要尽快向可再生能源过渡。推动低碳、零碳技术进步需要加大国际合作交流力度。

三是帮助发展中国家应对气候变化。在未来的日子里，中国要在大力发展低碳和零碳技术、加速推动绿色低碳转型的同时，发挥国际领导力，为广大发展中国家低碳化转型提供帮助。我们要秉持人类命运共同体理念，既要加快自身发展，也要为其他发展中国家提供帮助，提供绿色低碳技术以及绿色公共产品，助力广大发展中国家实现低碳化。

（二）生物多样性保护：为共建地球生命共同体贡献中国智慧

中国幅员辽阔，陆海兼备，地貌和气候复杂多样，孕育了丰富而又独特的生态系统、物种和遗传多样性，是世界上生物多样性最丰富的国家之一，中国的传统文化积淀了丰富的保护和利用生物多样性智慧。作为最早签署和批准《生物多样性公约》的缔约方之一，中国一贯高度重视生物多样性保护，不断推进生物多样性保护与时俱进，创新发展，取得显著成效，走出了一条中国特色生物多样性保护之路。

1.《中国的生物多样性保护》白皮书发布

2021年10月8日，国务院新闻办公室发布了《中国的生物多样性保护》白皮书，这是我国政府发布的第一部生物多样性保护白皮书。自1956年建立第一个自然保护区以来，我国已建立各级各类自然保护地近万处，约占陆域国土面积的18%。以国家公园为主体、自然保护区为基础、各类自然公园为补充的自然保护地体系成为保护栖息地、改善生态环境质量和维护国家生态安全的基础。目前，我国90%的陆地生态系统类型和71%的国家重点保护野生动植物物种得到有效保护。《中国的生物多样性保护》白皮书全面总结了我国在习近平生态文明思想指引下，以建设美丽中国为目标，积极适应新形势新要求，不断加强和创新生物多样性保护举措；从秉持人与自然和谐共生理念、提高生物多样性保护成效、提升生物多样性治理能力和深化全球生物多样性保护合作四个方面系统阐述了努力促进人与自然、人与人、人与社会和谐共生、良性循环、全面发展、持续繁荣的中国生物多样性保护理念、行动和成效。

联合国《生物多样性公约》缔约方大会第十五次会议（COP15）召开之际，正是《联合国2030年可持续发展议程》迈入实现全球目标的"行动十年"期间，也是国际社会保护生物多样性、实现全球可持续发展的历史性节点。在这个时刻，发布《中国的生物多样性保护》白皮书，旨在向国际社会介绍我国在生物多样性保护领域的理念与实践，增进国际社会对中国生物多样性保护的了解，为全球生物多样性保护贡献中国智慧，具有重要的现实意义。

一是首次以白皮书形式，全面介绍了中国在生物多样性保护领域开展的工作。中国将生物多样性保护作为生态文明建设的重要内容和推动高质量发展的重要抓手，生物多样性保护的相关要求被纳入经济社会发展的各方面、各领域，而且动员全社会各方面的力量共同保护生物多样性。

二是集中展示了中国生物多样性保护的理念、行动和成效，表明中国对全球生物多样性保护的贡献。白皮书详细阐述了中国坚持人与自然和谐共生理念，全面提高生物多样性保护成效、提升生物多样性治理能力，以及深化全球生物多样性领域交流合作的创新举措和丰硕成果，向世界展现了中国在生物多样性保护领域的大国担当和决心；同时，也表达了与世界携手应对全球生物多样性挑战的信心和主张。

三是总结提炼了中国生物多样性保护的实践和经验，为共建地球生命共同体提供中国智慧。作为万物和谐美丽家园的维护者、建设者、贡献者，中国积极探索、勇于实践，走出了一条中国特色的生物多样性保护之路。恰逢《生物多样性公约》缔约方大会第十五次会议召开之际，通过发布白皮书分享我国生物多样性治理经验，将为全球应对生物多样性丧失和生态系统退化风险挑战树立信心，对推动达成兼具雄心与务实的大会成果，推动形成更加公正合理、各尽所能的全球生物多样性治理体系发挥重要的作用。

四是激发全社会生物多样性保护积极性，加快推进人人有责、人人尽责、人人享有的生物多样性治理进程。生物多样性为人类提供了赖以生存和发展的重要物质基础，保护生物多样性是每个国家、每个组织、每一个人的责任和义务。中国将以白皮书发布为契机，认真履行国际公约，持续广泛推进生物多样性保护各项工作，动员和凝聚全社会力量参与生物多样性保护，为生物多样性保护提供强大而持久的动力。

2.《生物多样性公约》第十五次缔约方大会领导人峰会成果丰硕

2021 年 10 月 11 日，《生物多样性公约》第十五次缔约方大会在云南昆明开幕。国家主席习近平 12 日下午以视频方式出席大会领导人峰会并发表主旨讲话，彰显大国领袖的担当和东道国的风范，高举共建地球生命共同体的旗帜，为推进全球生态文明建设注入信心，为未来全球生物多样性治理指明方向，为共同建设清洁美丽的世界擘画蓝图，必将产生重大深远的世界影响。

在《生物多样性公约》秘书处、中国政府和各缔约方的共同努力下，第一阶段会议兼具雄心和务实，成果丰硕，完成了大会一般性议程并举行了高级别会议，包括领导人峰会及部长级会议，举办了生态文明论坛。高级别会议通过了"昆明宣言"，生态文明论坛发出了保护生物多样性、共建全球生态文明的倡议，为于 2022 年召开的第二阶段会议制定"2020 年后全球生物多样性框架"凝聚了广泛共识、奠定了坚实基础。

（1）共建家园：习近平主席首提三个构建"地球家园"的愿景。习近平强调，国际社会要加强合作，心往一处想、劲往一处使，共建地球生命共同体。习近平在讲话中强调共建地球生命共同体的理念，首次提出三个构建"地球家园"的愿景：构建人与自然和谐共生的地球家园；构建经济与环境协同共进的地球家园；构建世界各国共同发展的地球家园。构建"地球家园"的愿景从人与自然的关系、经济与环保的关系、全球合作三个维度，对人类要共建怎样的地球生命共同体这个时代之问作出全面阐释。

（2）共商大计：习近平主席提出开启人类高质量发展新征程的"四个倡议"。习近平强调，我们处在一个充满挑战也充满希望的时代。为了我们共同的未来，我们要携手同行，开启人类高质量发展新征程。习近平主席的讲话高瞻远瞩，围绕人类要怎样共建地球生命共同体这个命题，提出四个倡议。

第一，以生态文明建设为引领，协调人与自然关系。要解决好工业文明带来的矛盾，把人类活动限制在生态环境能够承受的限度内，对山水林田湖草沙进行一体化保护和系统治理。第二，以绿色转型为驱动，助力全球可持续发展。要建立绿色低碳循环经济体系，把生态优势转化为发展优势，使绿水青山产生巨大效益。加强绿色国际合作，共享绿色发展成果。第三，以人民福祉为中心，促进社会公平正义。要心系民众对美好生活的向往，实现保护环境、发展经济、创造就业、消除贫困等多面共赢，增强各国人民的获得感、幸福感、安全感。第四，以国际法为基础，维护公平合理的国际治理体系。要践行真正的多边主义，有效遵守和实施国际规则。设立新的环境保护目标应该兼顾雄心和务实平衡，使全球环境治理体系更加公平合理。①

这四个倡议与习近平主席 2021 年 9 月在第七十六届联合国大会一般性辩论上提出的"全球发展倡议"一脉相承，进一步描绘了未来高质量发展的"路线图"，为国际社会应对当前挑战提供了"中国方案"。

（3）共享文明：生态文明是人类文明发展的历史趋势。习近平主席的讲话特别提到云南大象的北上及返回之旅，强调中国将持续推进生态文明建设，坚定不移贯彻创新、协调、绿色、开放、共享的新发展理念，建设美丽中国。十几头大象 17 个月的奇游如一面镜子，折射出中国生态文明理念的深入人心和生态建设的显著成效。过去一些西方国家把文明等同于工业文明、经济发展。习近平主席提出的绿色发展，是从生态文明视角重新定义发展，是以更宏大的视角、更长远的眼光思考问题。

（4）共襄盛举：从承诺到行动，共建清洁美丽的世界。引领全球生物多样性治理新征程，习近平主席提出令人瞩目的"中国行动"——率先出资 15 亿元人民币，成立昆明生物多样性基金；加快构建以国家公园为主体的自然保护地体系；构建起碳达峰、碳中和"1+N"政策体系……与会代表普遍认为，中国领导人提出行动精准"路线图"，为世界树立了很好的榜样；中国宣布的一系列重大举措，展现出中国作为负责任大国的魄力、智慧和担当，提振全球信心。

回望来路，不懈努力成就了中国特色生物多样性保护之路；面向未来，中国将继续与国际社会携手并进，实现人与自然和谐共生美好愿景，共同建设更加美好的世界。

三　以人类和平与发展为目标深化同联合国合作

2021 年 10 月 25 日，中国隆重纪念这一历史性事件，习近平主席在中华人民共和国恢复联合国合法席位 50 周年纪念会议上发表重要讲话，指出"新中国恢复在联合国合法席位以来的 50 年，是中国和平发展、造福人类的 50 年"，强调"让我们携起手来，站在历史正确的一边，站在人类进步的一边，为实现世界永续和平发展，为推动构建人类命运共同体而不懈奋斗"。②

---

① 《习近平出席〈生物多样性公约〉第十五次缔约方大会领导人峰会并发表主旨讲话》，新华网，http://www.news.cn/world/2021-10/12/c_1127949239.htm，2021 年 10 月 12 日。
② 习近平：《在中华人民共和国恢复联合国合法席位 50 周年纪念会议上的讲话》，人民出版社，2021，第 2、9 页。

（一）50年来中国同联合国合作取得的重要成就

1971 年 10 月 25 日，第二十六届联合国大会以压倒性多数通过第 2758 号决议，决定恢复中华人民共和国在联合国的一切权利，承认中华人民共和国政府代表是中国在联合国的唯一合法代表。这是对新中国和联合国都具有重大历史意义的事件，这标志着占世界人口 1/4 的中国人民从此重新走上联合国舞台，也标志着联合国真正成为最具普遍性、代表性、权威性的国际组织。自此，中国的发展进步同世界的繁荣福祉紧紧联系在一起。

50 年来，中国人民在中国共产党坚强领导下，依靠自己勤劳的双手，在新中国成立以来国家建设和发展的基础上，开启了改革开放历史新时期，成功开创和发展中国特色社会主义，不断解放和发展生产力。进入新时代，经过持续奋斗，中国人民在中华大地上实现了全面建成小康社会的第一个百年奋斗目标，历史性地解决了绝对贫困问题，正在意气风发向着全面建成社会主义现代化强国的第二个百年奋斗目标迈进，迎来了中华民族伟大复兴的光明前景。中国的发展为世界提供了重要机遇，为联合国事业提供了强劲动力。50 年来，无论国际形势如何发展，世界格局如何演变，中国始终践行对联合国的支持和承诺，中国人民始终致力于为世界和平与发展事业作出不懈努力和重要贡献。

中国始终坚持为世界谋大同的精神，推动人类进步事业。习近平主席指出，我们应该大力弘扬和平、发展、公平、正义、民主、自由的全人类共同价值，共同为建设一个更加美好的世界提供正确理念指引。我们应该携手推动构建人类命运共同体，共同建设持久和平、普遍安全、共同繁荣、开放包容、清洁美丽的世界。《联合国宪章》倡导各国人民"力行容恕，彼此以善邻之道，和睦相处"，"用是发愤立志，务当同心协力，以竟厥功"。中国与联合国共同致力于探索人类更美好的前途命运。

中国领导人多次在联合国阐释重大理念主张。1974 年，时任国务院副总理邓小平出席联合国大会第六届特别会议，阐释毛泽东主席提出的划分"三个世界"理论和中国对外关系原则。2000 年，时任国家主席江泽民出席联合国千年首脑会议，提出建立公正合理的国际政治经济新秩序的主张。2005 年，时任国家主席胡锦涛出席联合国成立 60 周年首脑会议，提出和谐世界理念。特别是党的十八大以来，习近平主席多次在联合国深刻阐释构建人类命运共同体重要理念。2015 年，习近平主席出席联合国成立 70 周年系列峰会，就构建人类命运共同体提出"五位一体"的总体路径。2017 年，习近平主席在联合国日内瓦总部发表演讲，进一步提出建设"五个世界"的总体布局。2020 年，习近平主席出席联合国成立 75 周年系列高级别会议，旗帜鲜明阐述中国将坚定奉行多边主义，坚定维护联合国权威，坚定走和平发展、合作共赢道路，坚定推动构建人类命运共同体等原则立场。2021 年，习近平主席在第七十六届联合国大会发表重要讲话，呼吁国际社会坚定信心，携手应对全球性威胁和挑战，推动构建人类命运共同体，共同建设更加美好的世界。

新中国自成立伊始就把本国利益同人类命运和世界各国共同利益结合在一起。我们奉行独立自主的和平外交政策，主张在和平共处五项原则基础上同各国和平共处和友好合作，这就意味着中国在维护和实现本国利益的同时，不仅不会损害别国利益，而且还会在维护世界和平的前提下，促进各国共同利益的发展。这是中国的国家性质决定的。联合国大会、联合国安理会、联合国社会发展委员会、联合国人权理事会等多项决议写入"构建人类命运共同体""以人民为中心"等理念，彰显出中国负责任大国作用。

中国始终坚持联合国在国际事务中发挥核心作用。习近平主席强调，我们应该坚决维护联合国权威和地位，共同践行真正的多边主义。习近平主席在第七十六届联合国大会讲话时指出，世界只有一个体系，就是以联合国为核心的国际体系；只有一个秩序，就是以国际法为基础的国际秩序；只有一套规则，就是以《联合国宪章》宗旨和原则为基础的国际关系基本准则。《联合国宪章》载明，出席 1945 年旧金山会议并签署《联合国宪章》者为创始会员国，其他爱好和平并接受宪章义务者为会员国。今天的联合国共有 193 个会员国，是最具普遍性、代表性、权威性的国际组织。中国与联合国共同致力于捍卫联合国宪章宗旨和原则。

中国始终坚定维护联合国权威，坚定维护联合国在国际事务中发挥核心作用。中国主张高举真正的多边主义旗帜，坚持国际上的事要由大家商量着办，世界前途命运应由各国共同把握，推动全球治理体系朝着更加公正合理的方向发展。坚决反对绕开联合国搞针对别国的小集团、小联盟、小圈子，绕开安理会对其他国家动用武力、实施制裁、干涉内政，坚决反对以多边之名行单边之实的"伪多边主义"，坚决反对一切形式的霸权主义和强权政治。

中国积极参与联合国各领域工作，以实际行动支持联合国各项事业发展。历任联合国秘书长 30 多次应邀访华，高度评价中国为联合国事业所作卓越贡献，共同推动中国同联合国合作不断走深走实。2015 年 9 月，习近平主席出席联合国成立 70 周年系列峰会期间宣布设立中国—联合国和平与发展基金。迄今共向基金供资 1.2 亿美元，启动开展 112 个合作项目，为联合国和平与发展工作提供助力。2020 年 9 月，习近平主席在出席联合国成立 75 周年系列高级别会议期间，宣布中国—联合国和平与发展基金将在 2025 年到期后延期 5 年。中国自 2019 年起成为联合国会费第二大出资国，推动联合国资金和资源更多投向发展中国家关切领域。推动多名中国籍人士担任联合国专门机构负责人、秘书长特别代表、驻地协调员等，为联合国事业贡献中国智慧、中国人才。

中国始终坚持维护世界和平与安全。习近平主席指出，中国人民热爱和平。中华民族传承和追求的是和平和睦和谐理念。我们从未主动挑起过一场战争，从未侵占过别国一寸土地。我们过去没有，今后也不会侵略、欺负他人，不会称王称霸。《联合国宪章》扉页载明创建联合国之根本目的——"欲免后世再遭今代人类两度身历惨不堪言之战祸"，为达此目的，"集中力量，以维持国际和平及安全"。维护世界和地区和平稳定发展是国际社会的普遍呼声和要求。同时也要看到，世界各地仍有战乱动荡，霸权主义和强权政治阴影犹存，国际安全形势中的不稳定不确定因素未减。中国与联合国共同致力于实现"国际和平与安全"的世代期盼。

作为安理会常任理事国，中国始终高举政治解决旗帜，倡导对话协商化解分歧，积极支持联合国依据授权开展斡旋努力，切实捍卫国际公平正义。中国坚持不干涉内政原则，坚决反对在国际事务中动辄使用或威胁使用武力，积极参与朝鲜半岛核、伊朗核、伊拉克、阿富汗、缅甸、中东、叙利亚、利比亚、苏丹、南苏丹等重大国际和地区问题的解决，不断探索和实践具有中国特色的解决问题之道。自 1990 年以来，中国已向近 30 项联合国维和行动派出维和人员 5 万余人次。目前有 2200 余人在联合国 8 个任务区执行任务，在五个常任理事国中名列第一。已组建 8000 人规模维和待命部队和 300 人规模常备维和警队，成为联合国维和待命部队中数量最多、分队种类最齐全的国家。中国加入 20 多个国际军控条约及机制，全面履行各项条约义务，坚定维护多边军控条约权威性和有效性。中国为达成和维护伊朗核问题全面协议作出重要贡献，建设性介入解决叙利亚化武问题，为国际安全治理贡献中国方案。

中国始终坚持通过自身发展促进全球共同发展。习近平主席强调，我们应该坚持互利共赢，共同推动经济社会发展更好造福人民。习近平主席在第七十六届联合国大会上提出全球发展倡议，希望各国共同努力，克服新冠肺炎疫情对全球发展的冲击，加快落实联合国 2030 年可持续发展议程，构建全球发展命运共同体。联合国宪章的重要目标之一就是"运用国际机构，以促成全球人民经济及社会之进展"。中国与联合国共同致力于促进更高质量、更有效率、更加公平、更可持续、更为安全的发展。

中国积极参与联合国发展领域工作，有力推动国际发展合作。我们高举发展旗帜，深入参与联合国经济发展领域工作，全面落实千年发展目标，积极参与全球可持续发展议程。我们坚持发展优先，推动将发展置于全球宏观政策框架的突出位置，提出以公平、开放、全面、创新为核心要素的发展理念，致力于构建更加平等均衡的全球发展伙伴关系。我们倡导构建开放型世界经济，维护以世界贸易组织为核心的多边贸易体制。我们宣布一系列推动国际发展合作举措，包括未来 3 年内再提供 30 亿美元国际援助，用于支持发展中国家抗疫和恢复经济社会发展，设立南南合作援助基金、中国—联合国粮农组织南南合作信托基金，设立国际发展知识中心，免除有关发展中国家政府间无息贷款债务，力争到 2030 年将对最不发达国家投资增至 120 亿美元等。积极支持联合国在华设立联合国地理信息知识与创新中心和可持续大数据国际研究中心。中国提出的"一带一路"倡议吸引了 141 个国家和包括 19 个联合国机构在内的 32 个国际组织参与，成为广受欢迎的国际公共产品和构建人类命运共同体的重要实践平台。

历经 40 多年接续奋斗，中国 7 亿多人摆脱贫困，对世界减贫贡献率超过 70%。2021 年，中国现行标准下 9899 万农村贫困人口全部脱贫，提前 10 年完成联合国 2030 年可持续发展议程消除绝对贫困目标，为在全球范围内推进 2030 年可持续发展议程减贫目标、实现可持续发展作出巨大贡献。中国率先发布落实 2030 年议程的国别方案和两期进展报告，在多个领域实现早期收获。中国积极参与国际减贫合作，推动联合国大会连续 3 年通过农村减贫决议，发布《消除绝对贫困 中国的实践》减贫案例。主办人类减贫经验国际论坛，展示脱贫攻坚伟大成就和成功经验。不断加大减贫国际合作投入，全面落实习近平主席宣布的"100 个减贫项目"等一系列支持发展中国家减贫的重大务实举措。

中国始终坚持推进国际人权事业发展。习近平主席指出，中国始终遵循《联合国宪章》和《世界人权宣言》精神，坚持把人权普遍性同中国实际结合起来，走出了一条符合时代潮流、具有中国特色的人权发展道路，为中国人权进步和国际人权事业作出了重大贡献。《联合国宪章》明确"重申基本人权，人格尊严与价值，以及男女与大小各国平等权利之信念"。中国与联合国共同致力于尊重和保障人权。

中国积极促进和保护人权，深入参与全球人权治理。加入或批准 26 项国际人权文书，包括 6 项核心人权公约，为《发展权利宣言》《维也纳宣言和行动纲领》等多个重要国际人权文书的制定发挥了建设性作用。深入参与多边人权机制工作，1981 年当选人权委员会成员并连选连任，2006 年以来五次当选联合国人权理事会成员，三次通过国别人权审议，推动人权理事会通过"发展对享有所有人权的贡献""在人权领域促进合作共赢""殖民主义遗留问题对享有人权的负面影响"等决议，多次代表发展中国家就"落实发展权""减贫促人权""促进国际人权合作""促进全球疫苗公平分配"等作共同发言，为全球人权治理贡献智慧和力量。同 20 多个国家和国际组织建立人权对话或磋商机制，致力于在平等和相互尊重的基础上开展人权对话与合作。

中国推动全球人权治理健康发展，倡导"以人民为中心"的发展思想，坚持把人权普遍性同本国实际相结合，系统推进各类人权，加强国际人权对话与合作，积极推动中国人权进步和国际人权事业发展。中国坚决反对人权政治化和借人权干涉内政，20 世纪 90 年代 11 次挫败西方一些国家反华人权提案，近年来连续挫败西方一些国家多边人权反华行动。中国坚持为发展中国家仗义执言，维护国际公平正义。

中国始终坚持推进社会、卫生、环境、人文等领域国际合作。习近平主席强调，我们应该加强合作，共同应对人类面临的各种挑战和全球性问题。《联合国宪章》申明"促成大自由中之社会进步及较善之民生"，"促成国际合作，以解决国际间属于经济、社会、文化及人类福利性质之国际问题"。中国与联合国共同致力于应对全球性挑战、提升全人类福祉。

中国积极参与全球卫生事务和重大国际卫生行动，大力推进全球抗疫合作，提供国际援助和支持，为受援国应对疫情、发展医疗卫生事业发挥重要作用。面对埃博拉疫情，中国应世界卫生组织号召，向几内亚、利比里亚、塞拉利昂等非洲 13 国提供防疫物资、粮食和现汇援助，援建检测实验室，派遣医疗队和公共卫生专家驰援非洲，为战胜疫情作出突出贡献。新冠肺炎疫情发生后，中国及时向世卫组织通报疫情，分享病毒基因序列，接待世卫组织专家组来华，率先加入世卫组织"新冠疫苗实施计划"，先后提供 5000 万美元现汇援助，积极支持国际抗疫合作。习近平主席在第 73 届世界卫生大会视频会议开幕式上发表重要讲话，呼吁各国团结合作战胜疫情。中国积极响应联合国发起的全球人道主义应对计划，向 150 多个国家和国际组织提供物资援助，向 200 多个国家和地区出口防疫物资，对外共提供了 3200 多亿只口罩、39 亿件防护服、56 亿人份检测试剂盒。中国践行将疫苗作为全球公共产品宣示，已向全球 100 多个国家和国际组织提供了超过 16 亿剂疫苗，2021 年全年对外提供超过 20 亿剂，正同 16 个国家开展疫苗联合生产，初步形成 7 亿剂的年产能，在向"新冠疫苗实施计划"捐赠 1 亿美元用于向发展中国家分配疫苗基础上，再向发展中国家无偿捐助 1 亿剂疫苗，为构筑全球疫苗防线作出积极贡献。

中国积极参与联合国教科文、气候变化、生态环境、妇女、青年、禁毒、难民、移民、海事、民航、电信、残疾人等领域工作，加入有关国际公约并如期提交履约报告。积极应对全球气候变化，作为《联合国气候变化框架公约》首批缔约国，为达成《京都议定书》《巴黎协定》作出重要贡献。宣布力争 2030 年前实现碳达峰、2060 年前实现碳中和,构建"1＋N"政策体系。成功主办《生物多样性公约》第十五次缔约方大会、第二届联合国全球可持续交通大会,开启人类高质量发展新征程,推进全球互联互通合作。成功举办联合国第四次世界妇女大会,通过《北京宣言》和《行动纲领》,成为世界妇女发展史上的重要里程碑。同联合国妇女署成功合办全球妇女峰会,并倡议于 2025 年再次召开全球妇女峰会。①

(二)中国将同联合国继续携手前行

2021 年是中华人民共和国恢复联合国合法席位 50 周年。回首来时路,展望新征程,中国同联合国合作的成就卓著、前途远大。中国将同联合国一道,高举多边主义旗帜,推动构建人类命运共同体。

1. 坚持党的领导,发挥元首外交战略引领作用

党的领导是我国对外交往的最大优势,是我国同联合国合作取得重大成就的根本保障。我们要始终坚持党的领导,坚决落实党中央决策部署,不断开拓新时代我国多边外交新局面。元首外交为中国同联合国合作指明了方向,我们要着眼中国同世界各国共同利益,在联合国等多边场合弘扬中国理念,贡献中国智慧,加强国际合作,实现互利共赢,推动构建人类命运共同体。

2. 统筹两个大局,助力民族复兴和人类进步

新中国恢复联合国合法席位以来,顺应不同时期世界格局和国际形势变化发展,不断拓展和深化同联合国各领域合作。当前形势下,中国同联合国合作要统筹国内国际两个大局、发展安全两件大事,立足新发展阶段,贯彻新发展理念,构建新发展格局,为中国和平发展营造更加有利的国际环境,为世界和平与发展贡献更加有力的中国方案,为实现中华民族伟大复兴、推动构建人类命运共同体提供更坚强的保障。

3. 坚守多边主义,改革和建设全球治理体系

我们要继续高举真正的多边主义旗帜,进一步将构建人类命运共同体理念转化为国际共识和具体倡议。坚持对话而不对抗、包容而不排他,构建相互尊重、公平正义、合作共赢的新型国际关系。继续坚决维护以联合国为核心的国际体系、以国际法为基础的国际秩序、以《联合国宪章》宗旨和原则为基础的国际关系基本准则。大力支持联合国秘书长开展工作,深化同联合国各领域合作。全面深入参与联

---

① 杨洁篪:《五十年深化同联合国合作 协力构建人类命运共同体》,《求是》2021 年第 21 期。

合国机构发展变革，顺应时代潮流，积极推动各领域国际规则制定。坚定维护发展中国家正当权益，推动进一步提升发展中国家在国际事务中的代表性和发言权，推动国际关系民主化、法治化。中国手中的一票永远属于发展中国家，永远属于历史正确的一边、人类进步的一边。

4. 坚持和平发展，推动共同发展

推动各国树立共同、综合、合作、可持续的安全观，共同构建公平正义、集体协作的全球安全格局。发挥联合国安理会在维护国际和平与安全方面的首要责任，倡导通过政治方式解决热点问题。倡导协和万邦、兼济天下，反对唯我独尊、强权霸凌，支持通过对话谈判寻求兼顾各方利益的解决方案，反对干涉内政、诉诸武力和单边制裁。充分发挥安理会常任理事国作用，为维护国际和平与安全作出重要贡献。同国际社会一道加强和完善国际军控与裁军体系。

继续高举发展旗帜，倡导发展优先，全面落实全球发展倡议，深入推进 2030 年可持续发展议程，推动实现更加强劲、绿色、健康的全球发展。推动共建"一带一路"高质量发展。继续维护发展中国家权益，推动构建更加平等均衡的全球发展伙伴关系，敦促发达国家履行应尽责任义务，推动国际政治经济秩序朝着更加公正合理方向发展。坚持以共同利益为纽带、以合作共赢为原则推进全球发展合作，调动一切资源力量，帮助发展中国家实现共同发展。

进一步保护和促进人权。坚持人民至上，生命至上，保护每个人的生命、价值、尊严。深入推进全球抗疫合作，进一步推动疫苗作为公共产品在全球范围内公平合理分配，提高疫苗在发展中国家的可及性和可负担性。深化同联合国会员国在社会、教育、科学、文化、妇女、青年、儿童、残疾人、海事等广泛领域的国际合作。大力促进文明互鉴，弘扬全人类共同价值。全面推进生态文明建设，完善气候治理，共建清洁美丽世界。

5. 加强统筹协调，形成更大合力

联合国多边外交涵盖领域广、影响范围大，深化中国同联合国各领域合作需要加强全方位统筹，调动各方面力量和资源，统筹政治、外交、军事、财政、援助、法律等领域，大国、周边、发展中国家、多边方向立体联动、协同发力，不断开拓新时代中国同联合国合作新局面。

乘势而上开山河，风雨无阻向前进。站在"两个一百年"历史交汇的关键节点，面对新变量、新态势、新机遇和新挑战，我们要继续扎实推进构建人类命运共同体的各项实践，与世界各国携手并进、走深走实，为促成抗疫全球合作、推动全球经济复苏、实现世界和平安全、推进共同繁荣等作出更大的贡献！

共同构建人与自然生命共同体
——在"领导人气候峰会"上的讲话

（2021 年 4 月 22 日，北京）

中华人民共和国主席　习近平

尊敬的拜登总统，

尊敬的各位同事：

很高兴在"世界地球日"到来之际出席领导人气候峰会，感谢拜登总统的邀请。借此机会，我愿同大家就气候变化问题深入交换意见，共商应对气候变化挑战之策，共谋人与自然和谐共生之道。

人类进入工业文明时代以来，在创造巨大物质财富的同时，也加速了对自然资源的攫取，打破了地球生态系统平衡，人与自然深层次矛盾日益显现。近年来，气候变化、生物多样性丧失、荒漠化加剧、极端气候事件频发，给人类生存和发展带来严峻挑战。新冠肺炎疫情持续蔓延，使各国经济社会发展雪上加霜。面对全球环境治理前所未有的困难，国际社会要以前所未有的雄心和行动，勇于担当，勠力同心，共同构建人与自然生命共同体。

——坚持人与自然和谐共生。"万物各得其和以生，各得其养以成。"大自然是包括人在内一切生物的摇篮，是人类赖以生存发展的基本条件。大自然孕育抚养了人类，人类应该以自然为根，尊重自然、顺应自然、保护自然。不尊重自然，违背自然规律，只会遭到自然报复。自然遭到系统性破坏，人类生存发展就成了无源之水、无本之木。我们要像保护眼睛一样保护自然和生态环境，推动形成人与自然和谐共生新格局。

——坚持绿色发展。绿水青山就是金山银山。保护生态环境就是保护生产力，改善生态环境就是发展生产力，这是朴素的真理。我们要摒弃损害甚至破坏生态环境的发展模式，摒弃以牺牲环境换取一时发展的短视做法。要顺应当代科技革命和产业变革大方向，抓住绿色转型带来的巨大发展机遇，以创新为驱动，大力推进经济、能源、产业结构转型升级，让良好生态环境成为全球经济社会可持续发展的支撑。

——坚持系统治理。山水林田湖草沙是不可分割的生态系统。保护生态环境，不能头痛医头、脚痛医脚。我们要按照生态系统的内在规律，统筹考虑自然生态各要素，从而达到增强生态系统循环能力、维护生态平衡的目标。

——坚持以人为本。生态环境关系各国人民的福祉，我们必须充分考虑各国人民对美好生活的向往、对优良环境的期待、对子孙后代的责任，探索保护环境和发展经济、创造就业、消除贫困的协同增效，在绿色转型过程中努力实现社会公平正义，增加各国人民获得感、幸福感、安全感。

——坚持多边主义。我们要坚持以国际法为基础、以公平正义为要旨、以有效行动为导向，维护以联合国为核心的国际体系，遵循《联合国气候变化框架公约》及其《巴黎协定》的目标和原则，努力落实2030年可持续发展议程；强化自身行动，深化伙伴关系，提升合作水平，在实现全球碳中和新征程中互学互鉴、互利共赢。要携手合作，不要相互指责；要持之以恒，不要朝令夕改；要重信守诺，不要言而无信。

中方欢迎美方重返多边气候治理进程。中美刚刚共同发布了《应对气候危机联合声明》，中方期待同包括美方在内的国际社会一道，共同为推进全球环境治理而努力。

——坚持共同但有区别的责任原则。共同但有区别的责任原则是全球气候治理的基石。发展中国家面临抗击疫情、发展经济、应对气候变化等多重挑战。我们要充分肯定发展中国家应对气候变化所作贡献，照顾其特殊困难和关切。发达国家应该展现更大雄心和行动，同时切实帮助发展中国家提高应对气候变化的能力和韧性，为发展中国家提供资金、技术、能力建设等方面支持，避免设置绿色贸易壁垒，帮助他们加速绿色低碳转型。

各位同事！

中华文明历来崇尚天人合一、道法自然，追求人与自然和谐共生。中国将生态文明理念和生态文明建设写入《中华人民共和国宪法》，纳入中国特色社会主义总体布局。中国以生态文明思想为指导，贯彻新发展理念，以经济社会发展全面绿色转型为引领，以能源绿色低碳发展为关键，坚持走生态优先、绿色低碳的发展道路。

去年，我正式宣布中国将力争2030年前实现碳达峰、2060年前实现碳中和。这是中国基于推动构建人类命运共同体的责任担当和实现可持续发展的内在要求作出的重大战略决策。中国承诺实现从碳达峰到碳中和的时间，远远短于发达国家所用时间，需要中方付出艰苦努力。中国将碳达峰、碳中和纳入生态文明建设整体布局，正在制定碳达峰行动计划，广泛深入开展碳达峰行动，支持有条件的地方和重点行业、重点企业率先达峰。中国将严控煤电项目，"十四五"时期严控煤炭消费增长、"十五五"时期逐步减少。此外，中国已决定接受《〈蒙特利尔议定书〉基加利修正案》，加强非二氧化碳温室气体管控，还将启动全国碳市场上线交易。

作为全球生态文明建设的参与者、贡献者、引领者，中国坚定践行多边主义，努力推动构建公平合理、合作共赢的全球环境治理体系。中方将在今年 10 月承办《生物多样性公约》第十五次缔约方大会，同各方一道推动全球生物多样性治理迈上新台阶，支持《联合国气候变化框架公约》第二十六次缔约方会议取得积极成果。中方秉持"授人以渔"理念，通过多种形式的南南务实合作，尽己所能帮助发展中国家提高应对气候变化能力。从非洲的气候遥感卫星，到东南亚的低碳示范区，再到小岛国的节能灯，中国应对气候变化南南合作成果看得见、摸得着、有实效。中方还将生态文明领域合作作为共建"一带一路"重点内容，发起了系列绿色行动倡议，采取绿色基建、绿色能源、绿色交通、绿色金融等一系列举措，持续造福参与共建"一带一路"的各国人民。

各位同事！

"众力并，则万钧不足举也。"气候变化带给人类的挑战是现实的、严峻的、长远的。但是，我坚信，只要心往一处想、劲往一处使，同舟共济、守望相助，人类必将能够应对好全球气候环境挑战，把一个清洁美丽的世界留给子孙后代。

谢谢大家。

（资料来源：《人民日报》2021 年 4 月 23 日）

思考题

1. 提出构建人与自然生命共同体具有什么重大意义？
2. 构建人与自然生命共同体的实践价值有哪些？
3. 人与自然生命共同体与人类命运共同体有什么关系？

活动与探究

近年来，随着中国综合国力不断壮大，国际上有些人开始担心，中国这个"大块头"要怎么走、怎么动，会不会撞到自己，会不会堵了自己的路，会不会占了自己的地盘。也有一些人戴着有色眼镜看中国，别有用心地炮制所谓的"中国威胁论"。对此，习近平总书记一再强调，"国强必霸"不是历史定律，中国人民不接受"国强必霸"的逻辑。无论国际形势如何变化，无论自身如何发展，中国永不称霸、永不扩张、永不谋求势力范围，中国人民走和平发展道路的决心意志不动摇。

假设你是一名外交部发言人，面对记者"中国是否会走'国强必霸'之路"的质疑，请通过列举事实的方式，驳斥这一伪逻辑，并形成一份 2000 字的发言稿。

参考文献

1.《中国为全球抗疫作出重大贡献》，《人民日报（海外版）》2021 年 6 月 17 日。

2.《中国疫苗"入世"意义非凡》，《经济参考报》2021 年 5 月 12 日。

3.《中国疫苗援助填补"免疫鸿沟"》，光明网，https://m. gmw. cn/2021 - 07/17/content _ 1302411969. htm，2021 年 7 月 17 日。

4.《加强科技开放合作 共同应对时代挑战》，求是网，http://www. qstheory. cn/wp/2021 - 09/28/c_ 1127913319. htm ，2021 年 9 月 28 日。

5. 孙永平：《为气候变化国际合作贡献中国智慧》，《光明日报》2021 年 7 月 20 日。

6.《中国在应对气候变化国际合作中发挥关键作用》，《经济日报》2021 年 4 月 24 日。

7.《〈中国的生物多样性保护〉白皮书发布》，人民网，http://yn. people. com. cn/n2/2021/1008/ c378440 - 34946712. html，2021 年 10 月 8 日。

8.《携手同行，开启人类高质量发展新征程——习近平主席在〈生物多样性公约〉第十五次缔约方大会领导人峰会上的主旨讲话解读》，COP15 新闻中心，https://www. cop15news. com/focus/ 2021 - 10/13/c_ 1211402384. htm，2021 年 10 月 13 日。

9. 杨洁篪：《五十年深化同联合国合作 协力构建人类命运共同体》，《求是》2021 年第 21 期。

专题八　国际形势热点聚焦

📄 要点提示

1. 全球疫情防控形势仍然复杂严峻
2. 阿富汗人道主义灾难引全球关注
3. 欧盟谋求"战略自主"
4. 应对气候变化亟待全球行动

　　2021 年，新冠肺炎疫情仍在全球肆虐，全世界已有上百万人被夺去生命，然而数据仍然在不断刷新。全球地区热点问题频发，传统与非传统安全交织蔓延，地区局势仍不安宁，这既有地区固有矛盾的发展，也有疫情导致的一些国家国内政治经济社会转变，还有单边主义、霸凌主义以及军事干预等行动带来的恶果。中东地区形势混乱，局势难现曙光。欧盟谋求"战略自主"，但说易行难。气候问题是当前突出的全球性挑战，事关国际社会共同利益，也关系地球未来。

一　全球疫情防控形势仍然复杂严峻

2021 年 7 月 30 日，世卫组织总干事谭德塞在例行记者会上表示，好不容易得到控制的新冠肺炎疫情又近乎失控了。世卫组织方面认为，最近一段时间疫情强烈反弹，在很大程度上归因于最先在印度发现的、具有高传染性的"德尔塔"变异毒株。

（一）全球疫情再次反弹与"德尔塔"高度相关

多家美媒披露了美国疾控中心的一份内部文件，文件中说，"德尔塔"的高传染性与水痘病毒相当，比天花病毒、季节性流感等病毒的传染性都要强。路透社 7

月底援引病毒学家和流行病学家的分析报道说，"德尔塔"是新冠病毒中"最快、最强健、最可怕"的版本，它几乎颠覆了人们对这种疾病的认知和假设。有研究表明，疫苗可以将新冠病毒的传播减少80%以上，但"德尔塔""正在制造新的不确定性"。就连动物也会受到"德尔塔"的侵袭，据《今日印度》2021年6月报道，印度泰米尔纳德邦钦奈动物园的9只狮子确认感染"德尔塔"变异毒株。

尤其值得警惕的是"突破性"感染的出现。根据美国疾控中心的研究报告，感染"德尔塔"变异株导致的已接种疫苗者与未接种或者部分接种疫苗者体内的病毒载量相近，这意味着完成疫苗接种的人在感染"德尔塔"后仍然会传播病毒。澳大利亚昆士兰大学副教授、传染病和微生物学专家保罗·格里芬认为，"突破性"感染的出现，可能表明人类要接受与新冠病毒长期共存的情况。

正如多国科学家预言的那样，"德尔塔"已在全球许多国家成为新冠肺炎疫情的"主角"。受"德尔塔"影响，在日本，与奥运会一起"如火如荼"的，是日增确诊病例数连续多日过万，东南亚疫情形势也持续严峻。

虽然"德尔塔"变异毒株来势汹汹，但科学家们一致认为，新冠疫苗还是人类对抗"德尔塔"毒株的最有效工具。以美国为例，在美国的大多数州，98%以上的新增新冠确诊病例发生在未接种疫苗的人群中。在已报告发现"突破性"感染病例的地区，完全接种疫苗者的比例不足1%。为此，以欧盟为代表的一些发达国家为了进一步提高本国疫苗接种率，正在加大疫苗采购力度。

（二）奥密克戎成"需关注的变异株"

在引发全球瞩目的同时，奥密克戎这个新的毒株迅速蔓延开来。2021年11月29日，世卫组织评估称，奥密克戎的全球总体传播风险为"非常高"，可能导致病例激增，带来"严重后果"。

在首先报告相关感染病例的非洲，南非是奥密克戎感染病例最多的国家，其中大部分出现在豪登省。与此同时，南非疫情正呈指数级增长，进入第四轮疫情之中。其他非洲国家博茨瓦纳、尼日利亚、加纳等也出现相关病例。2021年12月初，在北美洲，美国报告了首例奥密克戎感染病例。在南美洲，巴西也出现了奥密克戎感染病例。

在亚洲，新加坡、印度12月2日分别报告2例奥密克戎感染病例，这是两国首次出现奥密克戎感染病例。此前，日本、韩国等国都已报告相关感染病例。中东地区的以色列、阿联酋、沙特也报告了相关病例。在当前疫情最为严重的欧洲，越来越多国家报告奥密克戎感染病例。位于大洋洲的澳大利亚也未能幸免。

新冠疫情发生以来，全球已多次见证新冠病毒变异毒株带来的影响，但奥密克戎的出现仍然引发全球警惕。2021年11月24日，南非政府首次向世卫组织报告新冠变异毒株B.1.1.529。两天后，世卫组织将其列为"需关注的变异株"（VOC），并以"奥密克戎"命名。奥密克戎成为新冠疫情发生以来世卫认定的第五个"需关注的变异株"，也是最快被认定为VOC的新冠病毒变种。

（三）欧洲疫情持续蔓延

如果说从2021年秋季以来，主要是新冠疫苗接种率较低的东欧国家感染人数迅速增加，那么现在几乎所有欧洲国家的感染率都在上升。与此同时，东欧疫情有所缓和，感染人数下降，但死亡率仍居高不下。亚洲和中东的大多数国家没有暴发新一轮疫情，新增确诊病例数呈下降趋势。

法国《回声报》网站11月14日发表《欧洲各国加强防疫措施应对新一波疫情》的报道称，这一幕似曾相识。一个平静的夏季过后，欧盟部分国家如今要为新一波疫情奋战。

在欧盟卫生机构11月12日公布的一份风险评估报告中，其27个成员国的新冠疫情在不同程度地恶化，特点是"确诊病例快速、大量地增加，死亡率不高但在缓慢上升"。包括荷兰在内的10个欧盟国家的情况被定级为"非常令人担忧"，还有德国和奥地利等另外10个成员国的疫情定级为"令人担忧"。面对新冠疫情的再次抬头，各国政府也在加强或准备加强防疫措施。

1. 奥地利：未接种疫苗者禁足

奥地利总理亚历山大·沙伦贝格11月14日宣布，从15日起未接种疫苗者禁足。那些没有接种新冠疫苗的奥地利人不能离开家门，除非是因为工作、跑步而不得不离家。这被称为一项前所未有的措施。该决策是新冠疫情快速蔓延的结果。此外，重症患者的人数激增，这也让医疗部门十分担心局势进一步恶化。

2. 荷兰：一定程度恢复限制

荷兰首相马克·吕特11月12日宣布，从13日起一定程度恢复严格的限制措施。至少在3周内，酒吧、餐馆和超市20时必须关门，非必要商业场所18时也必须停止营业。大型体育活动将不允许观众进场，鼓励员工最好远程办公。有些人对这些措施感到不满。一些示威者在海牙街头表达对政府决策的愤怒。

3. 德国：各州承压，等待新政策

德国卫生部部长延斯·施潘11月12日警告称"情况非常严重"。该国目前每两周确诊病例就翻一番。目前的德国联邦政府只是一个"看守"角色，在等待着新的执政联盟出炉，其操作空间很小。卫生部官员 11 月 13 日只能宣布希望采取新的措施，叮嘱正在协商组成新内阁的各政党，要对部分地区采取隔离措施或关闭学校。

（四）疫情下的世界经济复苏之路何在

全球疫情仍在肆虐，世界经济遭受疫情严重冲击。加强抗疫和疫苗研发合作，战胜新冠病毒和疫情大流行，消除公共卫生安全威胁，摆脱经济社会危机，是世界的当务之急。

1. 经济动荡和社会危机相伴而生

因新冠肺炎疫情反复而起的经济动荡和社会危机，对一些国家来说，似乎比疫情本身带来的考验更加严峻。过去一段时间，法国、德国、澳大利亚等国频发"反疫苗"和"反封锁"抗议，就是这种考验的表现方式之一。

在法国，7 月 31 日，十多个城市连续第三个周六爆发反对"健康通行证"的示威活动，20 多万法国人走上街头，高喊"我们要自由"，要求政府不要强迫民众接种新冠疫苗。在德国，8 月 1 日，抗议德国政府防疫政策最活跃的团体"横向思维"组织在柏林非法组织大规模游行示威活动，还与警方发生混战，有多人当天被警方临时逮捕。在澳大利亚，7 月底在悉尼市中心发生的"反封锁"抗议活动中，有抗议者因殴打警用马匹等犯罪行为面临法庭审判。

2. 近5亿工作岗位几乎一夜之间消失

《经济学人》杂志发表评论指出，冠状病毒大流行对世界经济的冲击是二战以来最大的。封锁和消费支出的下滑导致劳动力市场内爆，全球将近 5 亿个全职工作岗位几乎一夜之间消失了。随着工厂关闭和各国关闭边境，世界贸易不寒而栗。只有各国央行对金融市场进行前所未有的干预、政府对工人和破产企业的援助，以及政府预算赤字扩大至接近战时的水平，才能避免更深重的经济灾难。

遭受冲击是不可避免的，由此造成的损失和崩溃也几乎是同步的，一些国家、一些地区、一些行业受到的冲击尤为明显，有的甚至处于崩溃的边缘。旅游业等服务业是重灾区。据统计，自 2021 年 1 月以来全球已有 43 家商业航空公司因疫情而"出现严重困局，如果没有政府的干预和支持，更多的航空公司将会在这场危机的头 6 个月中就陷入大规模破产"。[①]

全球航空业的惨状只不过是疫情下世界经济贸易遭受重创的冰山一角，世界各地无数的旅游景点以及酒店、餐馆、咖啡店和酒吧等处于部分甚至全面停摆状态。

---

① 美国 CNBC 电视频道 2021 年 10 月 8 日援引旅行数据公司 Cirium 发布的最新数据。

更为严重的是这些行业有大量人员的工作和生活得不到保障。

世界大多数国家疫情形势依然严峻，除了美国之外，欧洲、南美以及南亚的一些国家的新确诊病例也仍在大幅增加，死亡人数在不断上升，一些地区在不断再次暴发疫情，对疫情的焦虑和恐惧情绪笼罩在人们的心头，多国经济仍然无法摆脱疫情灾难之苦。

3. 世界经济逐渐走向复苏

国际货币基金组织（IMF）总裁格奥尔基耶娃曾在华盛顿的一次讲话中指出，我们的世界被疫情搅得面目全非——上百万人失去生命，数十亿人遭受疫情带来的经济影响。疫情对低收入国家造成如此严重的冲击，以致我们可能不得不面对"迷失的一代"。

疫情下的世界经济，呈现三大特征。一是三个急剧下滑：经济增速急剧下滑，国际贸易急剧下滑，产业链供应链急剧下滑；二是三个急剧增高：失业率急剧增高，政府预算赤字急剧增高，各国债务急剧增高；三是三个停顿：工厂企业急剧停顿，服务行业急剧停顿，旅游业、航空业和交通业急剧停顿。

分析人士认为，IMF总裁对当下世界经济的总体评估和前景展望基本上符合现实。全球经济形势虽依然严峻，但也确实出现了趋稳和好转迹象，特别是美国和欧洲的主要经济体，经济萎缩的程度没有疫情最严重时期所评估的那么悲观。

世界经济复苏趋好，主要有两大原因：一是中国取得了抗疫的战略性成果，生产经营活动快速恢复，不仅在世界主要经济体中率先实现了正增长，而且在持续地较快增长，这不仅给世界经济的复苏带来了希望，增强了世人的信心，也给全球经济的恢复注入了正能量，这是中国对世界的又一大贡献；二是从美国到德国、法国、英国、日本再到俄罗斯、韩国等世界主要经济体，在过去一年中陆续重启经济活动，并加大各种救援和刺激措施实施力度，使全球经济形势随之得到了改善。

总体来看，全球经济正从危机深渊中恢复，但全球经济的灾难远未结束。所有国家现在都将踏上漫长的攀行之路，然而这将是一个艰难的过程，料将漫长、坎坷且充满不确定性，如果后续措施不能紧紧跟上，则极易出现倒退。

各国应对危机的能力不同，发达经济体能够不惜代价，而贫穷国家负担过重，只能尽力而为。但如果贫穷国家不能尽快从疫情危机中得到救助，则必定会拖累整个世界经济，造成严重的债务违约。这一情况值得高度关注。

疫情之下，全球经济贸易保护主义抬头，各种摩擦增多，经济全球化遭遇"顶头风"，不少国家实行闭关自守政策，这对世界经济的长远发展都极为不利。唯有全球加强合作抗疫，世界才能战胜这场危机，实现一个更加安全、更加繁荣、更加稳健并造福全体人类的世界。

二 阿富汗人道主义灾难引全球关注

持续多年的战乱，让阿富汗经济发展及人民生活水平持续恶化，尽管许多非政府组织持续为阿富汗民众提供食品、医疗等人道主义援助，但阿富汗社会状况仍然不容乐观。随着阿富汗政府资产被冻结、国际援助暂停，阿富汗经济持续恶化。联合国秘书长古特雷斯呼吁各国加强沟通，为阿富汗经济带来流动性，防止其瓦解，寻求途径帮助阿富汗经济重启。

（一）二十国集团阿富汗问题领导人特别峰会

二十国集团阿富汗问题领导人特别峰会于 2021 年 10 月 12 日以视频方式举行。会议由二十国集团主席国意大利总理德拉吉主持，二十国集团成员、嘉宾国领导人或代表及有关国际组织负责人出席。

德拉吉在会后的新闻发布会上表示，阿富汗正面临着日益严重的人道主义危机，二十国集团有责任帮助阿富汗尽快稳定局势、解决问题。会议就如何阻止阿富汗新冠疫情传播、如何避免阿富汗成为国际恐怖主义避风港进行了讨论。会议还讨论了阿富汗难民问题、人权及性别平等问题，以及对塔利班政府的政治承认等问题。与会者在应对阿富汗人道主义危机这一问题上形成了最大共识。

阿富汗经济和金融系统如果崩溃，将对阿富汗民众的生活、阿富汗和周边国家的稳定产生严重影响。联合国在解决阿富汗危机问题上发挥关键作用。二十国集团将动员国际社会全力支持联合国相关行动，积极响应联合国的人道主义援助呼吁。

安全与发展紧密相关，阿富汗不能成为国际恐怖主义避风港，二十国集团将继续向阿富汗妇女和女童提供支持，人道主义援助应特别关注阿富汗妇女和女童等弱势群体。二十国集团呼吁在阿富汗开展新冠疫苗快速接种行动，以全面接种通过世卫组织主导的"新冠疫苗实施计划"获得的疫苗，并准备向阿富汗提供更多疫苗。

（二）阿富汗问题莫斯科会议发布联合声明

10 月 20 日，俄罗斯外交部官网发布阿富汗问题"莫斯科模式"会议联合声明。声明表示，参加会议的各方表示尊重阿富汗主权、独立和领土完整，重申了致力于将阿富汗建设为一个和平、不可分割、独立的、经济发展中的国家，一个摆脱恐怖主义和毒品犯罪、尊重人权的国家。

无论国际社会是否承认阿富汗新政府，与阿富汗的进一步务实合作必须考虑到塔利班接管该国的现实。与会国呼吁阿富汗现任领导层采取措施，组建一个真正具有包容性的、代表该国各民族和政治力量利益的政府。这将是完成阿富汗民族和解进程的基础。

同时，与会国呼吁阿富汗现任领导人奉行温和审慎的国内外政策，对阿富汗的邻国采取友好政策，追求持久和平、安全、可靠和长期繁荣的共同目标，并尊重各族裔、妇女和儿童的权利。各方对于被禁止的恐怖主义组织在阿富汗活动抬头表示关切，并重申将为维护阿富汗安全和地区稳定提供协助。

此外，阿富汗临时政府重申了其先前承诺，即不利用阿富汗领土侵犯邻国，不威胁该地区其他国家和世界的安全。各方代表对此表示满意。与会各方对阿富汗不断恶化的社会经济和人道主义问题深表关切，并表示国际社会应努力向阿富汗人民提供紧急人道主义和经济援助，帮助该国重建。

各方代表集体倡议，建议在联合国主持下迅速召开一次国际捐助会议，为阿富汗人民提供帮助，并指出阿富汗经济财政重建与发展的主要责任应由过去 20 年一直在阿富汗驻扎军事力量的国家承担。

（三）霸权主义和强权政治不得人心

美国长达 20 年的阿富汗战争，留下的是千疮百孔的烂摊子。美国对阿政策的战略性失败充分说明：霸权主义和强权政治不得人心。

20 年阿富汗战争显示，美国"新干涉主义"注定不可能成功。2001 年 10 月，美国以反恐为名带领盟友入侵阿富汗。20 年来，阿富汗战争是美国历史上持续时间最长的战争，不仅给美国带来旷日持久的巨大消耗，更给阿富汗人民带来深重灾难。20 年来，美国付出了 2400 多名军人死亡和超过 2 万亿美元的代价，非但没有完成"反恐"目标，反而导致"越反越恐"。[①]"失败"成为西方国家政要和媒体评论阿富汗战争的高频词。

20 年阿富汗战争再次证明，试图将特定的价值观强加给其他民族和文明不可能长久，用强权及军事手段解决问题，只会使问题越来越多。英国政治和国际关系分析师汤姆·福迪强调，阿富汗惨败暴露了美国天真的想法——靠民主、美元和枪支解决世界问题是错误的。德国总理默克尔表示，西方国家为阿富汗带来和平与民主的努力失败了，必须从中吸取教训。

---

① 《2021 年 8 月 17 日外交部发言人华春莹主持例行记者会》，外交部网站，https://www.fmprc.gov.cn/ce/cemr/chn/fyrth/t1900050.htm，2021 年 8 月 17 日。

美军仓促从阿富汗撤离，进一步重创美国的国际信誉，引发盟友的质疑与批评。法国《费加罗报》指出，欧洲人将为美国的失败付出高昂的代价。英国《金融时报》评论说，当美军开始对阿富汗采取军事行动时，英国和其他北约部队也加入其中。20 年后，美国的撤军让北约盟国除了跟着撤军以外几乎别无选择。这对北约造成双重打击——它既暴露了北约对美国的依赖程度，也让人怀疑美国未来是否愿意向其盟友提供支持。美国《纽约时报》认为，美国的盟友通过阿富汗的事例更加明白美国是"靠不住的"。

历史不会简单地重复，但又有其相似性。从越南战争到阿富汗战争，美国似乎在重复自己的历史。美国应该从一次次相似的溃败场景中，深刻反思其动辄军事干预、穷兵黩武的政策，停止打着"民主""人权"的幌子肆意干涉他国内政，破坏他国与地区和平稳定。

（四）帮助阿富汗应对人道主义危机

10 月 12 日，外交部部长王毅在二十国集团阿富汗问题领导人特别峰会上表示，今天的阿富汗站在治乱兴衰的"十字路口"。这个饱经沧桑的国家有望踏上独立自主、和平重建的光明道路，但复杂的民族、宗教矛盾尚未解决，局部冲突和恐怖活动仍然存在，经济民生问题尤为突出，要真正实现和平稳定还任重道远。

阿富汗过去 20 年的经验教训再次说明，尊重各国自主选择发展道路、不同文明相互包容互鉴才是国与国相处的正道。将自身意识形态强加于人，动辄干涉别国内政，甚至诉诸军事干预，只会带来持续动荡和贫困，造成严重的人道灾难。

在阿富汗挑战与机遇并存、困难和希望同在的时刻，作为重要的发达国家和新兴市场国家，中国应发挥二十国集团的特点和优势，在尊重阿富汗主权、独立、领土完整，支持落实"阿人主导、阿人所有"基本原则的基础上，为阿富汗和地区和平稳定、繁荣发展作出贡献。为此，中方提出以下四点建议。

第一，坚持民生为本，帮助阿富汗应对人道主义危机。阿富汗目前面临粮食短缺、疫情扩散等严重困难，冬季到来后民众生计更会雪上加霜。我们要尽快施以援手，雪中送炭，帮助阿富汗人民纾忧解困。在这方面，应共同支持联合国发挥协调作用。中方正在加快落实向阿富汗提供价值 2 亿元人民币的粮食、越冬物资、疫苗和药品紧急援助，首批物资已交付阿方。作为阿富汗当前困局始作俑者的国家更应吸取教训，切实承担责任，防止阿富汗出现人道危机和难民潮，避免给周边国家和国际社会带来新的冲击。

第二，兼顾当前长远，推动阿富汗走上开放包容发展道路。国际社会应从理性务实角度出发，与阿富汗各方开展对话接触，支持阿富汗人民自主选择符合国情的发展道路，鼓励并引导阿富汗最终组建广泛包容的政治架构，施行温和稳健的内外政策。解决阿富汗问题的根本出路是帮助阿富汗继续推进和平重建，实现经济社会良性发展。国际社会应为此多做实事，仍在对阿富汗单边制裁的国家应尽快解除，国际金融机构也要对阿富汗减贫、基础设施等项目加大资金支持，合力帮助阿富汗早日走上可持续发展轨道。

第三，采取零容忍态度，确保阿富汗远离恐怖主义。阿富汗陷入战乱动荡数十载，恐怖主义难辞其咎，这个毒瘤务必拔除。在反恐问题上，我们既要推动阿富汗有关方面早做决断，采取切实行动；也要推动国际社会群策群力，构建反恐统一战线，摒弃双重标准和选择性反恐，不能让阿富汗再次沦为恐怖主义滋生地和庇护所。

第四，广泛凝聚共识，促进各类涉阿富汗机制形成合力。阿富汗局势演变对国际地区安全稳定有重要影响，各类多边机制都在积极采取行动。要维护联合国在促进阿富汗和平稳定、人道主义援助方面的主渠道地位，推动各类涉阿富汗多边机制相互补充，形成合力，为阿富汗和平重建、持续发展营造良好的外部环境。二十国集团应立足国际经济合作论坛的定位，重点从人道主义援助、和平重建等经济视角凝聚智慧、推动合作。

三　欧盟谋求"战略自主"

受"不靠谱"盟友美国的接连刺激，欧盟内部加强"战略自主"的呼声再次高涨，引发外界广泛关注。面对外部挑战和内部危机，一心追求"战略自主"的欧盟，何时能摆脱依赖心态，真正成熟、自主？

（一）寻求"战略自主"重要性日益凸显

美国与英国、澳大利亚宣布建立所谓"三边安全伙伴关系"（AUKUS），澳大利亚据此撕毁了和法国签订的常规潜艇订单，转而将与美英合作建造核潜艇。法国和欧盟的愤怒不仅停留在商业层面，对它们来说，强化自身防务安全能力的重要性再次凸显。

欧盟委员会主席冯德莱恩在核潜艇合同风波后宣布，欧盟将于2022年上半年法国担任欧盟轮值主席国期间召开防务峰会，探讨如何加强自身防务能力，目标是使欧盟与北约这个跨大西洋联盟保持距离。

阿富汗局势暴露欧盟战略自主不足。美军仓皇撤出阿富汗的"喀布尔时刻"，也给欧盟带来不小的心理冲击。欧盟外交与安全政策高级代表博雷利表示，阿富汗局势表明，欧盟为战略自主权的不足付出了代价。唯一出路是吸取教训，谋求联合自强，提高战略自主权。欧盟不仅要加强能力，还要加强行动意愿。欧盟委员会副主席谢夫乔维奇总结说，在经历阿富汗撤军的混乱以及潜艇毁约事件之后，欧盟需要更多地聚焦"战略自主"，这将被提上欧盟最高领导层以及成员国元首和政府首脑的议程。

欧盟提出"战略自主"，是内外因素相结合的结果。从欧盟内部来看，自2008年欧债危机爆发以来，欧盟陷入多重危机交织的状态，如难民危机、乌克兰危机带来的地缘政治冲击、英国脱欧等。在这种形势下，欧盟开始更深入地思考自身该何去何从。从外部世界来看，随着大国竞争态势和地缘政治格局的变化，欧盟逐渐认识到二战后欧洲建立的和平秩序并不稳固，美国对欧洲的安全承诺也不可靠。欧盟提出"战略自主"概念，一方面希望重振自身摆脱发展危机的信心，另一方面也意在提升欧盟的国际地位，增强外部世界对欧盟的信心。

2021年2月，在慕尼黑安全会议上，就任美国总统不久的拜登宣称"美国回来了"，作出修复跨大西洋关系的姿态。欧盟则再次强调欧洲加强战略自主能力、自身承担更多防务责任的重要性。

欧盟着力加强"战略自主"，旨在解决一系列现实问题。其一，面对国际环境发生的巨大变化，欧盟希望通过全局性、长期性的发展规划，提升自身国际竞争力，维护良好的外部发展环境，使欧盟在经济、贸易、科技等领域继续保持世界领先地位的同时，价值观及生活方式的独特性不被改变；其二，面对大国博弈和竞争不断加剧、欧美关系起伏动荡的局面，欧盟希望在安全、能源、产业链及供应链等方面摆脱对外部世界尤其是对美国的依赖；其三，欧盟希望以"战略自主"加强内部力量的整合和聚合，化外部压力为内在动力，为欧洲一体化增加新动力。

（二）实现目标说易行难

谋求"战略自主"是欧盟多年的夙愿。近年来，欧盟在提升战略自主尤其是防务自主方面加快了机制建设与道路探索。2016年，《欧盟外交与安全政策的全球战略》公布，提出加强安全与防务合作。2017年，欧盟推出欧洲防务基金，25个欧盟国家启动"永久结构性合作"。2019年，冯德莱恩提出将新一届欧委会打造成为"地缘政治委员会"，以增强欧盟在国际及地区热点问题上的话语权。2020年6月，欧盟在德国的倡议下开启"战略指南针"进程，意在为欧盟安全和防务政策商讨增加政治方向，在欧盟国家内部建立统一的战略目标。

欧盟国家领导人 2021 年 2 月 25～26 日举行视频峰会，其中 26 日的主要议题是加强欧洲防务合作。这是新一届美国政府上台并明确表达愿意修复跨大西洋关系后，欧盟各国领导人首次集中讨论防务问题。与会领导人决定，通过各种已有机制，深化欧盟成员国间的防务合作，增加防务投资，加强民事和军事能力，促进航空工业与民用、军用产业之间的协作，以推动科技创新，减少对外依赖。在军事管理方面，会议决定，要通过改进军需生产、提高计划和指挥效益等来提升军队实操管理水平。会议还决定，要进一步加强欧洲网络安全，改进网络危机管理框架，完善信息安全法律法规，更好地应对混合威胁并防范虚假信息。

分析人士认为，虽然欧盟国家对美国新政府的态度表示欢迎，但依然强调战略自主的重要性，因为它们认识到不能再过度依赖美国。不过，欧盟要通过防务一体化真正实现战略自主仍有很长的路要走。

2021 年 5 月，欧盟国防部长会议作出决议，同意邀请美国、加拿大和挪威加入欧盟军事机动性计划。此计划是欧盟联合防务机制"永久结构性合作"的组成部分。有观点指出，欧盟首次接纳非欧盟国家加入"永久结构性合作"，标志着这一机制从欧盟联合防务机制蜕变成美欧联合防务机制。接下来，美国很可能将其纳入北约的框架之内，与北约完全同质化，这再次证明了欧盟防务自主的始易成难。

欧盟实现"战略自主"的关键，是摆脱对美国依赖，不仅包括安全层面的依赖，还包括政治及观念层面的依赖。欧盟推出所谓"战略指南针"，旨在明确主要安全威胁、确定战略目标、凝聚成员共识。但它必须回答一个问题：如何看待自身与北约之间的关系？若这个问题回答不好或模棱两可，欧盟的"战略自主"建设就该打上一个问号。欧盟应认清美国所谓"共同价值观"的包装话术及其对欧盟"战略自主"建设的冲击和损害，在政治外交层面找到与美国的不同之处，建设自己的战略支柱。

欧洲智库"欧洲政策研究中心"首席执行官卡雷尔·朗诺认为，欧洲安全过于依赖美国，随着特朗普政府从欧洲撤离部分军队，欧洲的防务弱点开始显露。他说，美国在欧洲东南方向的安全保护伞已经合上，而且不会再打开。在这一区域，欧洲没能填补美国留下的真空。俄罗斯斡旋了纳卡地区、叙利亚和利比亚的武装冲突，土耳其以中东大国身份与欧盟国家周旋。虽然本届欧委会被称作"地缘政治委员会"，但欧盟在地区热点问题上的声音仍然较弱。

目前来看，欧盟实现"战略自主"仍存在一定局限性，除了短期内难以摆脱对美国和北约的依赖外，如何将欧盟层面的政策框架真正落实到各国行动上也是一大难题。

欧盟内部的不团结因素，将牵扯其实现"战略自主"目标的精力。欧盟机构和各成员国对"战略自主"的理解不同，使得这一概念在具体实施过程中存在边界过于宽泛、内涵过于模糊的情况，再加上欧盟对美国的长期依赖、欧盟外向型经济与外部世界联系紧密等因素影响，欧盟推进"战略自主"的实际效果仍有待进一步观察。

在推进"战略自主"建设过程中，欧盟应适时对建设成效进行评估，指标主要包括：经贸合作环境是否正在改善；内部政治稳定和团结受到外部影响的程度是否在减轻；自身观念和行为是否得到国际社会的普遍欢迎和认同。欧盟追求"战略自主"，必须突破一些观念误区，避免打着"自主"旗号，做出一些破坏自主发展的行为。

（三）欧盟"战略自主"要找准方向

在中美竞争加剧的背景下，欧盟不甘于随波逐流，不仅提出了要建设不依附于大国的"战略自主"方针，而且一直在试图打造能够用来参与博弈的政策工具和手段。除了在经贸、科技等领域竖立起保护的"盾"外，欧盟还一直寻求在军事等硬实力不济的情况下锻造出具有攻击性的"矛"，认为只有这样才能建立起攻守平衡的"战略自主"，才能既置身地缘政治博弈，又能进一步巩固其国际地位。

欧盟原本有一套囊括外交、贸易和发展援助手段的对外政策工具箱，但或是因为这些手段收效不佳，或是认为在大国竞争中力度不够。近墨者黑，欧盟在形成其进攻性对外政策工具时"深受美国启发"，不仅照抄了美国对外搞"人权制裁"的"马格尼茨基法案"、在 2020 年特意推出一个"全球人权制裁机制"并将其法律化，而且为体现其"战略自主"决心，欧盟在推出制裁机制后实施。

从决定"抄袭"美国人权制裁手段那一刻起，欧盟既陷入了战略不自主的困境，也违背了其"维护多边主义"的承诺，如果长此以往，"战略自主"注定将失去方向，成为一句空话。

欧洲在历史上人文荟萃、智者云集，"火中取栗"这个成语就出自 17 世纪法国的《拉封丹寓言》，更早的希腊哲学家赫拉克利特也提出过"人不能两次踏进同一条河流"的深刻思想。欧盟已经在人权问题上干了一件火中取栗、毫无战略价值的事，但如果不吸取教训，有可能在中欧投资协定问题上重蹈覆辙。

当然，欧洲议会的少数人终究做不了欧盟的主，人权领域的阴霾也遮掩不住中欧合作的光明，如果欧盟信奉的"战略自主"真如其所言，不是选边站队而是要"在中美之间保持自主行动能力"，那么我们对欧盟知错就改、回归正轨的能力就应当有信心。

四　应对气候变化亟待全球行动

《联合国气候变化框架公约》第二十六次缔约方大会（COP26）于 2021 年 11 月 13 日晚在英国格拉斯哥闭幕。10 月 31 日开幕的 COP26 是《巴黎协定》进入实施阶段后召开的首次缔约方大会，原计划 12 日闭幕，但直至 13 日才完成谈判。这次大会是《巴黎协定》进入实施阶段后召开的首次缔约方大会，是承前启后的一届大会。大会达成《巴黎协定》实施细则一揽子决议，开启国际社会全面落实《巴黎协定》的新征程。

（一）格拉斯哥气候大会达成诸多共识

此前，多国已为气候治理问题作出过不少探索，但很多棘手问题依然存在，格拉斯哥气候大会带来了哪些实质层面的改变？

1. 分歧最大的"第六条"终于敲定

2015 年达成的《巴黎协定》是一份覆盖近 200 个国家的全球减排协议，就 2020 年后的全球气候治理作出了指导和安排。不过，它只是一个制度框架，随后举行的数次气候大会都围绕其具体实施规则进行谈判，终于在 2018 年 12 月卡托维兹气候变化大会上如期达成了长达 100 多页的规则手册。但是，有关协定第六条市场机制方面的实施细则一直未获进展，遗留至今。此次大会重点是解决《巴黎协定》实施细则遗留问题。此次会议最主要的成果就是达成了包括第六条在内的《巴黎协定》实施细则的相关议题，开启了全球应对气候变化的新征程。

《巴黎协定》允许各国通过碳市场按照其允许的温室气体排放量进行交易，并承认有必要就此问题制定全球规则，各缔约国需通过谈判建立起一个统一的核算机制。当前，协定已进入实施阶段，但市场机制由于涉及经济利益，各方仍存在严重分歧。

格拉斯哥大会是解决这一核心遗留问题的最后时限。建立起成熟、公平的市场机制，是全面有效实施《巴黎协定》的基础和前提，也是维护国际社会对多边机制信任的重要标志。

2. 与会各方加强了承诺和行动

在此前相关会议和机制基础上，此次大会力争所有人都行动起来。过去的气候承诺和行动主要是由大国引领和主导，但此次大会在气候危机加剧的背景下召开，各方均展现出雄心，加强了承诺和行动。

印度、泰国、尼泊尔、尼日利亚和越南等作出了新的净零承诺，至此全球经济的 90% 被净零承诺覆盖，另有多国更新其"国家自主贡献"或宣布新长期战略。印度作为全球第三大温室气体排放国，原本一直拒绝设立净零碳排放的时间表，但在此次大会上总理莫迪宣布将 2070 年作为印度实现净零碳排放的目标时间。

巴西近年来一直因消极的气候政策在国际社会广受诟病，特别是自 2019 年总统博索纳罗上任以来，亚马孙森林砍伐激增，影响恶劣。但在此次大会上，巴西不仅宣布将在 2030 年前将温室气体排放量减少 50% 的新承诺，还加入了《关于森林和土地利用的格拉斯哥领导人宣言》，承诺到 2030 年停止砍伐森林，扭转土地退化状况。目前，包括中国在内，已有 100 余个国家加入该宣言，代表了全球 90% 以上的森林面积。全球领导人承诺将投入约 120 亿美元的公共资金和 72 亿美元的私人资金，用于保护和恢复森林，帮助释放森林和可持续土地利用的潜力。[①]

2021 年下半年，全球能源价格猛涨，煤炭和天然气都出现供不应求状况，各国均面临电力供应可能短缺的巨大压力。问题背后，既有新冠肺炎疫情笼罩下各国逐渐复工复产带来的供需失衡，也有随着全球碳中和进程推进，传统能源投资逐步退出，绿色能源体系尚未成熟，一时无法补足多数国家经济发展所需能源缺口等因素。

煤炭是气候变化中温室气体排放的最大单一来源，如何"退煤"，停止使用煤炭，是格拉斯哥峰会的主要议题之一。在此次大会之前，中国、日本、韩国相继宣布，将不再为新的海外煤电项目提供资金。在大会上，数十个中小国家承诺逐步淘汰煤炭，其中波兰、越南、埃及和智利等仍是目前将煤炭作为主要能源的国家。尤其是波兰，作为欧洲最后一个煤炭大国，目前其 70% 的电力来自煤炭，因过度依赖煤炭的问题，其过去一直受到欧洲国家批评。

印度、巴西、波兰等国的态度转变，背后虽有国际压力、地缘政治方面的原因，但其承诺和行动本身也将对全球气候治理提供助力。在人类面临的共同生存威胁日益紧迫之际，越来越多的国家选择站在地球村的高度思考未来和采取行动，形成了共建美好世界的最大公约数。国际能源署署长认为，各方承诺倘若全面落实，人类有望在本世纪末将气候升温幅度控制在高于工业化前水平 1.8℃ 以内。[②]

3. 直面资金承诺

据联合国统计，虽然发展中国家在碳排放问题上的历史责任较低，但其承受了更多气候变化造成的相关灾害的损失。目前，发展中国家承受的相关经济损失已达

---

① 韩一元：《印度突然喊停，有人当场哽咽！"加时"一天后他们究竟达成什么共识？》，瞭望智库，https://mp.weixin.qq.com/s/3bggJC8_GqZ1yjwlvCStIw，2021 年 11 月 18 日。

② 《国际能源署：目前各国气候承诺有望将全球升温控制在 1.8℃ 内》，《新京报》2021 年 11 月 5 日。

高收入国家的 3 倍。发达国家曾作出承诺，2020 年前每年向发展中国家提供至少 1000 亿美元资金，帮助发展中国家应对气候变化挑战。联合国任命的一个独立气候资金专家小组 2020 年底发布的一份报告指出，这一承诺是"整个国际气候金融体系的基石"。但发达国家迟迟未能履行这一承诺。

在格拉斯哥大会上，来自孟加拉国、安提瓜和巴布达等临海国和小岛国的领导人强烈要求讨论气候变化对其造成的损失和破坏。他们的积极发声让人们更加注意到那些对全球变暖的温室气体排放责任微乎其微，但不可避免受到影响的国家。为此，联合国正积极奔走协调，敦促捐助国和多边开发银行把专门用于帮助各国适应气候变化的资金份额从目前的 21% 提高到 50%。

4. 聚焦绿色复苏

聚焦绿色复苏是多方持续关注的一大话题。过去的气候议题主要是环保领域的专业问题，但随着气候变化加剧造成的"系统性危机"愈益临近，各方愈加重视应对气候变化与实现经济社会绿色发展的直接关联，开始寻求通过整个经济社会的绿色变革，创造就业机会，找到新的发展路径。

此次大会上，数十国启动了《格拉斯哥突破议程》，该议程将促使各国和企业共同努力，承诺 10 年内共同加快开发部署实现《巴黎协定》目标所需的清洁技术和可持续解决方案，帮助全球以更快、更低成本、更轻松的方式向清洁经济过渡。

微软创始人比尔·盖茨正推进其"突破性能源催化剂计划"，将重点资助绿氢、直接空气捕获、能源储存等领域。美国能源部报告称，虽然大多数能源行业在 2020 年遭遇失业潮，但风力发电、电池存储、混合动力和电动汽车等行业在疫情期间保持增长。国际能源署估计，在全球范围内，到 2030 年，转向净零经济将在全球能源、建筑和汽车行业创造 3000 万个工作岗位，其中 65% 将是高技能工作。格拉斯哥气候大会无疑将加速全球绿色发展的进程。

雄心重要，但贵在落实。当前，由于各方历史处境和发展阶段存在巨大差异，尚有诸多分歧待弥合。比如，多方就市场机制争论不休，沙特、日本和澳大利亚等国要求降低迅速摆脱化石燃料的门槛，一些富裕国家质疑是否应向较贫穷国家提供更多资金，美国相关机构报告称气候变化将导致全球紧张局势加剧，等等。不管怎样，《巴黎协定》前景如何，人类未来命运走向何处，还需看各方能否最大限度凝聚团结，将目标转化为行动。

（二）中美欧三方合作对于实现全球气候目标至关重要

作为世界上最大的温室气体排放者，中国、美国和欧盟是《联合国气候变化框架公约》第二十六次缔约方大会最重要的参与方。中国低碳技术进步惊人，未来逐渐摆脱煤炭依赖值得期待；美国近年来将气候问题政治化，态度反复无常；欧盟整体气候政策是一贯的，但各成员国在具体问题上存在分歧。

之所以说中国、美国和欧盟是这次会议最重要的参与方，理由很简单：全球温室气体排放总量中，中美欧加起来占了一半。目前，中国的排放量占 28%，美国占 15%，欧盟占 8%。然而如果把时间线拉长，计算历史累积排放量的话，情况就不一样了：美国占了 29%，欧盟占了 22%，中国则仅占 13%。[①]

中美欧三方都为自身设定了未来十年乃至更加长远的雄心勃勃的减排目标。习近平主席在 2020 年联合国大会上宣布，中国将力争在 2030 年前实现碳排放达峰，努力争取在 2060 年前实现碳中和。美国总统拜登承诺，美国将在 2030 年前减少 50% 的排放量，在 2050 年前实现碳中和。欧盟则承诺将在 2030 年前减排 55%，并在 2050 年前实现碳中和。[②]

在过去几年里，中国的低碳技术取得了惊人的进步。如今，全球 45% 的风电机组和 72% 的太阳能电池板均为"中国制造"。但是，尽管中国在可再生能源领域处于世界领先地位，中国仍然需要依赖煤炭能源。习近平主席在 2021 年联合国大会上表示，中国将停止新建海外燃煤发电项目，这无疑是一项重大进展。然而对于中国来说，煤炭依旧十分重要。2020 年，中国的煤炭发电量是世界其他国家总和的 3 倍多。随着"生态文明"被庄严地写入中国宪法，以及不久前在昆明召开的联合国生物多样性大会上，习近平主席再次强调了这一理念，我们期待中国未来将逐渐摆脱煤炭依赖。

美国在特朗普时期退出了《巴黎协定》，这使得人们对美国应对气候变化的诚意心生疑虑。拜登上台后，很快表示要重回《巴黎协定》，并对外宣布了大手笔的气候计划。美国的问题在于，气候政策变成了一个党派色彩浓厚的政治问题：民主党人雄心勃勃地要大砍大减，而共和党人则非常不愿意大幅削减温室气体排放。现在距离美国中期选举只有不到一年的时间了，而下届总统选举将在 2024 年举行，我们很难预测美国未来几十年的气候政策会出现何种变故。然而，要想让其他国家履行减排承诺，美国必须首先作出表率。

相比之下，欧盟的气候政策是一贯的。2021 年 6 月 28 日，欧洲理事会发表公报称，欧盟国家最终通过了《欧洲气候法案》，把遵守减排目标列为一项法律义务。然而，最令欧盟头疼的难题是，其内部 27 个成员国之间存在意见分歧。比如德国等

[①] 《对话联合国前副秘书长吴红波：中美欧在气候问题上应保持合作》，《新京报》2021 年 11 月 3 日。
[②] 《第 26 届了！这一次能否让〈巴黎协定〉长出"牙齿"？》，《中国日报》2021 年 11 月 4 日。

一些国家支持更大幅度的碳减排，但另一些国家，尤其是中欧国家，则更为谨慎。法国共有 50 多座核反应堆，核电占该国发电总量七成以上。法国总统马克龙近期还宣布了一项新的能源政策，可能会在未来几年大批量修建小型模块化反应堆。

长期以来，欧盟和中国在气候问题上达成了一定程度的合作。从 2005 年《中欧气候变化联合声明》到 2018 年《中欧领导人气候变化和清洁能源联合声明》，这些曾经的努力为双方深入合作奠定了良好的基础。中美应该以 2021 年 4 月发表的《中美应对气候危机联合声明》为起点，进一步推进双边合作。欧盟和美国 2021 年也发表了联合声明，承诺在应对气候危机上加强合作。

这样的国际合作是必要的，有助于解决一些有争议的议题，比如"碳边界调整机制"。这个机制是欧盟提出来的，希望通过阻止"碳泄漏"来避免气候政策有效性受到破坏。从本质上说，这是一种针对进口商品的新型税收，凡是对温室气体排放管制不那么严格的国家，今后向欧盟出口商品时都要额外交这么一笔钱。中国已经明确表示，不赞成引入那些可能阻碍贸易的新型调控手段。美国对此也没有更多兴趣。

然而，更大的挑战正在降临。即使各国政府都能够落实其减排承诺，到 2030 年，世界各国对天然气和石油的需求量也将远高于零排放所限定的使用量。因此，各国政府需要做更多的工作来完全兑现它们的承诺。

国际社会为自己设定的目标虽高，但只有通过制定更严格的国家自主贡献，更坚定地履行承诺，更密切地相互合作，特别是在气候政策上尤为重要的中美欧三方合作，这些目标才能实现。应对气候变化需要全面的团队协作：如果在其他问题上都存在竞争甚至敌意，那我们更别指望能在气候问题上达成合作了。

（三）应对全球气候变化当聚焦具体行动

《联合国气候变化框架公约》第 26 次缔约方大会是《巴黎协定》进入实施阶段以来的首次气候大会，对应对全球气候变化意义重大。此次大会为全球进一步有效应对气候变化奠定坚实基础。

发达国家在涉及应对气候变化的重要问题上缺乏行动，《巴黎协定》全面执行进展缓慢，这些情况使国际社会忧心忡忡。工业革命以来的人类活动，特别是发达国家大量消费化石能源所产生的二氧化碳累积排放，导致大气中温室气体浓度显著增加，加剧了以变暖为主要特征的全球气候变化。发展中国家承受了发达国家历史排放的后果，却没有得到应有的资金和技术支持，严重限制了应对气候变化冲击的能力。

气候变化是全人类的共同挑战。在这一关系人类共同命运的重大挑战面前，没有一个国家能够独善其身。兑现承诺是发达国家必须承担的义务和责任。发达国家应尽快把公开承诺转化为实际行动，弥补不该出现的资金缺口，并制定新的集体量化资金目标。

众所周知，《联合国气候变化框架公约》和《巴黎协定》是世界各国讨论和应对气候变化的主渠道，公平原则、共同但有区别的责任原则和各自能力原则是开展气候行动的指导原则。事实证明，《巴黎协定》的达成是坚持多边主义，充分尊重缔约方驱动、公开透明等原则，并在考虑各国国情的基础上平衡反映各方立场的结果。在气候变化挑战面前，单边主义没有出路，必须坚持真正的多边主义，不搞零和博弈，气候变化问题由大家共同商量着办，世界前途命运由各国共同掌握。否则，《巴黎协定》的目标将化为泡影，全球应对气候变化将举步维艰。

当前，新冠疫情仍在蔓延，全球经济复苏乏力，气候变化等热点问题延宕难解。时间紧迫，机遇难得，现在已经到了发达国家停止坐而论道，收起动辄指责他人的傲慢嘴脸，用具体行动承担自身义务和责任的关键时刻了。

| 拓展阅读 |

能源困局给世界带来几重冲击？

近几个月来，全球能源价格持续大幅上扬，至10月上旬，天然气、煤炭和电力价格已升至数十年来的最高水平。

在全球流动性依旧泛滥的大背景下，能源价格飙升进一步大幅推升主要经济体的通胀压力，增加了世界经济复苏的不确定性。在通胀压力加剧情形下，主要经济体央行或将超预期加快收紧货币政策步伐。这可能导致全球资本市场波动加剧，部分新兴经济体的尾部风险暴露，一些经济体陷入滞胀的风险上升。

多类能源价格相互作用共同上涨

与历史上的数次能源危机不同，本轮全球能源紧张态势呈现天然气等一次能源价格和电力等二次能源价格相互作用、共同上涨的特点。

天然气价格最早上涨且涨幅最大。到10月上旬，欧洲和亚洲天然气基准价格创下历史新高，大约是一年前水平的10倍。自2020年10月以来，美国天然气价格上涨了两倍多，达到2008年以来的最高水平。

高昂的天然气价格对电力市场产生连锁反应，推高电力价格。截至10月上旬，德国电价已飙升至有记录以来的最高水平，比一年前上涨了6倍多。立陶宛电力公司日前表示，立陶宛9月电价比8月上涨41%，达每兆瓦时124欧元，创该国新高。美国电价也涨至历史新高。在日本，四大电力公司预计11月居民电价与今年年初相比将平均上涨13%。

多因素共振加剧能源困局

当前能源价格居高不下，并非源于需求或供应方出现单方面失衡，而是多重因素共振所致。

第一，随着世界经济从疫情中复苏，能源需求大幅增长。2020年全球煤炭需求下降4%，是70多年来的最大降幅，但电力需求增长和工业活动回升导致2021年煤炭需求反弹，其中约80%来自亚洲。2021年上半年，主要天然气和煤炭市场消费量同比分别增长8%和11%。

目前，全球汽油需求比疫情暴发前水平仅低2%，而今年年初则超过10%。鉴于国际航空旅行尚未完全恢复，今后石油需求有望再次经历快速增长的过程。国际能源署预计，今年全球日均石油需求将增加550万桶，2022年需求增幅将达330万桶，届时全球需求将达到或略超过疫情前水平。

第二，油气产能不足。2020年初新冠疫情发生后，世界经济受到剧烈冲击，能源需求和价格急剧下降，迫使产能大量关停。受供应瓶颈和招工难等因素限制，这些产能一旦关停，要重启并恢复至原有水平短时间内很难实现。

以液化天然气为例。国际能源署在近期的一份报告中指出，2020年全球液化天然气产量损失近500亿立方米，创历史新高。当年全球关停产能占总生产能力的8.2%，与2019年的6.7%以及2012~2019年6.6%的平均值相比显著增加。

今年欧洲天然气短缺问题尤为严重，除了上述原因外，还受到地缘政治因素影响。俄罗斯是欧洲天然气主要供应者，但今年供应量有所减少，除了国内需求增加这一因素外，俄罗斯—欧洲陆上天然气管线有70%以上需通过乌克兰、白俄罗斯、波兰等国中转，每年借道出口油气需支付巨额过境费，加之俄罗斯与乌克兰、波兰等国之间的地缘政治纷争不断，加剧了陆上管道运输的紧张。

在石油生产方面，欧佩克与非欧佩克产油国去年达成每日减产近1000万桶的协议，相当于全球产量的10%，直到今年5月才开始逐步增加石油产量，但全部恢复所削减的产量预计要到明年第三季度。

第三，全球极端天气频现。巴西、美国西部和土耳其等水力丰富地区今年上半年以来遭遇严重干旱，水力发电量大幅减少，导致对燃气发电依赖的增加。今年二季度发生全球性缺风，风力发电量比上年同期减少。受飓风影响，美国宾夕法尼亚州、得克萨斯州及墨西哥湾海上天然气和石油产能大量关停。北半球极寒天气也影响了俄罗斯液化天然气出口。

第四，能源转型无法跟上需求。尽管近年来为应对气候变化，多国积极发展新能源产业，推进能源转型，但从当前全球能源供应和消费构成来看，新能源占比仍然很低，远不足以弥补传统能源供应缺口。

目前全球一次能源消费结构仍以传统化石能源为主，石油、煤炭和天然气三分天下，2020 年三者占比分别为 34%、30% 和 24%。世界能源消费结构从传统化石能源向可再生能源转变，仍需要一段较长的时间。即使是近年来大力发展可再生能源的欧洲，也是直到 2020 年清洁能源的占比才首次超过传统化石能源，但水能、风能和太阳能等可再生能源受季节、气候等因素影响较大，储能系统较为薄弱，调频、调峰功能受限，因而欧洲化石燃料发电量比重仍高达 37%。

能源危机的冲击与应对

机构和专家认为，在全球流动性依旧泛滥的大背景下，能源价格飙升进一步大幅推升主要经济体的通胀压力，不仅影响民众消费，也对企业经营造成冲击，进而增加了世界经济复苏的不确定性。

国际能源署在报告中指出，大型经济体天然气和煤炭短缺导致能源市场价格飙升，可能引发石油市场反弹速度快于预期，这将大大增加高耗能行业的成本，导致工业活动减少和世界经济从疫情中复苏的速度放缓。

在欧洲，许多企业可能面临能源成本上涨和消费者支出下降的双重影响。不断上涨的电价已经在影响电力密集型行业的运营，多家公司暂时削减了氨和化肥的生产，原因是天然气价格大幅上涨导致利润率下降。

英国能源监管机构天然气和电力市场办公室日前表示，近期全球天然气价格飙升给供应商带来巨大财务压力。今年以来，英国已经有十多家小型能源供应商倒闭，包括为 23.5 万户家庭提供能源的洁净星球公司、为 1.5 万户家庭提供天然气和电力的科罗拉多能源公司。洁净星球称，公司被不断上涨的成本和英国能源价格上限规定所挤压，这使其业务"不可持续"。

在印度，经济复苏和相关能源需求增加导致煤炭短缺，占该国 80% 供应量的国内煤炭开采一直无法跟上需求，国际价格上涨又使得进口变得不合算。依赖进口煤炭的电厂已经放缓甚至停产，一些依赖国产煤炭的电厂开始出现断电。尽管印度政府努力解决短缺问题，但几个邦仍遭受严重的电力短缺，影响到居民生活和工业生产。

美国能源信息局近日发布报告，警告"美国人可能会在今年冬天支付更多费用来保持温暖，尤其是在气温大幅下降的情况下"。据《华尔街日报》报道，摩根大通经济学家认为，能源价格上涨未来几个月会将通胀率推高 0.4 个百分点。美国劳工统计局数据显示，9 月消费者价格指数环比上涨 0.4%，同比上涨 5.4%，触及 13 年来高点，同比涨幅已经连续 5 个月超过 5%。

考虑全球能源供需紧张关系、基础设施建设周期以及季节因素，能源价格上涨趋势短期难改。持续的能源短缺已对世界经济产生较大影响，多国政府正在或计划在货币、财政、贸易、产业等方面调整政策以应对危机。

有专家认为，在通胀压力加剧情形下，主要经济体央行或将超预期加快收紧货币政策步伐。这可能导致全球资本市场波动加剧，部分新兴经济体的尾部风险暴露，一些国家陷入滞胀的风险上升。

国际货币基金组织在其最新《世界经济展望报告》中警告说，全球通胀上行风险加剧，通胀前景存在巨大不确定性。如果通胀持续居高不下，美联储与其他央行有必要准备应急计划，提前提高利率以控制价格上涨。

（资料来源：新华网，http://www.news.cn/world/2021 – 11/04/c_
1211432282.htm，2021 年 11 月 4 日）

思考题

1. 疫情之下的世界经济有着怎样的特点和趋势？
2. 20 年阿富汗战争带来了怎样的结果？
3. 为什么说欧盟谋求"战略自主"说易行难？
4. 格拉斯哥气候大会带来了哪些实质层面的改变？

活动与探究

人类活动产生的温室气体过量排放导致气候变化，灾难性后果日益显现。教师组织学生就"我们为什么要应对气候变化？有哪些气候难题带给我们生存的家园严峻的挑战？"这一问题展开讨论。在课前，教师布置任务，把学生分为几个小组，每个小组从以下角度任选一方面搜集资料，在课堂上进行汇报交流。

（1）冰盖融化；
（2）海平面上升；
（3）极端天气；

（4）全球变暖；

（5）海洋酸化；

（6）冰川后退。

参考文献

1. 钟声：《霸权主义和强权政治不得人心——20 年阿富汗战争给美国的警示》，《人民日报》2021 年 9 月 24 日。

2. 《全球疫情形势反弹 欧洲已成疫情传播"震中"》，参考消息网，http://www.cankaoxiaoxi.com/world/20211116/2460015.shtml，2021 年 11 月 16 日。

3. 李嘉宝：《欧盟何时才能真正"长大"？》，《人民日报（海外版）》2021 年 10 月 23 日。

4. 韩一元：《印度突然喊停，有人当场哽咽！"加时"一天后他们究竟达成什么共识？》，瞭望智库，https://mp.weixin.qq.com/s/3bggJC8_GqZ1yjwlvCStIw，2021 年 11 月 18 日。

5. 崔洪建：《欧盟"战略自主"切莫找错方向》，《环球时报》2021 年 4 月 1 日。

6. 《应对全球气候变化当聚焦行动力》，《光明日报》2021 年 10 月 31 日。

7. 《中国贡献助力全球应对气候变化开启新征程》，《光明日报》2021 年 11 月 15 日。

8. 《强化行动，合力保护地球家园》，《人民日报》2021 年 11 月 5 日。

9. 《格拉斯哥气候变化大会就〈巴黎协定〉实施细则达成共识》，《浙江日报》2021 年 11 月 5 日。

10. 《格拉斯哥气候大会闭幕，就落实〈巴黎协定〉达成哪些共识？》，《中国气象报》2021 年 11 月 16 日。

11. 《欧盟追求战略自主说易行难》，光明网，https://m.gmw.cn/baijia/2021-02/27/1302137677.html，2021 年 2 月 27 日。

图书在版编目(CIP)数据

大学生形势与政策教程 / 张士清，崔承刚主编. --
2 版. -- 北京：社会科学文献出版社，2022.3
ISBN 978 - 7 - 5201 - 9769 - 4

Ⅰ.①大… Ⅱ.①张… ②崔… Ⅲ.①时事政策教育
- 高等学校 - 教材 Ⅳ.①G641.4

中国版本图书馆 CIP 数据核字(2022)第 031667 号

大学生形势与政策教程(第二版)

主　　编／张士清　崔承刚
副 主 编／佟　艳　刘　欣　张远航

出 版 人／王利民
组稿编辑／祝得彬
责任编辑／仇　扬
责任印制／王京美

出　　　版／社会科学文献出版社·马克思主义出版分社（010）59367004
　　　　　　地址：北京市北三环中路甲 29 号院华龙大厦　邮编：100029
　　　　　　网址：www.ssap.com.cn
发　　　行／社会科学文献出版社（010）59367028
印　　　装／三河市龙林印务有限公司

规　　　格／开 本：787mm × 1092mm　1/16
　　　　　　印 张：13　字 数：242 千字
版　　　次／2022 年 3 月第 2 版　2022 年 3 月第 1 次印刷
书　　　号／ISBN 978 - 7 - 5201 - 9769 - 4
定　　　价／32.00 元

读者服务电话：4008918866